D1704990

Der Saunaführer

Region – Rheinland-Pfalz & Saarland

Erleben & genießen Sie 48 Saunen mit Gutscheinen im Wert von über 800 Euro und 4 Wellnessanlagen mit Gutscheinen

Jetzt neu: Bäder & Thermen in Deutschland mit extra Gutscheinen

Druck- und Verlagshaus Wiege GmbH

Inhaltsverzeichnis

Die Gutscheine für Ihren Saunabesuch finden Sie im Extra-Heft.

Vorwort

Was uns am Herzen liegt

Liebe Saunafreundin, lieber Saunafreund,

jede neue Auflage bringt für uns als Verlag auch neue Aufgaben mit sich: Passt die Region noch, ist sie zu groß oder zu klein? Welche Saunen werden in einem Buch präsentiert, unabhängig von Bundesland- oder Ländergrenzen? Wo sind die natürlichen Grenzen, die so häufig ungeschriebenen Gesetzen folgen, wie etwa Sprachgrenzen, Bergen, Flüssen, Straßen usw.? Die Ihnen vorliegende Ausgabe wurde unter diesen Gesichtspunkten gestaltet.

Auf Anregungen für neue Ausgaben freuen wir uns.

Die Gutscheine, oft von erheblichem Wert, sind ein Anreiz für Sie, die Saunen des Buchs zu besuchen, auch wenn z.B. ein längerer Anreiseweg zu bewältigen ist. Das kann jedoch dauerhaft nur funktionieren, wenn ein Nutzen für beide Seiten entsteht. Ob 1-Personen-, Vario©- oder Partner-Gutschein: Durch die Gutscheine erhalten Sie einen hohen Nutzen, der Ihren Buchkauf mehr als wettmacht.

Deshalb bitten wir Sie:
- Nutzen Sie die Angebote der Anlagen wie Massage, Wellness oder andere.
- Genießen Sie das sehr gute Angebot der Gastronomie der Saunen.
- Lesen Sie die Hinweise zur Nutzung der Gutscheine und informieren Sie sich vorher über aktuelle Öffnungszeiten und Besonderheiten.

So verhindern Sie kleinere Gutscheinwerte oder den kompletten Rückzug aus dem Buch. Das kann auch nur in Ihrem Sinne sein. Deswegen noch einmal ein Appell an die Vernunft:

Nur aus einem Geben und Nehmen entsteht ein Nutzen für alle!

Informieren Sie sich bitte vor der Fahrt in die Sauna auf der jeweiligen Homepage aktuell über Preise, Öffnungszeiten etc. Natürlich kann sich während der Laufzeit der Gutscheine hier etwas verändern – vielleicht hat sich im Buch auch, trotz aller Sorgfalt, ein Fehler bei den Öffnungszeiten etc. eingeschlichen. Informieren Sie uns gerne bei Änderungen.

- **Gutscheinwerte:** Lesen Sie vor Ihrem Besuch genau die Informationen auf dem Gutschein. Es gibt hier und da Sonderregelungen.
- Die Gutscheine sind nur gültig, wenn Sie das beiligende Gutscheinheft an der Kasse vorlegen und der Gutschein vom Personal herausgetrennt wird
- Sauna-Events: Es ist möglich, dass die Gutscheine bei Sonderveranstaltungen in den Betrieben nicht eingelöst werden können.
- **Weitere Informationen finden Sie auch im Gutscheinheft.**

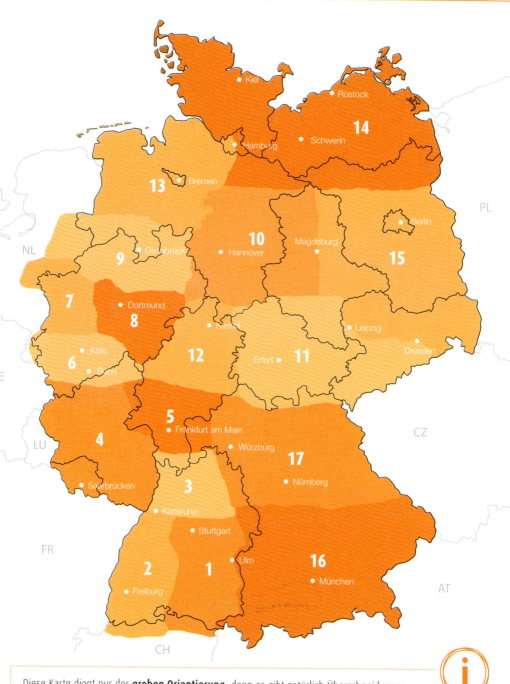

Diese Karte dient nur der **groben Orientierung**, denn es gibt natürlich Überschneidungen zwischen den Regionen. Eine **genaue Übersicht** finden Sie unter **www.der-saunafuehrer.de**. Die Einteilung der Regionen des Saunaführers ist so gestaltet, dass von der Mitte aus jede Sauna in ungefähr 1,5 Stunden erreicht werden kann.

Alles auf einen Blick!

Sie planen ein entspanntes Wochenende in einer Sauna, wissen jedoch noch nicht, wohin die Reise gehen soll? Die folgende Übersicht soll Ihnen dabei eine nützliche Orientierungshilfe für die kommenden Seiten sein. Sie fasst alle wichtigen Angaben auf einen Blick zusammen, sodass Sie schnell und einfach zu jedem Betrieb die zugehörigen Einträge in diesem Buch finden können.

ÜBERREGIONALE HOTEL- UND WELLNESSANLAGEN

Qualitäts-Siegel für Saunabetriebe: Empfohlen vom Saunaführer

Ihre Meinung ist uns wichtig und deshalb haben wir Sie in einer **großen Leserumfrage** gefragt, welche Saunen Sie gerne weiterempfehlen wollen. Als Zeichen unserer und Ihrer Anerkennung ist auf Grundlage dieser Umfrage das Siegel **"Empholen vom Saunaführer"** entstanden.

Die von Ihnen gewählten Saunen haben von uns eine Urkunde und einen der begehrten Aufkleber erhalten. Sie kleben nun in den Eingangsbereichen oder von außen an den Fenstern der Saunen. Auch die Urkunden werden oft präsentiert. Achten Sie doch mal beim nächsten Saunabesuch darauf und schicken uns gerne auch Fotos von Ihren Funden.

Deine Wunschsauna fehlt noch im Saunaführer?

Viele Hundert Saunen sind in unseren Regionalausgaben vertreten. Unsere Freunde in der Schweiz und in der Niederlande sind genauso vertreten wie der hohe Norden.

Bei der Planung der Neuausgaben versuchen wir auch jedes Jahr aufs Neue, unsere regionalen Saunaführer mit weiteren tollen Anlagen zu versehen. Das bedeutet viele, mühsame Stunden für uns – Arbeit und Zeit, die wir für Sie gerne investieren. Aber eine Arbeit, bei der uns auch mal eine tolle Sauna durch die Lappen geht.

Aber zum Glück sind unsere Leser stets aufmerksam! Daher unser Appell an dieser Stelle: Entdecken Sie eine Sauna, die sich wunderbar für unseren Saunaführer eignet, zögern Sie nicht, uns diese vorzustellen.

Wir nehmen jeden Tipp dankbar auf! Schicken Sie uns gerne eine eMail – und wir erledigen dann den Rest. Herzlichen Dank!

Kontakt: **service@der-saunafuehrer.de**

Unser Online-Shop: der-saunafuehrer.de

→ www.der-saunafuehrer.de

Bestelle Sie Ihren Saunaführer einfach und schnell direkt zu Ihnen nach Hause. Neuauflagen und Angebote erhalten Sie natürlich exklusiv bei uns als erstes. Außerdem helfen wir Ihnen sowohl telefonisch als auch über unseren Live-Chat jederzeit gerne weiter.

Vorteile unserer Internetseite:

Natürlich auch mobil

+ versandkostenfreie, schnelle
  Lieferung inkl. Sendungsverfolgung
+ bequeme Bezahlung – Paypal,
  Sofortüberweisung, Kreditkarte
+ Alle Infos zu den Saunen
  (Preise, Öffnungszeiten, Anfahrt)
+ Sonderaktionen & Newsletter
+ Tolle Gewinnspiele
+ interaktive Karte mit
  allen Saunen in Ihrer Nähe
+ Neuauflagen und Restauflagen
  sind exklusiv bei uns erhältlich

Wir beraten Sie gerne! Kompetente Beratung und alle Informationen erhalten Sie nur bei uns direkt und ohne Umwege. Auch spezielle Fragen zu deiner Region, dem Buch oder einzelnen Gutscheinen können wir Ihnen jederzeit beantworten.

Social-Media

Folge uns und profitiere von exklusiven Vorteilen:

Ihre Vorteile:

+ Alle Informationen zu den Neuauflagen
+ Exklusive Aktionen
+ Tolle Gewinnspiele
+ Schneller & einfacher Kontakt bei Fragen und Anregungen
+ Tipps & Tricks
+ Hintergrundinformationen
+ Alles rund ums Saunieren
+ Und vieles mehr …

Wir freuen uns auf dich!

Hier findest du uns:

Whatsapp: 05459 80501912

Hey Leute!

Steckbrief:

Geboren:	**2015**
Geburtsort:	**Helgoländer Düne**
Wohnort:	**Nordsee**
Gewicht:	**meistens ein wenig zuviel**
Hobbys:	**Saunen testen**
Leibspeise:	**Hering**
Buchtipp:	**Der Saunaführer**

Unser Maskottchen: Finja

Seit 2018 begleitet uns, Finja als offizielles Saunaführer-Maskotchen und führt euch durch unsere Social-Media-Welt.

Finja ist eine kleine Kegelrobbe, die 2015 geboren wurde. Aufgenommen wurde sie erstmals in der Seehundstation in Friedrichskoog. Um der Kleinen auch weiterhin Futter- und Tierarztkosten zu finanzieren, haben wir die Patenschaft für sie übernommen.

Zurzeit schwimmt Finja zusammen mit ihren Artgenossen durch die Weiten der Nordsee. Wer will, kann sie mit etwas Glück auf den Sandbänken der Region entdecken.

© Boggy – Stock-adobe.com

WARUM SOLLTE DIE SAUNA REGELMÄSSIG BESUCHT WERDEN?

In der Sauna wirkt die Wärme von außen auf den Körper. Um sich gegen diese zu schützen, fängt der Körper an zu schwitzen und durch Verdunstung des Schweißes wird der Körper gekühlt. Durch sich erweiternde Blutgefäße sinkt der Blutdruck und mit dem Schweiß werden Giftstoffe aus dem Körper abtransportiert. Der abwechselnd warme und kalte Einfluss auf die Blutgefäße stärkt das Immunsystem.

WIE OFT SOLLTE MAN DIE SAUNA BE-SUCHEN?

Wir empfehlen den Gang ins Schwitzbad einmal in der Woche, bei dem drei Saunagänge durchgeführt werden. Möchte man das Sauna-Erlebnis häufiger genießen, ist auch dieses möglich. In dem Fall sollte jedoch die Anzahl der Gänge reduziert werden.

WARUM GEHT MAN NACKT IN DIE SAUNA?

Der einzige Ort, an dem in der Sauna das Tragen von Textilstoff vermieden werden sollte, ist in der Saunakabine. Das Tragen von Badekleidung beeinträchtigt durch Schweißaufnahme dessen Verdunstung und somit auch die Abkühlung des Körpers – nicht der erwünschte Effekt!

AUF WELCHE BANK SETZT MAN SICH ALS ANFÄNGER?

Am besten eignet sich für Anfänger ein Platz auf der mittleren Bank. Damit die Ruhe in der Sauna nicht groß gestört wird, sollte der Platz höchstens einmal gewechselt werden. Je nachdem, wie die Hitze in der Mitte empfunden wird, kann man sich nach oben (wärmer) oder unten (kälter) umorientieren.

WIE RUHT MAN NACH DEM SAUNA-GANG AM BESTEN?

Die Ruhephase nach den einzelnen Saunagängen ist wichtig: Schauen Sie sich die gebotenen Möglichkeiten an und entspannen Sie. Ruhen Sie zwischen den einzelnen Gängen ruhig eine halbe Stunde. Ihr Körper kann hat so die nötige Zeit um sich zu regenerieren.

SOLLTE MAN VOR DEM SAUNIEREN NOCH ETWAS ESSEN?

Damit Sie und Ihr Körper während des Saunabads wie gewünscht entspannen können, empfehlen wir ca. 2 Stunden vor dem Saunabesuch auf das Essen zu verzichten. Ein weiterer Tipp: Verzichten Sie vor jedem Saunabesuch auf intensiven Knoblauch- und Zwiebelgenuss.

WAS SOLLTE MAN FÜR DEN SAUNABESUCH EINPACKEN?

Wir empfehlen: Ein ausreichend großes Sauna-Handtuch, ein bis zwei weitere Handtücher zum Abtrocknen nach dem Duschen, einen Bademantel, Badesandalen, Shampoo, Duschgel und ggf. Pflegemittel zur Anwendung nach dem Saunieren, einen Kamm oder eine Bürste.

KANN MAN SCHWANGER IN DIE SAUNA GEHEN?

Saunieren ist auch in der Schwangerschaft gesund. Wer bereits vorher regelmäßig saunieren war, dem sollte dies auch weiterhin gut möglich sein. Dennoch empfehlen wir vorab immer ein kurzes Gespräch mit dem Arzt. Grundsätzlich empfehlen wir kurze Saunagänge von max. 10 – 12 Min sowie Saunen mit zu hohen Temperaturen (max. 60 – 70 °C) zu vermeiden. Bei Unwohlsein oder Kreislaufproblemen sollten Sie die Sauna immer direkt verlassen.

SOLLTE MAN IM LIEGEN ODER SITZEN SAUNIEREN?

Wenn genug Platz in der Sauna ist, empfiehlt sich ein Schwitzgang im Liegen. Einerseits bekommt der Körper in der Waagerechten die Wärme gleichmäßiger ab, andererseits ist das Liegen ganz einfach entspannter.

NIMMT MAN IN DER SAUNA AB?

Richtiges Abnehmen funktioniert in der Sauna leider nicht. Zwar zeigt die Waage nach einem Saunabesuch meist 1 – 2 Kilogramm weniger an, jedoch liegt das am kurzzeitigen Wasserverlust durch das Schwitzen. Da der große Durst nicht lange auf sich warten lässt, ist der Wasserspeicher, und somit auch das Gewicht, schnell wieder aufgefüllt.

DARF MAN MIT MEDIKAMENTEN DIE SAUNA BESUCHEN?

Jeder, der aufgrund einer Krankheit oder auch aufgrund chronischer Beschwerden Medikamente zu sich nimmt, sollte vorher Rücksprache mit dem Hausarzt halten und sich erkundigen, ob mit den Medikamenten eine Wechselwirkung mit der Sauna besteht. Denn die Wärme sorgt dafür, dass sich die Adern erweitern und die Wirkstoffe schneller aufgenommen werden.

DARF ICH MIT EINER ERKÄLTUNG IN DIE SAUNA GEHEN?

Grundsätzlich sollte die Sauna nur dann besucht werden, wenn sich der Körper in gesundem Zustand befindet. Mit einer Erkältung kann der Kreislauf nicht stabil genug für das Saunabad sein. Der grippale Infekt sollte deshalb erst auskuriert und der Kreislauf wieder sicher stabil sein, bevor man wieder mit dem Saunieren beginnt.

WARUM IST DAS DUSCHEN VOR DER SAUNA WICHTIG?

Auf der Haut befindet sich in der Regel ein hauchdünner Fettfilm, der vor einem Saunagang abgewaschen werden sollte, da der Fettfilm das Schwitzen der Haut verhindert. Nach der Vorreinigung ist es dann ebenso wichtig, sich abzutrocknen, da die Feuchtigkeit auf der Haut den gleichen verzögernden Effekt hat, wie der Fettfilm.

© Konstantin Yuganov – stock-adobe.com

Sehr beliebt und hierzulande am bekanntesten, sind die Finnische Sauna und das Dampfbad. Es gibt jedoch zahlreiche andere Saunaarten, die sich teils mehr, teils weniger in ihrem Aufbau, dem vorherrschenden Klima und auch der Wirkung auf den Körper unterscheiden. Für einen kleinen Überblick über die verschiedenen Saunatypen und ihre individuellen Leistungen folgt eine übersichtliche Zusammenstellung der beliebtesten Saunavarianten.

Erdsauna

110 – 130 °C

10 %

heiß & trocken

Sie ist die ursprünglichste und zugleich auch die heißeste aller Saunen. Denn die ersten Spuren lassen sich in das steinzeitliche Asien zurückführen, wo sich die Urmenschen Erdlöcher gruben, in die sie sich hineinsetzten, sie mit heißen Steinen füllten und durch deren Überguss mit Wasser heißen Dampf erzeugten. Die in die Erde eingelassene Sauna erreicht eine Temperatur zwischen 110 – 130 °C, die Feuchtigkeit der Luft ist sehr niedrig.

Finnische Sauna

80 – 100 °C

10 %

heiß & trocken

Typischerweise in einem Holzhaus untergebracht ist sie die bekannteste Art der Sauna. Bei einer Temperatur zwischen 80 – 100 °C und einer Luftfeuchtigkeit von etwa 10 % herrscht in dieser ein sehr heißes und trockenes Klima. Die trockene Luft ist wichtig, da sich nur mit dieser die hohe Temperatur gut aushalten lässt. Die Sauna stärkt die körpereigene Abwehr, verbessert die Atmung und das Hautbild und steigert das Wohlbefinden.

Russische Banja

bis 100 °C

100 %

heiß & feucht

Warmes und sehr feuchtes Klima herrscht in der Russischen Banja. Übersetzt man dieses ins Deutsche, so bedeutet das Wort "Banja" nichts anderes als "Sauna". Was die Temperatur angeht, ist die russische Variante der finnischen sehr ähnlich: sie erreicht bis zu 100 °C. Der wesentliche Unterschied liegt hier in der Luftfeuchtigkeit, die ebenfalls etwa 100 % erreicht. In der Banja wird der Körper vorsichtig mit Birkenzweigen abgeschlagen. Dieses Ritual regt die Blutzirkulation an.

Hamam

50 °C

100 %

warm & feucht

Ebenfalls unter dem Namen Türkisches oder Orientalisches Bad bekannt ist das Hamam. Diese Saunaart stammt aus dem arabischen Kulturraum und ist einem Dampfbad sehr ähnlich. Ganz im Gegenteil nämlich zur klassisch Finnischen Sauna kommt das Hamam auf eine Temperatur von etwa 50 °C, die Luftfeuchtigkeit ist jedoch mit 100 % sehr hoch. Umgeben von Nebelschwaden wird auf dem typischen marmorierten Nabelstein in der Mitte des Raumes entspannt. Eine positive Wirkung hat es auf die Spannkraft der Haut, der Körper entschlackt und entgiftet und der Kreislauf wird geschont.

Caldarium

40 – 55 °C

80 – 100 %

warm & feucht

Das Caldarium entstammt der klassisch-römischen Thermenanlage. Bei einer Temperatur zwischen 40 – 55 °C und einer Luftfeuchtigkeit zwischen 80 – 100 % besitzt es ein warmes und sehr feuchtes Klima. Die Wärme erfährt man über beheizte Wände, Böden und Sitzbänke. Es eignet sich als Vorbereitung für den Gang in eine trocken-heiße Sauna, und bietet sich vor allem für Personen mit Kreislaufproblemen und Rheumaerkrankungen an. Zudem befreit es die Atemwege und sorgt für eine entspannte Muskulatur.

Biosauna

45 – 60 °C

40 – 55 %

warm & mild

Ein sanfter Schwitzgang ist in der Biosauna bei 45 – 60 °C und einer relativen Luftfeuchtigkeit zwischen 40 – 55 % zu erleben – sie ist klimatisch eine Mischung aus Sauna und Dampfbad. Durch die ausgeglichene Temperatur mit der Feuchtigkeit ist ein längerer Aufenthalt in dieser Variante gegenüber der Finnischen Sauna möglich. Im Vordergrund steht das Ziel eines sanften Saunabades, das durch die niedere Temperatur den Kreislauf schont.

© Linda Bestwick – stock.adobe.com

Liebe Saunafreunde,

vielleicht haben Sie sich auch schon die Frage gestellt, ob man angesichts der Meldungen über die Ausbreitung des Corona-Virus (auch als SARS CoV-19 oder SARS CoV-2 bezeichnet) lieber auf einen Bad- oder Saunabesuch verzichten sollte? Bekanntermaßen stärken Baden und Saunieren die Abwehrkräfte – aber kann man sich hier auch anstecken?

Der Corona-Virus wird in erster Linie durch die sogenannte „Tröpfcheninfektion", also zum Beispiel beim Niesen, und durch direkten Hautkontakt übertragen, vermutlich jedoch nicht über das Badewasser. Daher gelten die gleichen Vorsichtsmaßnahmen wie bei einer Erkältung oder Grippe – wer krank ist, bleibt Zuhause. Wer sich wohlfühlt, kann weiterhin Bade- und Saunaspaß genießen.

Es kann aufgrund der allgemeinen Hygienebestimmungen zu Verzögerungen und Begrenzungen der Besucherzahlen beim Einlass kommen. Bitte haben Sie dafür Verständnis und achten Sie auf die Hygienekonzepte von den jeweiligen Betreibern.

Als reine Vorsichtsmaßnahme haben die meisten Bäder die Reinigungsintervalle verkürzt und die regelmäßigen Desinfektionsmaßnahmen intensiviert. Wir beobachten permanent die Entwicklung mit den Saunabetreibern, empfehlen Ihnen aber aufgrund der Dynamik sich zu den Angeboten vor dem Eintrittsbesuch über weitere Vorsichtsmaßnahmen, Öffnungszeiten und Preise zu informieren. Wir gehen in der aktuellen Saunaführer-Ausgabe vom Stand des Drucktermins aus, können aber eine mögliche weitere Corona-Welle in Deutschland nicht ausschließen und weisen darauf hin, dass die Gutscheine möglichweise nicht in vollem Umfang nutzbar sind oder variieren können.

Zudem erschwerte sich coronabedingt dieses Jahr die Suche nach neuen Anlagen und die Zusammenarbeit mit unseren Bestandsaunen und -bädern, wodurch einige Betriebe leider in der Saunaführer Ausgabe nicht teilnehmen konnten. Dieses bitten wir uns nicht anzulasten, wir haben es uns auch anders gewünscht. Ihre Gesundheit und die Ihrer Mitmenschen liegt uns am Herzen. Wir wollen, dass Sie sich wohlfühlen und Ihre „Auszeit" mit dem Saunaführer in Saunen und Bädern genießen können! – Ihr Saunaführer-Team

> Bitte informieren Sie sich vor jedem Saunabesuch bei der jeweiligen Anlage über eventuelle Einschränkungen oder geänderte Öffnungszeiten.

Hygieneregeln & Tipps

Wir empfehlen Ihnen vorsichtshalber folgende Regeln vor dem und nach dem
Besuch einzuhalten:

DESINFEKTION
Bitte desinfizieren Sie sich zum Start die Hände und geben Ihre
Kontaktdaten unter Einhaltung des Datenschutzes ab.

KONTAKT
Bitte vermeiden Sie Händeschütteln und direkten Hautkontakt.

MUNDSCHUTZ
Bitte tragen Sie einen Mundschutz im Gebäude.

HANDHYGIENE
Regelmäßige Handhygiene!
(Min. 30 Sekunden Hände gründlich waschen)

REINIGUNG
Gründlich duschen vor dem Saunabesuch und bevor man in ein
Becken einsteigt.

ABSTAND
In der Sauna Abstand zum Sitznachbarn halten (mindestens ein
Saunatuchbreite oder die vorgeschriebenen 1,5 m) – sollte eine Sau-
nakabine bereits gut besucht sein, dann suchen Sie eine andere auf.

GESICHT
Bitte die Hände aus dem Gesicht fernhalten.

VERHALTEN
Geschützt husten/niesen (Armbeuge/einmal Gebrauch von
Papiertaschentüchern).

So finden Sie Ihre perfekte Sauna noch schneller

Um Ihnen eine direkte Übersicht über die Highlights jeder Wellnessanlage zu bieten, haben wir eine Auswahl an Piktogrammen speziell für Sie entwickelt. Falls Sie sich beim Entdecken neuer Saunen schon immer gefragt haben, ob diese eine Übernachtungsmöglichkeit, kostenlose Parkplätze oder ein Schwimmbad bieten – mit diesen Symbolen haben Sie nun alles im Blick.

Die in den Saunaeinträgen abgebildeten Piktogramme sind lediglich eine kleine Auswahl – die Saunaanlagen bieten mehr Angebote und Extras, als mit den Piktogrammen dargestellt.

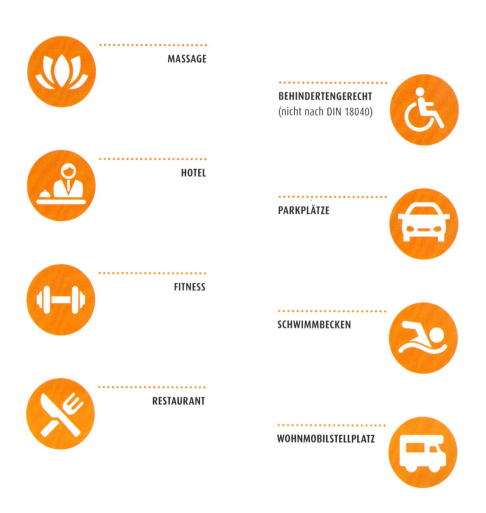

MASSAGE

BEHINDERTENGERECHT
(nicht nach DIN 18040)

HOTEL

PARKPLÄTZE

FITNESS

SCHWIMMBECKEN

RESTAURANT

WOHNMOBILSTELLPLATZ

BAR/BISTRO

AUSSENANLAGE

WHIRLPOOL

SOLARIUM

BABYSAUNA

BADESHOP

KINDERBEREICH

BARGELDLOSES ZAHLEN

WLAN

Helfen Sie uns gerne, besser zu werden! Gibt es Piktogramme oder Ausstattungshinweise, die Sie gerne im Saunaführer präsentiert hätten? Fehlen Ihnen grundsätzlich Themen oder Informationen bei den Saunavorstellungen? Schreiben Sie uns gerne eine E-Mail mit Ihren Wünschen an service@der-saunafuehrer.de

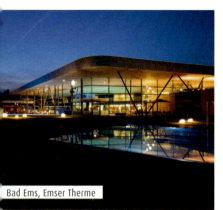

Bad Ems, Emser Therme

Bad Sulza, Toskana Therme

Sicher: Die Gebäudearchitektur sagt mitnichten immer etwas über die Qualität der Saunaanlage im Inneren des Gebäudes aus. Oftmals ist es sogar bei architektonisch gelungenen Entwürfen und Umsetzungen so, dass dem Architekten besser empfohlen worden wäre, vor Umsetzung des Auftrags selbst eine Zeit lang regelmäßig die Sauna zu besuchen, um die dortigen Abläufe wirklich kennenzulernen. Wir möchten Ihnen an dieser Stelle die Vielfältigkeit der Bädergestaltung näherbringen, Ihnen an einigen Beispielen zeigen, wie sich heute Bäder dem Besucher präsentieren. Der Bogen spannt sich von der Saunaanlage untergebracht in Privathäusern, traditionellen Schwimmbädern, über Jugendstilprachtbauten bis hin zu Glaspalästen. Wohl dem, der eine Reise tut, und sich die Zeit nimmt, auch die Architektur zu genießen. Die auf diesen Seiten gezeigten Bilder sind aus unterschiedlichen Regionen unseres Saunaführers zusammengestellt und sollen Ihnen einfach Lust machen, die einzelnen Berichte auch unter dem Aspekt der Architektur zu lesen.

Euskirchen, Thermen & Badewelt

Konstanz, Bodensee-Therme

Bad Homburg, Taunus Therme

Titisee Neustadt, Badeparadies Schwarzwald

Wijchen, Thermen Berendonck

Da hat sich eine ganz neue Architektur entwickelt: Im Schwarzwaldhaus-Stil, mit Grasdächern bewachsene Erdsaunen, Gebäuden, die verglast oder mit Titanzink verkleidet sind oder die inmitten eines Sees stehen, in Gewölbeform gemauerte Lehmsaunen oder die mobilen Saunen, in Form von Fässern.

Durchblättern Sie unsere Saunaführer, Sie werden Saunagebäude finden, bei denen sich die Reise schon wegen der abwechslungsreichen Bauwerke lohnt. Doch egal, wie schön die Gebäude auch sind, auf das Innere kommt es an: auf einen guten Saunaofen und ein top Saunaklima – eben auf alles, was einen erholsamen Saunagang ausmacht.

Biberach, Therme Jordanbach

Kaltenkirchen, Holsten Therme

Freiburg, Waldkurpark

Bad Karlshafen, Weser-Therme

Troisdorf, Aggua

Lange vorbei sind die Zeiten der mit Fichtenholz „verbretterten" Schwitzkabinen. Am häufigsten wird natürlich Holz verwendet, von rustikalen Brettern, edlen Massivhölzern, furnierten Paneelen bis hin zu massiven Blockbohlen, zunehmend aus edlem Kelo-Holz. Mitunter wird das Holz mit Natursteinen, Ziegeln aus Himalaya-Salz oder farbig verputzen Wänden kombiniert. Auch die Saunaöfen entpuppen sich als wahre Augenweiden. Sehr positiv zu bewerten ist auch, dass es immer häufiger freie Sicht nach außen in den schönen Außenbereich, gibt je nach Gegend auf einen Fluss, Berge, einen See oder sonst wo hin. Sie haben die Qual der Wahl: meditative Musik, Farblicht-Therapie, ein Aquarium oder einen Fernseher in der Sauna, oder aber einfach nur: Ruhe – auch die hat ihren Reiz.

Lüneburg, SaLü

Andernach, monte mare

Voorst, Thermen Bussloo

Rieste, Alfen Saunaland

Kaltenkirchen, Holsten Therme

Kempten, CamboMare

Titisee Neustadt, Badeparadies

Bad Karlshafen, Weser-Therme

Sinsheim, Badeparadies

Herford, H2O

Neusäß, Titania

Erfreulicherweise wird der Gestaltung und Nutzungsvielfalt der Außenbereiche immer mehr Raum und Liebe zum Detail gewidmet. Nach einem Saunagang ist zunächst einmal frische Luft angesagt – unter Saunagängern eine Binsenweisheit. Dazu reicht natürlich ein kleiner Bereich, sei es eine Terrasse oder ein ebenerdiger Frischluftbereich. Oft ist es baulich bedingt einfach nicht möglich, den Gästen einen großzügigen Saunagarten zu bieten. Insbesondere für die Freunde des Saunierens im Sommer ist der Saunagarten ein wichtiger und wohltuender Aufenthaltsort. Saunieren im Sommer, hierfür möchten wir in diesem Buch gleich mehrere Lanzen brechen und Ihnen dieses besondere Erlebnis ans Herz legen. Lassen Sie sich von den hier gezeigten Beispielen und den Berichten im Buch für den Sommer inspirieren.

Hagen, Westfalenbad

Dülmen, DIE SAUNA INSEL

Fulda, Sieben Welten Therme

Aachen, Carolus Therme

Erding, Therme Erding

Arnsberg, Nass

Voorst, Thermen Bussloo

Die Geister scheiden sich bei diesem Thema nicht, denn klar ist, dass die Kombination heiße Sauna und kaltes Wasser einfach für »alles« gut ist: das Immunsystem, Herz-Kreislauf-System, Gefäße etc. Wohl aber trennen sich an dieser Stelle die Wege so mancher Saunabesucher. **Wichtig ist:** Achten Sie auf Ihr persönliches Wohlbefinden, insbesondere, wenn Sie mit dem Kreislauf Probleme haben.

Die Möglichkeiten zum Abkühlen sind heute oft sehr vielfältig: verschiedenste Formen von Duschen, Tauchbecken, Bottichen, Eimerduschen oder Eis finden Sie für Ihre persönliche Wohlfühlanwendung. Oft schließen sich an den Saunabereich auch ganze Thermenlandschaften an, in welchen Sie nach dem Saunieren entspannen können.

Berlin, Liquidrom

Bergisch-Gladbach, Mediterana

Bad Ems, Emser Therme

Erding, Therme Erding

Euskirchen, Thermen & Badewelt

Lomm, SPAWellness

Waging am See, Wellness Garten

Karlsruhe, Europabad

Wenn Sie sich in einer für Sie neuen Anlage orientieren möchten, wo denn die Aufguss-saunen sind, so folgen Sie jeweils kurz vor der halben bzw. der vollen Stunde den Menschenmassen, sie pilgern garantiert in einen Aufguss.

Gute Aufgießer*innen sind die neuen Götter der Saunafreunde. Sie zelebrieren den Aufguss variantenreich, die eingesetzten Hilfsmittel sind grenzenlos: Handtuch, Fahne und Fächer gehören schon häufig zum Standard.

Hochwertige Aromen erfüllen die Saunakabine und machen Freude. Auch der Standardaufguss – dreimal aufgießen mit Wedeln und Abschlagen – bereitet schon viel Vergnügen. Wenn Sie die Möglichkeit haben, einem Klangschalenaufguss oder einer Wenik-Zeremonie beizuwohnen, sollten Sie dies tun, es sind Erlebnisse der besonderen Art.

Düsseldorf, Suomi-Sauna im Familienbad Niederheid

Bad Dürrheim, solemar

Bad Endbach, Lahn-Dill-Therme

Potsdam, Kiezbad am Stern

Schluchsee, Day Spa Hotel Vier Jahreszeiten

Waldbronn, Albtherme

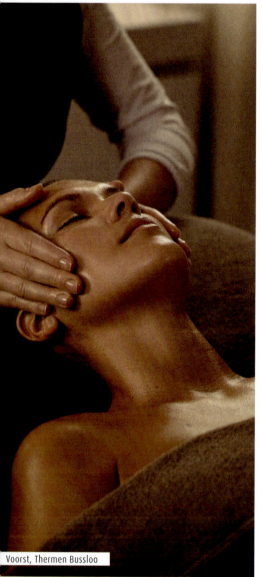

Es wäre ein neues Buch, die angebotenen Anwendungen zu beschreiben. Lassen Sie sich von den Bildern inspirieren und probieren Sie es aus. Sie alle zu nennen, wäre in der Tat unmöglich.

Die Bandbreite geht von allerlei Massagen – klassische Ganzkörpermassagen, die berühmte Klangschalenmassage, die Hot-Stone-Massage – bis hin zu unterschiedlichen Packungen. Wohltuend warme Schokoladen-Packungen sind genauso empfehlenswert wie Packungen beispielsweise mit Aroma-Öl oder Ähnlichem. Fans von Fangopackungen kommen ebenfalls auf Ihre Kosten. Eine Reise in den Orient verspricht das türkische Hamam. Die Liste könnte nun noch viel, viel weiter führen. Ayurveda könnte man noch erwähnen oder auch die verschiedenen Peelings. Aber entdecken Sie am besten selbst für sich Ihre persönliche Lieblingsanwendung.

Voorst, Thermen Bussloo

Oranienburg, TURM ErlebnisCity

Korschenbroich, Asia Therme

Hamm, Maximare

Lomm, SPAWellness

Oer-Erkenschwick, maritimo

Bad Pyrmont, Huferland Therme

Herford, H2O

Waging am See, Wellness Garten

Wohl dem, der die Zeit hat, einige Stunden in der Sauna zu verbringen und sich auch Ruhe gönnen kann.

Vom kleinen, schnuckeligen „Raum der Stille" bis hin zu innenarchitektonisch, häufig dem Gesamtthema der Saunalandschaft angepassten „Ruhetempeln", ist die Bandbreite phantastisch: Wasserbetten, gemütliche Liegen mit Blick in den Außenbereich, breite Sofas, dicke Teppiche auf dem Boden, thematisch gestaltete Ruhebereiche und selbst Hängematten.

Der Erholungsfaktor ist keine Frage der Größe, sondern der Liebe zum Detail, auch in kleinen Anlagen, verbunden mit der Einsicht, den Gästen ruhige Rückzugszonen anzubieten.

Dresden, Henricus Spa

Bad Salzuflen, VitaSol Therme

Erkrath, ESSENSIO

Magdeburg, NEMO

Langweiler, Kleine Klostertherme Marienhöh

monte mare Andernach »MEINE PAUSE VOM ALLTAG«

📍 Klingelswiese 1, 56626 Andernach

📱 02632 987221-0 | 🖨 02632 987221-11 | 🌐 www.monte-mare.de/andernach

GEBOTEN
WIRD:

DAS RESÜMEE   Das Fitness- und Wellnesscenter »monte mare« liegt auf einer Anhöhe am Stadtrand. Das exklusive Sport- und Wellnesszentrum in mediterraner Urlaubsatmosphäre wurde im April 2012 neu eröffnet und bietet ein Sauna-Erlebnis der gehobenen Kategorie. Am 28. April 2018 eröffnet das erste monte mare Wellness- und Business-Hotel, ein viergeschossiger Neubau im modernen Landhausstil und einer hochwertigen Ausstattung. Das 4-Sterne-Hotel ist räumlich mit der bestehenden Saunaanlage verbunden. Eine einzigartige touristische Infrastruktur bietet das monte mare übrigens für Radfahrer und Wanderer mit einem Fahrradverleih, einer Fahrrad-Werkstatt und einer Waschstation. Der Besuch der Saunalandschaft ist für Kinder nicht gestattet, die Altersgrenze liegt bei 16 Jahren.

DER SAUNABEREICH   In einem Mix aus mediterranem Stil und einheimischen Elementen wurde die Saunalandschaft gestaltet. Der Saunagarten erstreckt sich über 6.000 qm, insgesamt beträgt die Fläche der Anlage mehr als 12.500 qm. Neun Schwitzräume verschiedenster Art warten auf Ihre Erkundung.

DER EMPFANG   Im Foyer können Sie nicht nur einchecken, sondern auch gemütlich einkehren. Sollten Sie Bademantel oder Saunatuch vergessen haben, so stellt das kein Problem dar. Beides können Sie an der Kasse ausleihen. Außerdem finden Sie im Shop ein interessantes Angebot an Wellness-Produkten wie Salze, Öle und Bademäntel.

DIE ÖFFNUNGSZEITEN   Montags bis donnerstags: 9:00 – 23:00 Uhr | Freitag und Samstag: 9:00 – 24:00 Uhr | Sonntags: 9:00 – 21:00 Uhr. Die Saunazeit endet jeweils 30 Minuten vorher. Es herrscht täglich gemischter Betrieb.

📍 Klingelswiese 1, 56626 Andernach
📱 02632 987221-0 | 🖨 02632 987221-11 | 🌐 www.monte-mare.de/andernach

Der Schnuppertarif (zwei Stunden) kostet 19,50 Euro. Jede weitere angefangene, halbe Stunde wird mit 2,50 Euro berechnet. Der Maximaltarif beträgt 34,50 Euro für die Tageskarte. Am Wochenende und an Feiertagen werden 3,00 Euro Zuschlag fällig. Sonderpreise für Frühtarif (Mo – Fr 9:00 – 15:00 Uhr für 23,50 Euro). Bitte beachten Sie die aktuellen Aktionen im Internet.

DIE PREISE

Der Sauna-Umkleidebereich besteht aus einem großen, in einzelne Segmente unterteilten Raum mit hohen Schränken. Damen und Herren kleiden sich gemeinsam um. An die Umkleiden schließen sich der Beauty-Raum und die Toiletten an. Zum Duschen benutzen Sie bitte die oberen Räumlichkeiten.

UMKLEIDEN | DUSCHEN

Wie es der Name schon sagt, werden in dieser finnischen Sauna Aufguss-Zeremonien durchgeführt. Dabei herrschen etwa 85 °C, wobei man unter drei Sitzhöhen wählen kann. Besonders beliebt bei den bis zu 25 Teilnehmern sind die „Natur pur"-Aufgüsse aus eigener Herstellung.

DIE SAUNEN
DIE CEREMONIA-SAUNA
85 °C

Nach mallorquinischem Vorbild wurde die Ofenwand dieser Trockensauna mit hellen Steinplatten verkleidet. Hier finden elf Gäste auf drei Stufen Platz. Die Raumtemperatur beträgt 80 °C.

DIE FINCA-SAUNA
80 °C

Fünf Einzel-Sitzplätze bietet das hell gekachelte Dampfbad. Hier herrschen bis zu 50 °C bei voll dampfgesättigter Luft. Farbwechsel-Spotlights sorgen für stets neue Stimmungen.

DAS CATALANISCHE
KRÄUTERBAD, 50 °C

Gleich gegenüber befindet sich das zweite Dampfbad mit sechs Einzelplätzen. Es herrschen etwa 50 °C bei 100 % Luftfeuchte und es gibt Farbwechsel-Spiele. Im andalusischen Bad werden regelmäßig Honig-Einreibungen angeboten.

DAS ANDALUSISCHE
AROMABAD
50 °C | 100 %

monte mare Andernach »MEINE PAUSE VOM ALLTAG«

📍 Klingelswiese 1, 56626 Andernach

📱 02632 987221-0 | 🖨 02632 987221-11 | 🌐 www.monte-mare.de/andernach

---

DIE FEUER-SAUNA
90 °C

Die Erdsauna ist halb in den Boden eingelassen. Hier werden die etwa 90 °C Raumtemperatur als sehr angenehm empfunden. Bis zu 30 Gäste finden auf drei, sich gegenüberliegenden, breiten Stufen Platz. Ein mittig an der Stirnseite installierter, holzbefeuerter Kaminofen sorgt für eine gemütliche Stimmung. Besonders heiß geht es bei den Wenik-Aufgüssen nach russischer Art zu, die regelmäßig zelebriert werden.

DIE GEYSIR-SAUNA
75 °C

In der größten Sauna des Andernacher monte mare finden mindestens 65 Schwitzfreunde gleichzeitig Platz. Auf dem riesigen Aufgussofen werden regelmäßig Erlebnis-Aufgüsse durchgeführt. Dabei herrschen rund 90 °C in dem großen Raum. Eine breite Fensterfront erlaubt den Ausblick in den Garten und zwei Farbwechsel-Wassersäulen ziehen die Blicke auf sich. Die größte Attraktion ist jedoch der Geysir, der in unregelmäßigen Abständen aus einem tiefen Loch in der Mitte des Raumes nach oben schießt. Alleine dieses Spektakel ist schon den Besuch wert.

QUASSELSAUNA
90 °C

Vielen Saunabesuchern ist die Stille besonders wichtig, andere wiederum unterhalten sich gerne. Das monte mare in Andernach hat dafür einen guten Kompromiss gefunden und die erste Quasselsauna der Region eröffnet. Sie bietet nun Raum für lebhafte Unterhaltungen und angeregtes Schwitzen. So findet in Andernach garantiert jeder seinen Lieblingsplatz. In der neuen Sauna im Andernacher Saunagarten können die Gäste ab sofort plaudern, erzählen und sich angeregt austauschen – und ganz nebenbei bei 90 °C schwitzen.

DIE PANORAMA-SAUNA
50 °C

In einem hellen Pavillon ist die Panorama-Sauna untergebracht. Hier genießen die Gäste einen fantastischen Ausblick in den Saunagarten. Bei moderaten 50 °C können sich bis zu 28 Besucher an mit Salz angereicherter Luft und Farbwechsel-Leuchten erfreuen. Aufgrund der schonenden Erwärmung ist die Anwendung auch für Sauna-Anfänger oder Menschen mit Kreislaufbeschwerden geeignet.

♀ Klingelswiese 1, 56626 Andernach

☎ 02632 987221-0 | 🖨 02632 987221-11 | 🌐 www.monte-mare.de/andernach

Rund zehn Tonnen hochwertiges jordanisches Meersalz bedecken in der **Salzlounge** den Boden. Bei einer Luftfeuchtigkeit von etwa 50 % und einer Temperatur von 19 – 21 °C entsteht ein besonderes Mikroklima und die gesundheitsfördernde Wirkung des Salzes kann sich bei der SALZINHALATION bestmöglich entfalten. Für Saunagäste ist die Teilnahme an der rund 45-min. Salzinhalation in der Salzlounge kostenfrei. In der Stollensauna reiben sich die Saunabesucher bei Aufgüssen mit hochwertigem Meersalz ein. Die Sole-Infrarotkabine ist eine sehr wohltuende und wirkungsvolle Kombination aus Sole und Infrarotwärme. Die Salzwelten sind täglich ab 11:00 Uhr geöffnet.

DIE SALZWELTEN

In einer abgetrennten Halle können Sie im großen Solebecken baden. Die mindestens 28 °C Wassertemperatur laden zum Schwimmen bei wechselnder Beleuchtung ein. Anschließend entspannt man sich bei 34 °C im etwas höher gelegen Whirlpool. Für warme Füße sorgen zudem vier Wechselbecken.

DIE WARMBECKEN

Ausgiebige Spaziergänge können Sie im wirklich abwechslungsreichen Saunagarten unternehmen. Auf einer Fläche von mehr als 6.000 qm kann man sich nicht nur auf der Wiese und etlichen Liegestühlen sonnen. Es stehen auch Liegedecks, Schaukelliegen, Hängematten und Kuschelinseln dafür bereit. Ein alter Baumbestand mit Ahorn, Fichten und Birken sorgt nebst Sonnenschirmen für die Beschattung. Außerdem gibt es einen großen Naturteich sowie sogar einen echten Weingarten an den Südhängen der Parklandschaft. Der Duft- und Kräutergarten, Weinreben, Lavendelbeete und ein Sinnespfad für die Fußreflexzonen machen den Aufenthalt draußen zum Genuss für alle Sinne.

DIE AUSSENANLAGE

Mannigfaltig ist auch die Auswahl an Ruheplätzen. Im Obergeschoss finden Sie beispielsweise sechs abgeschottete Kemenaten mit Schlafliegen, einen Ruheraum mit acht Wasserbetten sowie zwei gemütliche Sitz-Ecken. Weitere bequeme Liegen

RUHEMÖGLICHKEITEN

monte mare Andernach »MEINE PAUSE VOM ALLTAG«

📍 Klingelswiese 1, 56626 Andernach

📞 02632 987221-0 | 🖨 02632 987221-11 | 🌐 www.monte-mare.de/andernach

mit Auflagen finden Sie auf den beiden Galerien, im Panorama-Schlafraum oder in der Ruhezone mit Blick auf den Garten. Auch eine Lounge mit sechs einladenden Klubsesseln und prasselndem Kaminfeuer lädt zum Ausruhen zwischen den Saunagängen ein. Aus dem neuen, gemütlich eingerichteten Ruhehaus genießen Sie einen tollen Ausblick in den idyllischen Saunagarten.

WELLNESS

Zu einem gelungenen Wellnesstag gehört natürlich auch eine gute Massage. Im Spa-Bereich können Sie sich beispielsweise Aromaöl- oder Hot-Chocolate-Massagen gönnen. Oder Sie lassen sich wie ein Maharadscha mit einem Shirodara-Stirnölguss mit anschließender Abhyanga-Behandlung verwöhnen. Ebenfalls im Angebot sind Massagen mit heißen Steinen und die hawaiianische Tempelmassage Lomi-Lomi-Nui. Zudem können Sie pflegende Dampfbad-Zeremonien wie das Serailbad oder Kaffee-Gewürzpeeling buchen. Kosmetikanwendungen sowie eine Vielzahl von Wellness-Arrangements vervollständigen das Programm.

ZUSATZANGEBOTE

Sie können sich an Ihrem Urlaubstag im monte mare nicht nur nach Strich und Faden verwöhnen lassen, sondern auch aktiv etwas für Ihre Gesundheit tun. Das hauseigene Fitness-Studio „la vida SPORTS" definiert mit seinen modernsten Geräten und hochqualifizierten, empathischen Mitarbeitern einen neuen Standard. Es wurde an nichts gespart, um Ihnen ein Trainings- und Kursprogramm vom Feinsten bieten zu können.

EVENTS

Das Veranstaltungs-Programm umfasst, lange Saunanächte zu verschiedenen Themen.

DAS HOTEL

Das neue monte mare 4-Sterne-Hotel ist ein Wellness- und Businesshotel und liegt ruhig am Rande vom Andernach. Egal ob romantisch zu zweit, aktiv mit Freunden oder entspannt im Wellness-Wochenende: Im monte mare in Andernach dreht sich alles um Wohlbefinden und Regeneration von Körper, Geist und Seele. In den unterschiedlich eingerichteten Doppelzimmern und Suiten findet jeder „sein" Zimmer, passend auf die persönlichen Bedürfnisse abgestimmt. Für die Extraportion

📍 Klingelswiese 1, 56626 Andernach

📞 02632 987221-0 | 🖨 02632 987221-11 | 🌐 www.monte-mare.de/andernach

Wohlfühlmomente sind die Doppelzimmer und Suiten liebevoll bis ins kleinste Detail eingerichtet und bieten modernen Komfort für alle Ansprüche. Die vier Luxus-Suiten im Obergeschoss sind das Aushängeschild des Hotels und bieten zum Teil einen einmaligen Blick über das Mittelrheintal.

Sie sind thematisch an die vier Elemente Feuer, Wasser, Luft und Erde angelehnt und überzeugen auf jeweils rund 50 qm durch Einzigartigkeit in Komfort und Funktionalität sowie liebevolle Details in der Gestaltung. Das Hotel ist räumlich mit dem bestehenden Komplex verbunden. Somit können die Hotelgäste das umfangreiche Angebot des Sauna- und Fitnessbereichs des monte mare SAUNA – SPA – SPORTS nutzen, ohne die Anlage zu verlassen.

Eine besondere Empfehlung verdient auch das Restaurant im monte mare. Es besticht nicht nur durch seine vielen Sitzgelegenheiten im Innenbereich und auf der Sonnen-Terrasse, sondern vor allem durch die abwechslungsreiche Speise- und Getränkekarte. Im mediterran geprägten Ambiente können Sie stets unter mehreren Tagesgerichten, Salat-Variationen, Suppen, Pasta, Ofenkartoffeln und herzhaften Fleischgerichten wählen.

GASTRONOMIE

Ergänzt wird die Karte durch spezielle Frühstücks- und Kaffeezeit-Angebote sowie leckere Eisbecher. Hier noch ein Goethe-Zitat aus der Speisekarte: „Kein Genuss ist vorübergehend, denn der Eindruck, den er zurücklässt, ist bleibend. Dem ist nichts hinzuzufügen.

Während Ihres Aufenthalts bei monte mare benötigen Sie kein Bargeld. Sämtliche in Anspruch genommenen Leistungen werden auf Ihren Transponder-Chip gebucht und erst beim Austritt beglichen.

ZAHLUNGSVERKEHR

Direkt vor dem Haus können Sie kostenfrei parken. Auch für die Wohnmobilisten ist gesorgt. Etwa ein Dutzend großer Stellplätze ist mit Anschlüssen für die Ver- und Entsorgung versehen.

PARKMÖGLICHKEITEN

Südpfalz Therme »GENIESS DEN SÜDEN DER PFALZ«

 Kurtalstraße 27, 76887 Bad Bergzabern

 06343 934010 | www.suedpfalz-therme.de

GEBOTEN WIRD:

DAS RESÜMEE

Die Südpfalz Therme präsentiert sich als modernes Wellness- und Gesundheitszentrum mit persönlichem Service, regionalem Bezug und einem stilvollen Ambiente zum Wohlfühlen. Vier Thermalbecken im Innen- und Außenbereich laden mitten in der Natur zum Baden im Heilwasser ein. Bei 30 – 32 °C kann man sich von perlendem Nass umsprudeln, von zahlreichen Massagedüsen lockern, unter der Wasserfontäne erfrischen oder unter der Spiegeldecke bei wechselndem Licht treiben lassen. Im Sommer kann man sich im blühenden Thermengarten auf einer der zahlreichen Liegen wunderbar erholen und im großen Außenbecken baden bis zum Sonnenuntergang. Wärme findet man auch im 37 °C warmen Petronella-Kräuterbad oder in der Infrarotkabine. Ein Rundgang über den Fußreflexzonenparcours regt die Durchblutung an, mehrmals täglich kann man an einer kostenlosen Wassergymnastik teilnehmen. Im modernen Wellness- und Gesundheitsbereich finden Sie weitere 680 qm Fläche zum Wohlfühlen und Verwöhnen lassen. Durchatmen und Abschalten kann man im wohltuend gesunden Klima der Totes-Meer-Salzgrotte. Eine Boutique bietet aktuelle Trends und eine ganzjährig große Auswahl an Bademoden und –accessoires von namhaften Herstellern. Wenn der kleine oder auch große Hunger kommt, stehen mehrere Gastronomiebereiche – auch im Freien – mit kleinen und großen Leckereien sowie Pfälzer Spezialitäten zur Verfügung.

DER SAUNABEREICH

Die großzügige Sauna-Landschaft über den Dächern der Stadt erstreckt sich über eine Fläche von mehr als 1.500 qm, mit einem gemütlich gestalteten Innenbereich, einem mediterran begrünten Dachgarten und dem chilligen Saunadeck mit Blick in den Thermengarten. Es sind 3 Schwitzräume drinnen und 3 draußen, deren Namen den regionalen Bezug des Angebots hervorheben. Bei den halbstündlich bis stündlich stattfindenden Aufgüssen finden sich neben klassischen Düften monatlich wechselnde Aromen.

Südpfalz Therme »GENIESS DEN SÜDEN DER PFALZ«

📍 Kurtalstraße 27, 76887 Bad Bergzabern
☎ 06343 934010 | 🌐 www.suedpfalz-therme.de

Am Empfang erhält man ein Chip-Armband, das den Umkleideschrank verschließt, die Nutzung der Infrarotkabine oder der Massageliegen sowie bargeldloses Zahlen in der internen Gastronomie, spontan gebuchter Anwendungen oder eines Besuchs in der Salzgrotte ermöglicht. Bademäntel, Handtücher oder Decken können gemietet werden. Die Therme ist behindertengerecht eingerichtet.

DER EMPFANG

Sonntag bis Donnerstag geöffnet von 9:00 – 22:00 Uhr | Freitag und Samstag geöffnet von 9:00 – 23:00 Uhr. Die Sauna ist dienstags für Damen reserviert (außer an Feiertagen und in den Weihnachtsferien) ganztägig von 9:00 – 22:00 Uhr. Geschlossen an Heiligabend, am 1. Weihnachtstag und Neujahr. Silvester von 9:00 – 16:00 Uhr geöffnet. (Revisionsschließung: voraussichtlich 9 Tage im Juni, Termin stand bei Drucklegung noch nicht fest.)

DIE ÖFFNUNGSZEITEN

Ticket	Erwachsene	Kinder & Jugendliche (2 – 15 Jahre)
2 Stunden	15,00 Euro	7,50 Euro
3 Stunden	16,50 Euro	8,25 Euro
4 Stunden	18,00 Euro	9,00 Euro
Tageskarte (inkl. Therme)	20,00 Euro	10,00 Euro

DIE PREISE

Ab 18:00 Uhr gibt es vergünstigte Feierabendtarife. Verlängerungs-Bonus von 1 Std. für Schwerbehinderte. Sonderpreise für Wertkarten, Abendtarife, Behinderte und Kurgäste. Geburtstagskinder frei für 2 Stunden.

Über 550 Schränke und mehrere Einzel- sowie Sammelkabinen befinden sich auf dem Ober- und Unterdeck. In der Therme und im Saunabereich stehen jeweils sieben Duschen für Damen und Herren zur Verfügung.

UMKLEIDEN | DUSCHEN

Hier können 25 Personen bei 75 °C und betörendem Duft ein sinnliches Saunabad im Zeichen der Rose genießen, deren Schönheit alljährlich im Bad Bergzaberner Land gefeiert wird. Besonderer Blickfang ist der mit dem Naturstein `Rosa Porrino´ ummantelte Ofen, auf dem Rosenquarz-Steine effektvoll beleuchtet eine außergewöhnliche Atmosphäre schaffen. Täglich findet hier ein Klangschalenaufguss statt.

DIE SAUNEN
DIE ROSENSAUNA
75 °C | 50 %

Südpfalz Therme »GENIESS DEN SÜDEN DER PFALZ«

 Kurtalstraße 27, 76887 Bad Bergzabern

 06343 934010 | www.suedpfalz-therme.de

DAS AROMA-LICHT-BAD
60 °C | 35 %

20 Personen fasst das milde Aroma-Licht-Bad, das mit 60 °C und wechselnder Beleuchtung für ein schonendes Schwitzen sorgt. Begleitet von angenehmen Düften werden Sie von einer Farbenwelt in die nächste geführt.

DIE MONTANUS-GROTTE
48 °C | 100 %

Das Dampfbad ist mit edlem Feinsteinzeug ausgekleidet und lässt in elegantem Ambiente bei 48 °C bis zu zwölf Personen schnell ins Schwitzen kommen. Benannt ist das Dampfbad nach dem Bergzaberner Professor Tabernae Montanus, der sich im 16. Jahrhundert mit Naturheilkunde und der Wirkung von Heilquellen beschäftigte. Hier werden mehrmals täglich Salz- und Honiganwendungen angeboten.

DIE RIESLING-SAUNA
80 °C | 10 %

In der Riesling-Sauna können bis zu 35 Personen bei 80 °C schwitzen und im Ambiente eines klassischen Pfälzer Weinkellers regelmäßig automatische Aufgüsse genießen.

DIE WIESENSAUNA
85 °C | 20 %

In der Wiesensauna wird bei 85 °C aufgegossen, während man – umgeben von getrockneten Gräsern und Kräutern – den Panoramablick in die umliegende Natur genießen kann.

DIE WALD-SAUNA
90 °C | 20 %

In der großen Waldsauna werden bei 90 °C Hitze stündlich Aufgüsse für bis zu 65 Personen zelebriert; mehrmals täglich auch Erlebnis-Aufgüsse mit kleinen Extras.

DAS ABKÜHLEN

Neben dem Dampfbad befindet sich der Kaltduschbereich. Hier findet man zwei Erlebnisduschen sowie eine Kübeldusche. Neben normalen Brausen stehen zwei Schwallduschen, eine Regendusche sowie ein Tauchbecken zur Erfrischung bereit. Der zentral inszenierte Stalagmit-Eisbrunnen sorgt für den richtigen Frische-Kick. Schließlich kann man noch ein Warmsprudelbecken nutzen. Auf dem Dachgarten und dem Saunadeck findet man in weiteren Duschen und Tauchbecken die nötige Abkühlung.

Südpfalz Therme »GENIESS DEN SÜDEN DER PFALZ«

📍 Kurtalstraße 27, 76887 Bad Bergzabern

📞 06343 934010 | 🌐 www.suedpfalz-therme.de

Für die Fußwechselbäder gibt es zwei Keramikbänke mit jeweils vier Fußbecken – auch ein schöner Ort für interessante Gespräche. Sowohl im Innen- als auch im Außenbereich stehen Kneipp-Schläuche zur Verfügung.

DAS KNEIPPEN

Zum Entspannen legt man sich in die Kaminlounge, einen Ruheraum mit Sternenhimmel, in die offene Ruhezone oder auf eine der Schaukelliegen in der urig gestalteten Waldlounge. Den Süden genießen kann man auf dem mediterran begrünten Dachgarten, auf dem chilligen Saunadeck oder in einem Sitzsack auf der loungigen Liegewiese.

RUHEMÖGLICHKEITEN

Wer sich noch mehr entspannen möchte, begibt sich in den Wellness- und Gesundheitsbereich. Dieser bietet nahezu alle Möglichkeiten sowohl für die tiefgreifende Entspannung als auch für eine professionelle Therapie. So kann man nicht nur ein Peeling auf dem warmen Stein genießen, einen »Sonnentag « im Sand-Licht-Bad erleben oder ein Bad in der goldenen Karolinen-Wanne nehmen. Das Massageangebot bietet mit lindernden klassischen Massagen, wohltuenden Aromamassagen und zahlreichen Spezialanwendungen sowie speziell für den Gast zusammengestellten Paketen in thematisch gestalteten Räumen alles zum Vitalisieren und Wohlfühlen. Klassische Gesichtsanwendungen runden das Programm rund um Entspannung und Schönheit ab. Natürlich gibt es auch die bekannten Kuranwendungen wie Fango oder Kneipp-Güsse sowie Aquakurse und Entspannungsprogramme.

MASSAGEN | WELLNESS

Es wird in der ganzen Therme bargeldlos mit dem Chip-Armband bezahlt.

ZAHLUNGSVERKEHR

Es gibt ausreichend Parkplätze in der Nähe des Bades, größtenteils jedoch gebührenpflichtig. Wohnmobile: Parkplatz »Schlossgärten« und im »Weingut Hitziger« (Liebfrauenbergweg, oberhalb des Kreiskrankenhauses).

PARKMÖGLICHKEITEN

Vulkaneifel Therme »DiE ViTALQUELLE iN BAD BERTRiCH«

📍 Clara-Viebig-Straße 3-7, 56864 Bad Bertrich

☎ 02674 913070 | 🖨 02674 9130747 | 🌐 www.vulkaneiheltherme.de

GEBOTEN WiRD:

DAS RESÜMEE

Die exquisite Lage macht die »Vulkaneifel Therme« zu einer besonderen Attraktion. Die vornehme Hanglage, eingebettet in eine absolut idyllische Landschaft mit viel Wald, Hängen und einem Bachlauf, ermöglicht den Blick in ein Tal zum Kurfürstlichen Schlösschen. Bad Bertrich besitzt die einzige Glaubersalztherme Deutschlands. Schon die Römer erkannten vor 2.000 Jahren diese wertvolle Heilquelle, die dem vulka-nischen Gebirge der Eifel entströmt.

Im Mai 2010 wurde der Neubau der »Vulkaneifel Therme« in Betrieb genommen. Auf einzigartige Weise werden Bad, Sauna und Anwendung kombiniert und daraus eine Erlebnis- und Gesundheitswelt in einer völlig neuen Dimension geschaffen. Über 500 qm Wasserfläche, verteilt auf ein 32 °C warmes Innenbecken, ein 36 °C warmes Heißsitzbecken, ein 32 °C warmes Außenbecken und ein ebenso warmes Außenbewegungsbecken, definieren die Badewelt. Auf der Terrasse haben Sie einen wunderschönen Panoramablick. Ein umfangreiches Entspannungs- und Wohlfühlprogramm mit unterschiedlichsten Anwendungen erwartet Sie. Die Anlage ist behindertengerecht gestaltet und mit Fahrstuhl versehen.

DER SAUNABEREICH

Modern und zeitlos, mit warmen mediterranen und teils kräftigen Farben so präsentiert sich der edle 600 qm große Innenbereich der Saunalandschaft. Auf schöne Art und Weise werden Glas- und gediegene dunkle Holzelemente, ausgesuchte Natursteine und Fliesenverzierungen miteinander kombiniert. Der exorbitante Saunagarten erstreckt sich über 1.500 qm und erhebt sich über die gesamte »Vulkaneifel Therme«. Das Dampfbad ist in eine arabisch anmutende Landschaft eingebettet.

Vulkaneifel Therme »DIE VITALQUELLE IN BAD BERTRICH«

⚲ Clara-Viebig-Straße 3-7, 56864 Bad Bertrich
☎ 02674 913070 | 🖨 02674 9130747 | 🌐 www.vulkaneifeltherme.de

Vom Eingang gelangen Sie per Aufzug oder über Treppen zum Empfang. Hier werden Bademäntel und Handtücher sowohl verliehen als auch verkauft. Käuflich erwerbbar sind zudem Badeschuhe und Badeutensilien.

DER EMPFANG

Sauna: Montag bis Donnerstag von 11:00 – 22:00 Uhr | Freitag – Sonntag 9:00 – 22:00 Uhr | Feiertag 9:00 – 22:00 Uhr

DIE ÖFFNUNGSZEITEN

Tageskarte Therme & Sauna 21,00 Euro | 2-Stunden-Karte Therme & Sauna 16,00 Euro. Ermäßigungen für Kinder bis 16 Jahre, mit Gästekarte sowie ab 80 % Behinderung.

DIE PREISE

Im Badbereich stehen separate Sammel- sowie Einzelkabinen zum Umkleiden zur Verfügung. In der Sauna wird sich gemischt geschlechtlich umgezogen. Geduscht wird getrennt geschlechtlich.

UMKLEIDEN | DUSCHEN

Die Vulkaneifel spiegelt sich thematisch in der Namensgebung wie auch in der Gestaltung der Saunakabinen wieder. Sie wandeln auf den Spuren von Vulkanen. Zwei Saunakabinen und ein Dampfbad sind im Innenbereich der Anlage untergebracht. Zwei äußerst feurige Saunakabinen befinden sich im Anbau an die Hauptanlage und die Eifel-Hütte ist im Außenbereich zu finden. Mit Temperaturen zwischen 45 °C und »vulkanartigen« 100 °C kommen sowohl Saunaneulinge als auch Saunafans voll auf ihre Kosten. Jede Sauna ist mit einer Fußbodenkühlung unter schönen Schiefersteinen ausgestattet. Stündliche Aufgüsse mit wechselnden Düften, die teils als Eisaufgüsse zelebriert werden, werden in der Schiefer-Sauna abgehalten.

DIE SAUNEN

Milde 60 °C laden etwa 25 Personen zum längeren Verweilen in der fantastischen Lavalicht-Sauna mit attraktiver Holzverkleidung ein. Der große gemauerte Ofen mit Saunasteinen thront seitlich. Auf ihm ruht eine Marmorkugel, aus der beständig Wasser entspringt, sodass die Luftfeuchtigkeit etwa 45 % beträgt. Rötliche Glasmalereien erscheinen wie Lavalichter und sind somit Pate für den Namen der Sauna.

DIE LAVALICHT-SAUNA
60 °C

Vulkaneifel Therme »DIE VITALQUELLE IN BAD BERTRICH«

 Clara-Viebig-Straße 3-7, 56864 Bad Bertrich
 02674 913070 | 02674 9130747 | www.vulkaneifeltherme.de

DIE SCHIEFER-SAUNA
90 °C

Der große Ofen mit Saunasteinen befeuert die voll holzverkleidete und dezent beleuchtete Saunakabine auf stattliche 90 °C. Etwa 45 Personen haben Ausblick auf den Innenbereich der Anlage und können sich an den erquickenden Aufgüssen erfreuen.

DIE VULCANUS-SCHMIEDE
80 °C

Die Vulcanus-Schmiede erlaubt dank zweier großer Fenster einen kühlenden Blick mit Vorfreude auf das Schwimmbecken. Doch zunächst heißt es ordentlich ins Schwitzen kommen; das sollte bei 80 °C nicht allzu schwer fallen. Der enorme Ofen ist seitlich in Schiefer eingemauert. Rund 20 Personen kann die leicht rustikal gestaltete Saunakabine beherbergen.

DIE VULKAN-SAUNA
100 °C

Wer sich in der Vulcanus-Schmiede behauptet hat, der kann sich in die Vulkan-Sauna wagen. Eine Landschaft aus Magma, aus der es beständig feurig rot schimmert, erwartet die Schwitzhungrigen im Eingangsbereich. Danach eröffnet sich eine rustikale und dunkel gehaltene Saunakabine, in der sich ca. 20 Personen niederlassen können. Der glühende Ofen mit Saunasteinen erzeugt eine Temperatur um die 100 °C.

DAS DAMPFBAD
45 °C

Im Dampfbad erwartet Sie eine arabische Erlebniswelt mit sehr schöner Befliesung unter farbigem Sternenhimmel. Der mittige Brunnen plätschert beständig vor sich hin. Nebelschwaden umhüllen die sieben Sitznischen mit Handbrausen bei 45 °C. Dezente Entspannungsmusik durchdringt den feinen Nebel. Probieren Sie einmal die hier stattfindende Orientalische Schlamm-Zeremonie aus.

DIE EIFEL-HÜTTE
90 °C

Die im Blockhaus Stil erbaute 90 °C Sauna mit begrüntem Dach fügt sich harmonisch in das Außengelände ein und bietet Platz für über 40 Personen. In der Eifel-Hütte werden im Wechsel mit der Schiefer Sauna stündlich die verschiedensten Aufgüsse verabreicht.

Im Haupthaus sowie im Anbau, jeweils an den Saunen, sind die Abkühlberei-che mit einer Kübel-, einer Kalt- und einer Schwalldusche sowie einem Kneipp-Schlauch und Warm-Kalt-Duschen ausgestattet. Ein Tauchbecken im Haupthaus ver-heißt weitere Abkühlung. Vier Fußwärmebecken an beheizter Sitzbank aus Schiefer erwärmen kalte Füße und bringen den Kreislauf wieder in Schwung.

DAS ABKÜHLEN

Drei riesige, terrassenförmige Liegewiesen werden durch enorme Felsformationen definiert und schmiegen sich um den Anbau der Saunalandschaft. Viele Liegen und Liegestühle laden zur Erholung ein. Rundherum ist der Saunagarten grün bepflanzt. Sie erleben sich inmitten einer wunderschönen hügeligen Waldlandschaft.

DER AUSSENBEREICH

Das 8 x 4 m große Schwimmbecken mit Massagesprudlern ist ein Blickfang des Saunagartens und ein beliebter Treffpunkt. 32 °C warmes Thermalwasser machen den Aufenthalt zum reinen Vergnügen. Rund um das Becken sind die Gehwege beheizt und gemütliche Liegestühle und Liegen säumen den Pool.

DAS SCHWIMMBECKEN

Die lichtdurchflutete, offene Leseecke mit Bibliothek zeigt sich in kräftig grünem Gewand. Gemütliche stilvolle Sitzgelegenheiten erleichtern die Vertiefung in ein gutes Buch. Direkt daneben liegt der offene Ruhebereich mit hochwertigen Liegen mit Auflagen. Eine geschwungene Sitzgarnitur mit Fußhockern und Leselampen ermöglicht den Ausblick auf die Terrasse der Gastronomie. In der plauschigen Ka-minlounge lässt es sich behaglich verweilen. Ein weiterer Ruheraum befindet sich im Obergeschoss. Bereits beim Eintreten tauchen die Saunagäste in eine warme Farbwelt ein, die Entspannung, Wärme und Wohlfühlatmosphäre vermittelt. 46 Re-laxliegen laden zum Entspannen ein. Große Panoramafenster und ein abgetrennter Schlafbereich runden den stilvoll eingerichteten Ruheraum ab. 2019 wurde der Liegebereich "Galerie" mit 50 weiteren Ruheplätzen in Betrieb genommen.

RUHEMÖGLICHKEITEN

Vulkaneifel Therme »DIE VITALQUELLE IN BAD BERTRICH«

📍 Clara-Viebig-Straße 3-7, 56864 Bad Bertrich
📱 02674 913070 | 🖨 02674 9130747 | 🌐 www.vulkaneifeltherme.de

MASSAGEN | SOLARIEN   Im Badbereich werden Sie mit Massagen (klassisch, Breuß-Massage und Lymph-drainage) und Reflexzonenmassagen verwöhnt. Körper-Balance und Entspan-nungstechniken (Cranio-Sacrale-Methode, Dorn-Methode) bringen Sie wieder ins Gleichgewicht. Fernöstliche Heiltechniken (unterschiedliche Thai-Massagen) kümmern sich um Ihre Gesundheit. Des Weiteren werden Vital- und Wellness-Anwendungen, exquisite Tagesprogramme, Krankengymnastik, Anwendungen mit dem Wasser der Glaubersalztherme und Traubenkernbehandlungen angeboten. Gegenüber vom Dampfbad stehen zwei Räume für Hamam mit Seifenschauman-wendungen zur Verfügung. Drei Hochleistungsbräuner im Badbereich sorgen für einen schönen Teint.

GASTRONOMIE   In einladender Atmosphäre können Sie Suppen, Spezialitäten aus der Regi-on, Fleisch- und Fisch-gerichte sowie Salate verspeisen. Die Außengastronomie befindet sich auf einer großen Steinterrasse mit grandiosem Einblick in die Land-schaft des Bades und der Umgebung.

♀ Clara-Viebig-Straße 3-7, 56864 Bad Bertrich

☏ 02674 913070 | 🖷 02674 9130747 | 🌐 www.vulkaneifeltherme.de

Der Eintritt wird beim Betreten der Anlage bezahlt. Alle anderen in Anspruch genommenen Leistungen werden auf einen Chip gebucht und beim Verlassen der Anlage beglichen.

ZAHLUNGSVERKEHR

Die Vulkaneifel Therme verfügt über eigene Parkplätze, die den Tagesgästen kostenlos zur Verfügung stehen. Bei Stundentarifen sind 2 Stunden Parken frei.

PARKMÖGLICHKEITEN

Thermalbad & Saunalandschaft Hotel Fürstenhof

»LUXUS FÜR KÖRPER & SEELE«

 Kurfürstenstr. 36, 56864 Bad Bertrich | 02674 9340 | https://haeckers-fuerstenhof.com/de

GEBOTEN WIRD:

DAS RESÜMEE Im Staatsbad und Kurort Bad Bertrich in der naturgewaltigen Eifel empfängt Sie die außergewöhnliche Thermal- und Saunalandschaft des Hotel Fürstenhof: Das »Palais Belle Époque«. Das luxuriöse und prachtvolle Ambiente zieht mit seiner variationsreichen Ausstattung verschiedene Sauna-Typen an. In der Glaubersalzgrotte, der Vulkangrotte und der Kristallgrotte, dem Blüten- und dem Römischen Dampfbad sowie der Fürstensauna, der Finnischen Sauna und unter den Erlebnisduschen finden Körper und Seele ungestört zueinander. Tanken Sie neue Kraft und Vitalität in Deutschlands einziger naturwarmen Glaubersalz-Therme in Besitz eines Hotels – gespeist wird diese durch die Bad Bertricher Quelle. Lassen Sie sich rundum verwöhnen, holen sich seelischen und körperlichen Ausgleich und erleben einen entspannten Tag im Fürstenhof.

DIE ÖFFNUNGSZEITEN Montag bis Freitag 14:00 – 20:00 Uhr | Samstag & Sonntag 12:00 – 20:00 Uhr

DIE PREISE Tageseintrittskarte 20,00 Euro ab 18 Uhr 10,00 Euro

DUSCHEN Es stehen vier Duschen zur Verfügung, die gemeinschaftlich genutzt werden.

DIE SAUNEN
FINNISCHE SAUNA In trocken-heißer Atmosphäre saunieren Sie ganz klassisch in der Finnischen Sauna. Der Holzbeschlag zeichnet diese Sauna aus und auf den warmen Bankreihen umgeben von typischem Saunaduft lässt es sich Bestens entspannen.

FÜRSTENSAUNA Die Softsauna ist der ideale Einstieg in das Saunabaden. Mit weniger Hitze aber höherer Luftfeuchtigkeit und bei wechselndem Stimmungslicht können Sie den Alltag hinter sich lassen.

Kurfürstenstr. 36, 56864 Bad Bertrich | ☎02674 9340 | ⊕ https://haeckers-fuerstenhof.com/de

RÖMISCHES DAMPFBAD
40 – 50 °C

Mit wunderschönen farblich warm gehaltenen Marmorfliesen ist das Dampfbad nach römischer Art ausgekleidet. Bei dampfgesättigter Luft herrschen hier zwischen 40 – 50 °C. Der Nebel in der Kabine lässt Sie zur Ruhe kommen.

BLÜTENDAMPFBAD

In frischen grünen, beigen und hellorangefarbenen Tönen gehalten ist das Blütendampfbad. Das vorrangige Schmuckelement ist die Lotusblüte: so entsteht ein Gefühl von Entspannung und Ruhe. Auch hier umgibt Sie ein feiner Nebel, der sich sanft auf der Haut niederlässt.

TECALDARIUM
40 °C

Betreten wird das Tecaldarium bekleidet. Alle Elemente des Raumes sind beheizt, sodass sich von überall eine angenehme Wärme im Raum verteilt, die sowohl indirekt als auch direkt auf den Körper einwirkt. Bei etwa 40 °C ist die Verweildauer deutlich höher als in der finnischen Sauna.

VULKANGROTTE

Hier erwartet Sie die Wärme des Vulkans. Umgeben von Stein-, Fels- und Holzelementen nehmen Sie Platz auf einer von zwei großzügigen Steinliegen. Genießen Sie die einzigartigen Raum und lassen die Seele auf ganzer Linie baumeln.

DAS ABKÜHLEN

Eine Abkühlung der besonderen Art erleben Sie in der Eisgrotte. Kühlen Sie in dieser Ihren erhitzten Körper durch eine eiskalte Wasserdusche ab und spüren Sie den kalten Nebel, der sich auf der Haut niederlässt, um vom Saunagang geöffneten Poren langsam wieder zu verschließen. Ebenso besteht die Möglichkeit, den Körper mit Crushed Ice abzureiben.

SCHWIMMBÄDER

Als Deutschlands einziges Hotel besitzt das Hotel Fürstenhof eine naturwarme Glaubersalz-Therme. Gespeist aus der Bad Bertricher Quelle drehen Sie in dem Becken erholsame Runden. Lassen Sie sich im Wasser treiben und genießen den beeindruckenden Raum: Angefangen bei eindrucksvollen Bodenverzierungen, über schöne Wandmalereien bis hin zu einem fantastischen Abschluss einer mit Glas verzierten Kuppel.

RUHEMÖGLICHKEITEN

Der Ruheraum lädt zum Regenieren und Verweilen ein. Hier stehen Ihnen mehrere Sitzmöglichkeiten zur Verfügung, die einen Blick auf die bunten Wandgemälde ermöglichen.

Thermalbad & Saunalandschaft Hotel Fürstenhof

»LUXUS FÜR KÖRPER & SEELE«

Kurfürstenstr. 36, 56864 Bad Bertrich | 02674 9340 | https://haeckers-fuerstenhof.com/de

WELLNESS | MASSAGE   Vital-Ganzkörper-Wellness erfahren Sie im Medical-Wellness-Center des Hauses. Begeben Sie sich in die geübten Hände der Masseure und genießen diverse Massagen, Packungen und kosmetische Anwendungen.

ZUSATZANGEBOTE   Das Hotel ist in Besitz eines Fitnessraums, eines Solariums und eines Whirlpools. Auch ein freier WLAN-Zugang ist im ganzen Haus möglich. Diese ergänzen die bereits reiche Angebotspalette perfekt.

GASTRONOMIE   Nach ausgiebigen Saunagängen muss der Körper wieder zu Kräften kommen und wo geht das besser, als im hauseigenen Restaurant. Appetitliche und wohlschmeckende Gerichte – auch vegetarische und vegane Speisen – bereitet das Küchenteam liebevoll zu. Auch externe Gäste sind herzlich willkommen.

📍Kurfürstenstr. 36, 56864 Bad Bertrich | ☎02674 9340 | 🌐 https://haeckers-fuerstenhof.com/de

Alle in Anspruch genommenen Leistungen können sowohl bar als auch mit der EC-Karte beglichen werden.

ZAHLUNGSVERKEHR

Vor dem Hotel finden sich 10 Parkmöglichkeiten, die gegen eine Gebühr genutzt werden können.

PARKMÖGLICHKEITEN

Römer-Thermen »LASSEN SiE SiCH ÜBERRASCHEN!«

♀ Albert-Mertés-Straße 11, 53498 Bad Breisig

☎ 02633 48071-0 | 🖶 02633 48071-18 | 🌐 www.roemerthermen.de/info@roemerthermen.de

GEBOTEN WiRD:

DAS RESÜMEE

Die »Römer-Thermen« bieten Gesundheit und Fitness im Thermalbad, im Fitness-Studio und in der Sauna-Landschaft auf 25.000 qm. Das Thermalwasser kommt aus dem »Geiersprudel« mit einer Tiefe von 605 m. Die Gäste können sich im kristall-klaren Wasser tummeln. Das zentrale, 280 qm große Innenbecken unter dem Kuppeldach ist angenehm warm mit 31 °C beheizt. Zwei Außenbecken, ein Hot-Whirlpool mit 34 °C und Kneippbecken erweitern das Angebot an sprudelndem, gesundem Thermalwasser. Die »Braune Grotte« lässt Sie bei 38 °C naturbelassenes Thermalwasser erleben.

DER SAUNABEREICH

Eine Dachkuppel aus Glas spendet viel Licht im zentralen Innenbereich. Die Schichtung der Steine in den Wänden und die Rundsäulen erinnern an römischen Baustil. Der Innenbereich umfasst etwa 500 qm, der Sauna-Garten stattliche 1.200 qm.

DER EMPFANG

Hier werden Bademäntel und -tücher verliehen. Badeutensilien können gekauft werden.

DIE ÖFFNUNGSZEITEN

Montags: geschlossen | Dienstag bis Freitag von 10:00 – 20:00 Uhr | Samstag, Sonntag und feiertags von 10:00 – 20:00 Uhr. Mittwochs von 15:00 – 20:00 Uhr ist Damen-Sauna.

DIE PREISE

Sauna & Thermalbad Tageskarte 20,00 Euro. Weitere Tarife finden Sie auf der Homepage.

UMKLEIDEN | DUSCHEN

Einzelkabinen stehen im Badebereich zum Umziehen zur Verfügung. Geduscht wird geschlechtlich getrennt im Saunabereich.

Römer-Thermen »LASSEN SiE SiCH ÜBERRASCHEN!«

 Albert-Mertés-Straße 11, 53498 Bad Breisig

 02633 48071-0 | 02633 48071-18 | www.roemerthermen.de/info@roemerthermen.de

Die Finn-Sauna, das Bionarium, die Euka-Sauna und das Römische Dampfbad umrunden einen zentralen Brunnen im Innenbereich. Die Blockhaus-Sauna liegt im
Sauna-Garten, hier finden auch die Aufgüsse statt.

DIE SAUNEN

Die mit schönem Holz verkleidete Trocken-Sauna ist mit 90 °C temperiert. Da
kommen bis zu 20 Personen ganz gut ins Schwitzen. Ein größeres, rundes Fenster
ermöglicht den Blick zur Gastronomie. Der Sauna-Ofen inklusive Sauna-Steinen
verbirgt sich hinter einem Holzverschlag.

DIE FINN-SAUNA
90 °C

Dem Spiel der Farblichter und seiner positiven Auswirkung auf den Organismus
können sich etwa 20 Personen hingeben. Milde 60 °C lassen Sie durchaus etwas
länger in dem holzverkleideten Raum verweilen.

DAS BIONARIUM
60 °C

Intensiver Eukalyptus-Duft steigt Ihnen in die Nase, sobald Sie den mit 80 °C
beheizten Raum betreten. Maximal 25 Personen können sich der wohltuenden,
reinigenden Wirkung aussetzen.

DIE EUKA-SAUNA
80 °C

Römer-Thermen »LASSEN SIE SICH ÜBERRASCHEN!«

📍 Albert-Mertés-Straße 11, 53498 Bad Breisig

☎ 02633 48071-0 | 🖨 02633 48071-18 | 🌐 www.roemerthermen.de/info@roemerthermen.de

DIE GARTENSAUNA
In der Gartensauna wird im wöchentlichen Wechsel ein unterschiedliches Aufgussprogramm geboten.

DAS RÖMISCHE DAMPFBAD 45 °C
Nebelschwaden steigen unaufhörlich empor. Aromatisierte Luft verbreitet sich in dem gefliesten Raum mit Marmorsitzbänken für maximal zehn Personen. Wohlige 45 °C laden Sie zum längeren Aufenthalt ein. Salz- und Honiganwendungen können Sie kostenlos genießen, für weitere Genüsse ist ein geringer Aufpreis zu leisten – erkundigen Sie sich beim Personal.

DAS ABKÜHLEN
Zwei Schwallduschen, eine Kaltbrause und ein Kneipp-Schlauch sorgen für hinreichende Abkühlung. Ein Tauchbecken im Inneren und ein rundes, von Rundsäulen eingerahmtes Tauchbecken im Sauna-Garten bringen zusätzliche Erfrischung.

DAS KNEIPPEN
Die acht Fußwärmebecken umrunden den zentralen, gefliesten Brunnen im Innenbereich.

DER AUSSENBEREICH
Platz zum Ausruhen finden Sie oder auf der umliegenden Liegewiese auf zahlreichen Liegen. Hochgewachsene Bäume umzäunen den Sauna-Garten; Pflanzen und Bäume zieren ihn. Ein kleinerer Liegebereich ist überdacht.

DER WHIRLPOOL
Ein runder, sprudelnder Hot-Whirlpool befindet sich im Innenbereich.

Römer-Thermen »LASSEN SIE SICH ÜBERRASCHEN!«

📍 Albert-Mertés-Straße 11, 53498 Bad Breisig
📱 02633 48071-0 | 🖨 02633 48071-18 | 🌐 www.roemerthermen.de/info@roemerthermen.de

Zwei große Ruheräume mit breiter Fensterfront und Ausblick auf den schönen Sauna-Garten sind mit knapp 40 Liegen und Auflagen und gut 20 Liegestühlen bestückt.

RUHEMÖGLICHKEITEN

Im Saunabereich werden an einer halbrunden Theke mit Barhockern Getränke gereicht. Auf diversen Sitzgelegenheiten haben Sie den freien Blick zum Sauna-Garten. Die Wände bestehen aus Lavasteinen. Speisen können Sie im Gastronomiebereich des Bades. Salate, Nudeln, wechselnde Tages- und Mittagsgerichte sowie vegetarisches und Schnitzel stehen auf der Karte.

GASTRONOMIE

Der Eintritt wird sofort fällig. Getränke im Saunabereich werden bar bezahlt.

ZAHLUNGSVERKEHR

Unmittelbar an der Anlage parken Sie kostenlos.

PARKMÖGLICHKEITEN

60 Emser Therme »WELLNESS AM FLUSS«

BAD EMS
GUTSCHEINHEFT S. 3

♀ Viktoriaallee 25, 56130 Bad Ems
☎ 02603 9790-0 | ⊕ www.emser-therme.de

GEBOTEN WiRD:

DAS RESÜMEE | Die Emser Therme zählt zu den modernsten und attraktivsten Thermen in Deutsch-land. Die außergewöhnliche Gestaltung in Flußkiesel Form, lässt das Gebäude, mit einer Fläche von 6.600 qm herausragend und doch zeitlos in die Natur einfügen. Die Entspannungsbereiche der Emser Therme sind:

DER SAUNAPARK | Im Innenbereich können Sie zwischen einer Salzsauna, der moderaten Wärme im Sanarium und einem Dampfbad wählen. Im Außenbereich erleben Sie eine große finnische Sauna und als besonderes Highlight die erste FlussSauna Deutschlands. Diese bietet neben einer finnischen Sauna und einer großen Aufguss Sauna, eine Panoramalounge und eine Sonnenterrasse mit einem wundervollen Blick in das Lahntal. Die FlussSauna ist ein schwimmfähiges Gebäude auf der Lahn.

Emser Therme »WELLNESS AM FLUSS«

📍 Viktoriaallee 25, 56130 Bad Ems
☎ 02603 9790-0 | 🌐 www.emser-therme.de

Die abgerundeten Formen, warme Farben und Naturmaterialien machen das Baden im wertvollen Emser Thermalwasser zu etwas ganz Besonderem. Tauchen Sie ab in einem von sieben In- und Outdoorbecken mit Temperaturen zwischen 18 – 38 °C. Entspannen Sie in dem Sidroga® Kräuterdampfbad oder gönnen Sie sich eine Pause in der Emser® Salzinhalation.

DIE THERMENLANDSCHAFT

Klassische Wellness- und Beauty-Anwendungen, pflegende Bäder und Packungen bringen Körper, Geist und Seele in Balance. Das spezielle Highlight ist ein Hamam mit Dampfbad und Schaummassage – um den Alltag zu vergessen & sich für einen Tag vollkommen zu Entspannen!

WELLNESS-GALERIE

Das Restaurant Halberts bietet Ihnen eine moderne Auffassung der aus den verschiedensten Regionen von Rheinland Pfalz stammenden Gerichte. Die immer frischen und qualitativen Zutaten sind regionale Erzeugnisse.

RESTAURANT HALBERTS

Hier trainieren Sie an modernsten Geräten mit professionell ausgebildeten Trainern – nach einem gesundheitsorientierten Trainings- und Kursprogramm.

FITNESS-PANORAMA

Täglich von 09:00 – 22:00 Uhr | Freitag & Samstag bis 24:00 Uhr

DIE ÖFFNUNGSZEITEN

2 Stunden 18,00 Euro | 3 Stunden 22,00 Euro | 4 Stunden 26,00 Euro | Tageskarte 30,00 Euro.

DIE PREISE

„Kaisergarten" in Häcker's Grandhotel Bad Ems

»KAISERLICHE VERWÖHNUNG VON KÖRPER, GEIST UND SEELE«

📍 Römerstraße 1-3, 56130 Bad Ems | 📱 02603 7990 | 🌐 www.haeckers-hotels.com

GEBOTEN WIRD:

DAS RESÜMEE

Der „Kaisergarten" liegt in unmittelbarer Nähe des Bad Emser Kurparks an der romantischen Lahn. Die Kurstadt zählt zu den schönsten Heilbädern in Deutschland. Berühmt wurde der Ort durch seine heilenden Thermalquellen. Schon Kaiser Wilhelm I und Goethe wussten diese Annehmlichkeiten zu schätzen. Neben dem historischen Stadtbild und 17 heilenden Thermalquellen findet der Gast hier den idealen Ort, um Kraft zu schöpfen, den Alltag auszublenden, sportlich aktiv zu sein und der Gesundheit Gutes zu tun.

Die exklusive Saunalandschaft erstreckt sich über einen großzügigen Außenbereich mit Felsengrotte, Blocksauna und Außen-Whirlpool, ein hauseigenes Thermalbad und einer angrenzenden Beautyfarm „Cinderella".

DIE ÖFFNUNGSZEITEN

Montag – Freitag von 14:00 – 20:00 Uhr | Samstag & Sonntag von 10:00 – 20:00 Uhr

DIE PREISE

2 Stunden von 18:00 – 20:00 Uhr 10,00 Euro | Tageskarte 20,00 Euro

UMKLEIDEN | DUSCHEN

In den Umkleidebereichen finden Saunagäste Kabinen, Duschen und Schließfächer. Die insgesamt acht Duschen werden gemeinschaftlich von Männern und Frauen genutzt.

DIE SAUNEN

FINNISCHE SAUNA

90 °C | 10 – 20 %

Einen entspannten Saunagang der klassischen Art erleben Sie in der Finnischen Sauna. Bänke und Wände bestehen aus Holz, welches die Sauna nicht nur warm und gemütlich wirken lässt, sondern auch die Wärme der Sauna aufnimmt und als Strahlungswärme wieder abgibt. Bei etwa 90 °C und 10 – 20 % Luftfeuchtigkeit kommt der Körper auf Touren.

„Kaisergarten" in Häcker's Grandhotel Bad Ems

»KAISERLICHE VERWÖHNUNG VON KÖRPER, GEIST UND SEELE«

📍 Römerstraße 1-3, 56130 Bad Ems | ☎ 02603 7990 | 🌐 www.haeckers-hotels.com

Die Außenanlage beherbergt eine Blockhaussauna. Diese traditionell finnische Sauna aus temperiert das Schwitzbad auf 90 °C bei einer Luftfeuchte von 2 – 5 %.

BLOCKHAUSSAUNA
90 °C | 2 – 5 %

Dabei handelt es sich um ein klassisch römisches Dampfbad, das einer Sauna sehr ähnlich ist. Allerdings erreicht es nicht so hohe Temperaturen wie eine klassisch finnische Sauna, sodass es vor allem von Saunagängern gut genutzt werden kann, die schnell Probleme mit Ihrem Kreislauf haben. Das Decaldarium wird mit Kleidung betreten und alle Sitz- und Liegemöglichkeiten werden gleichmäßig beheizt. Aufgrund der geringen Hitze von etwa 40 °C dauert eine Anwendung in der Regel zwischen 40 – 60 Minuten.

DECALDARIUM
40 °C

Ebenfalls im Außenbereich der Anlage liegt die Stein-Wärme-Grotte. Wie der Name schon sagt, entsteht hier eine angenehme Wärme über Steine. Dunkle Steinsitze vor einer hellen Backsteinwand und ein beruhigendes Lichtspiel erzeugen Entspannungs-Atmosphäre.

STEIN-WÄRME-GROTTE (AUSSEN)

„Kaisergarten" in Häcker's Grandhotel Bad Ems

»KAISERLICHE VERWÖHNUNG VON KÖRPER, GEIST UND SEELE«

📍 Römerstraße 1-3, 56130 Bad Ems | ☎ 02603 7990 | 🌐 www.haeckers-hotels.com

RÖMISCHES DAMPFBAD
40 – 55 °C | 80 – 100 %

Durch Wasserdampf wird das in Marmor gestaltete Dampfbad auf 40 – 55 °C geheizt, die Luftfeuchte beträgt hingegen zwischen 80 – 100 %. Der nebelverhangene Raum befreit Atemwege und aktiviert die Selbstheilungskräfte des Körpers.

EMSER-SOLE-DAMPFBAD

Ein ganz normales Dampfbad und doch wieder nicht. Die kreisrunde Architektur inmitten des Raumes fällt sofort ins Auge. Auch hier hängt, wie im Römischen Dampfbad, eine ganze Menge Nebel in der Luft, doch entsteht dieser aus dem Thermalwasser der Emser Quellen. Stärken Sie Ihre Abwehrkräfte und lassen Ihre Haut aufatmen.

KRÄUTERDAMPFBAD

In diesem Dampfbad wird durch die Zugabe von Kräutern der Wasserdampf mit einer beruhigenden und wohltuenden Note versehen. Die Düfte und auch ätherischen Öle in der Luft wirken sowohl auf die äußeren als auch die inneren Bereiche des Körpers. Nehmen Sie auf einem der Akzent setzenden Stühle Platz und genießen ein erholsames Saunaerlebnis.

DAS ABKÜHLEN

Diverse Duschen stehen zur Abkühlung nach den Saunagängen bereit. Auch erfrischende Fußbäder fahren die Körpertemperatur nach ausgiebigen Schwitzgängen wieder herunter. Wem Dusche und Fußbad jedoch zu langweilig sind, der kann sich in die Eisgrotte trauen. Hier herrscht ein kühles Klima von gerade einmal 5 – 15 °C. Bewegen Sie sich in der Grotte und gießen sich mit kaltem Wasser ab oder nutzen das Eis, mit dem Sie sich den Körper abreiben.

DER AUSSENBEREICH

Auf etwa 1.000 qm Außenfläche erstreckt sich ein außergewöhnlicher Bereich, der sich aus einer Kombination von Mauerwerk, Pflanzenvielfalt sowie Sauna-, Whirlpool und Sitzmöglichkeiten traumhaft zusammensetzt. Ein idyllischer Ort, an dem Sie Ihre Seele perfekt baumeln lassen können.

„Kaisergarten" in Häcker's Grandhotel Bad Ems

»KAISERLICHE VERWÖHNUNG VON KÖRPER, GEIST UND SEELE«

📍 Römerstraße 1-3, 56130 Bad Ems | ☎ 02603 7990 | 🌐 www.haeckers-hotels.com

Direkt von der Bad Emser Quelle wird das Thermalbad des Hauses gespeist. Umgeben von marmornen Säulen drehen Sie in dem klaren hellblauen Wasser gemütliche Runden. Lassen Sie sich auf der Oberfläche treiben und genießen den Anblick einer Deckenmalerei, die zum Abschalten einlädt.

SCHWIMMBÄDER

Für eine einzigartige Wohlfühl-Atmosphäre sorgt im Innenbereich ein geschmackvoll gestalteter Ruheraum mit gedämpften Licht. Gestaltet in warmen Farben lässt dieser sie den Alltag vergessen. Außerdem wärmt eine Relax-Zone mit Infrarotliegen den Körper von innen heraus. Im Außenbereich

RUHEMÖGLICHKEITEN

Die Saunalandschaft des Häcker Hotels hat neben der Erholung in den verschiedenen Saunen auch verschiedene Wellnesspakete im Angebot. Gegen eine Zuzahlung können entspannende Massagen, medizinische Anwendungen Packung und kosmetische Anwendungen zugebucht werden.

WELLNESS | MASSAGEN

Das Häcker's Grand Hotel bietet nicht nur eine traumhafte Sauna- und Wellnesslandschaft. Es besitzt neben traumhaften Übernachtungsmöglichkeiten in Bad Ems einen Fitnessraum, ein Solarium und WLAN-Zugang.

ZUSATZANGEBOTE

Genießen Sie kühle Getränke an der Bar oder besuchen Sie das hauseigene Restaurant. Dort können Sie leckere Gerichte mit allen Sinnen genießen, unter anderem auch vegetarische und vegane Varianten. Das Restaurant heißt auch externe Genießer herzlich willkommen.

GASTRONOMIE

Die in Anspruch genommenen Leistungen können bar oder mit der EC-Karte beglichen werden.

ZAHLUNGSVERKEHR

Direkt an der Anlage stehen Ihnen 30 kostenfreie Parkmöglichkeiten zur Verfügung

PARKMÖGLICHKEITEN

Wellness-Paradies »DIE WOHLFÜHL-OASE«

♀ Friedrichstraße 4, 55543 Bad Kreuznach
☎ 0671 845763 | 🌐 wellness-paradise.de

GEBOTEN WIRD:

DAS RESÜMEE

Das Wellness-Paradise befindet sich in einer Jugendstil-Villa im Kurviertel. In einem palmenbestandenen Garten erhebt sich das imposante Gebäude aus dem Jahre 1903 mit seinen vier Etagen. Die beiden unteren Stockwerke beherbergen die Sauna- und Wellnesslandschaft. Den Eingang zum Paradise erreichen Sie über die Außentreppe.

DER SAUNABEREICH

Wenn Sie einen Tag Urlaub auf hohem Niveau bei einem sehr guten Preis-Leistungs-Verhältnis erleben möchten, dann sind Sie im Wellness-Paradise genau richtig. Auf etwa 1.400 qm Nutzfläche, davon etwa 500 qm im Saunaland, wird man von einem traumhaften Ambiente verzaubert.

DER EMPFANG

Schon beim Betreten des alten Herrenhauses taucht man in eine andere Welt ein. Am Empfangstresen aus Edelholz werden Sie willkommen geheißen und erhalten Ihren Schrank-Schlüssel. Sie können hier auch Tücher und Bademantel ausleihen.

DIE ÖFFNUNGSZEITEN

Es ist täglich von 9:00 – 22:00 Uhr geöffnet. Jeden Dienstag ab 14:00 Uhr ist die Einrichtung für Damen reserviert.

DIE PREISE

Der Eintrittspreis beträgt 15,00 Euro. Eine Zeitbegrenzung gibt es nicht.

UMKLEIDEN | DUSCHEN

Der Umkleideraum wird von beiden Geschlechtern gemeinsam benutzt. Die Gästezahl ist auf maximal 24 gleichzeitig limitiert, was eine entspannte Atmosphäre ohne Massenbetrieb garantiert. Direkt neben den Umkleiden befinden sich zwei regulierbare Brausen, die durch eine Glasbaustein-Wand voneinander abgetrennt sind. Das ermöglicht ungestörtes Duschen in einer hellen Atmosphäre.

Wellness-Paradies *»DiE WOHLFÜHL-OASE«*

📍 Friedrichstraße 4, 55543 Bad Kreuznach
📠 0671 845763 | 🌐 wellness-paradise.de

Die drei Schwitzräume nach finnischer Art befinden sich allesamt im Parterre und bieten durch ihre Überschaubarkeit eine sehr persönliche Atmosphäre. Eine Aufgussplanung gibt es nicht, aber es können Duftwünsche beim Personal angemeldet werden.

DIE SAUNEN

Eine dreistufige Elementsauna bietet einem Dutzend Gästen Platz. Aufgüsse werden hier bei 90 °C Raumtemperatur von den Besuchern nach Belieben durchgeführt. Der Aufgusskübel steht stets vor der Tür bereit.

INNENBEREICH
DIE FINNSAUNA
90 °C

Etwas milder ist das Sanarium mit 70 °C. Hier befinden sich zehn Plätze auf zwei Sitzhöhen. Eine Farbwechsel-Deckenleuchte sorgt für changierende Lichtverhältnisse, ein Fenster erlaubt den Blick nach draußen. Auch hier dürfen Selbst-Aufgüsse gemacht werden.

DIE BIO-SAUNA
70 °C

Etwas unkonventionell ist die Dampfkammer ausgeführt. Man sitzt hier auf einer Naturstein-Bank und auch der Boden ist aus unregelmäßig gebrochenen Steinplatten modelliert. Zwei Außenwände aus Glasbausteinen lassen viel Licht in den, mit schwerem Wasserdampf erfüllten, Raum. Bis zu sechs Personen können es sich hier gemütlich machen.

DAS DAMPFBAD

Die Dusch-Ecke befindet sich gegenüber der Bio-Sauna und ist mit drei regelbaren Brausen sowie Kneippschlauch ausgestattet. Es sind somit wechselwarme Güsse möglich.

DAS ABKÜHLEN

Im Wintergarten-Anbau ist das angenehm temperierte Bewegungsbecken untergebracht. Die mattierten Glasscheiben der Schwimmhalle sind mit Vogelmotiven verziert. Man entspannt sich im lauwarmen Wasser zwischen echten Tropengewächsen.

DIE WARMBECKEN

Wellness-Paradies »DIE WOHLFÜHL-OASE«

⚲ Friedrichstraße 4, 55543 Bad Kreuznach
☎ 0671 845763 | 🌐 wellness-paradise.de

DIE AUSSENANLAGE
Ein Umgang neben dem Wintergarten ermöglicht es Ihnen, nach dem Saunagang frische Luft zu schnappen. Hier sind auch ein paar Liegestühle aufgestellt, damit Sie sich im Sommer in der Sonne aalen können. Außerdem gibt es eine Ecke für Raucher.

RUHEMÖGLICHKEITEN
Einen Kampf um Liegestühle gibt es im Wellness-Paradise nicht, davon stehen wirklich ausreichend zur Verfügung. Sehr stilsicher eingerichtet ist der große Ruheraum, der eine Halbetage unter dem Sauna-Niveau liegt. Auf den Mahagoni-Liegen mit weichen Auflagen können Sie leicht ins Reich der Träume abgleiten. Noch besser eignen sich dafür die vier Wasserbetten. Bei offenem Fenster lauschen Sie dem Vogelgezwitscher aus dem Garten, Sie können aber auch Entspannungsmusik hören. Weitere Ruheliegen finden Sie am Rand des Entspannungsbeckens. Sehr schön kann man auch auf der Galerie abschalten. Schließlich ist noch die Kamin-Lounge zu erwähnen, wo Sie es sich im Winter auf bequemen Sofas vor prasselndem Holzfeuer bequem machen können.

WELLNESS
In den Kosmetikräumen des „Wellness-Paradise" erfährt der Begriff ‚Ruhe` eine luxuriöse Wertsteigerung. So steht es im Prospekt und das darf man ruhig wörtlich nehmen. Hier werden hochwertige Pflegeprodukte der Linien Norel, Helen Pietrulla und Santana fachmännisch bzw. fachfraulich angewandt. So kann man

♀ Friedrichstraße 4, 55543 Bad Kreuznach
☎ 0671 845763 | ⊕ wellness-paradise.de

beispielsweise Reinigungspeelings, Ganzkörperpackungen, oder verwöhnende Gesichtsbehandlungen erhalten. Auch gezielte Gesichtsbehandlungen, wie Hyaluron-Behandlung, antibakterielle Behandlung oder eine reichhaltige Re-Generations-Behandlung für die reife Haut stimmen das Rundumpaket für das Gesicht ab. Ein Highlight ist die Magic-Touch intensiv-Behandlung für die Augen. Auch ein breites Sortiment an Wellness-Massagen wie Tuina, Hot-Chocolate, Abhyanga, Hot-Stone, Kopf- und Gesichtsmassagen, sowie alle klassischen Entpannungsmassagen werden hier angeboten. Hinzu kommt aber wirklich alles, was der Schönheit dient. So sind auch Maniküre und Fußpflege, jeweils auch mit UV-Lack, sowie Wellness-Fuß-Behandlungen zu erhalten.

GASTRONOMIE

Auf der Galerie genießen Sie außer den üblichen Durstlöschern wie Softdrinks, Säften, Schorlen und Kaffeespezialitäten auch leckere Frucht-Cocktails. Eine besondere Aufmerksamkeit sind auf jeden Fall die heißen Früchtetees, die stets frisch auf dem Tisch stehen, und von denen man sich kostenlos nach Herzenslust bedienen darf.

ZAHLUNGSVERKEHR

Sämtliche Zahlungen erfolgen mit Bargeld oder per EC.

PARKMÖGLICHKEITEN

Da sich die Sauna in einem Anwohner-Parkbereich befindet, empfiehlt sich das Parken im 200 Meter entfernten Parkhaus Kurviertel Ecke Salinenstraße/Badeallee. Die Parkgebühr beträgt zwischen 1,00 und 1,50 Euro die Stunde.

MarienBad »HIER GEHT'S MIR GUT«

📍 Bismarckstraße 65, 56470 Bad Marienberg

☎ 02661 1300 | 🖨 02661 3090 | 🌐 www.marienbad-info.de

GEBOTEN WIRD:

| DAS RESÜMEE | Das MarienBad liegt direkt gegenüber dem Basaltpark. Erleben Sie eine vielfältige Wasserwelt mit verschiedenen Innen- und Außenbecken und spannenden Attraktionen wie z.B. eine 12-m-Doppel-Rutsche für Groß und Klein. |

DER SAUNABEREICH Das gesamte Saunadorf präsentiert sich im skandinavischen Stil. Vor einigen Jahren wurde es um einen Saunagarten mit verschiedenen Kotas erweitert. Das Saunadorf verfügt nun über eine Fläche von 3.000 qm, davon über 500 qm im Innenbereich.

DER EMPFANG Im Foyer befindet sich ein Bistro-Café, das auch externen Gästen zur Verfügung steht. Falls Sie neue Badeschuhe brauchen, finden Sie im Shop eine große Auswahl davon und noch einiges weitere an Badezubehör. Bademantel und Saunatuch können an der Kasse gegen Gebühr ausgeliehen werden.

DIE ÖFFNUNGSZEITEN

Montag – Freitag	13:00 – 22:00 Uhr	Samstag	09:00 – 21:00 Uhr
Freitag	13:00 – 23:00 Uhr	Sonntag und feiertags	09:00 – 20:00 Uhr

Dienstags ist Damensauna (außer an Feiertagen)

DIE PREISE Die Tageskarte für Erwachsene kostet 18,00 Euro
(Sa., So. und an Feiertagen 20,00 Euro).

UMKLEIDEN | DUSCHEN Es stehen ausreichend Umkleideräume zur Verfügung. Die Schrankwahl ist frei, Pfand wird nicht benötigt. Damen und Herren ziehen sich gemeinsam um und auch die Vorreinigungsduschen haben keine Geschlechtertrennung.

⚲ Bismarckstraße 65, 56470 Bad Marienberg

☎ 02661 1300 | 📠 02661 3090 | 🌐 www.marienbad-info.de

Im textilfreien Bereich stehen sieben Schwitzräume für Sie bereit, die alle im nordischen Stil gestaltet wurden. Den Zeitplan der Zeremonie- und Aufguss-Angebote finden Sie auf einer Tafel im Saunabereich.

DIE SAUNEN

Im Stil einer schwedischen Ferienhütte ist die Schwitzstube außen mit taubenblau gestrichenen Brettern verkleidet. Hier herrschen angenehme 55 – 60 °C bei ebenso hoher Luftfeuchtigkeit. 22 Plätze auf 3 Stufen stehen in dem in wechselnde Farben getauchten Schwitzraum zur Verfügung.

DAS SANARIUM
55 – 60 °C

Durch den wallenden Dampf dieser Kammer strahlen farbige Lichter von der Decke. Auf der in Erdfarben gekachelten Sitzbank können bis zu zehn Gäste bequem Platz finden. Vor allem zu den Peeling-Zeremonien, bei denen sich die Gäste gegenseitig mit Salz oder Honig einreiben (2,00 Euro Aufpreis), sind diese Plätze heiß begehrt.

DAS DAMPFBAD

Mit 50 Sitzplätzen, verteilt auf drei Höhen, ist diese Sauna besonders großzügig. Aus jahrhundertealten, silbrig schimmernden Rundstämmen von Kiefern aus der Polar-Region gezimmert, hat das urige Blockhaus einen ganz besonderen Charme. Ein mächtiger Ofen erhitzt den Raum auf 90 °C, die jedoch wegen des geringen Feuchtigkeitsanteils in der Luft leicht erträglich sind. Zweimal täglich (am Wochenende 3x täglich) werden hier die entspannenden Klangschalen-Zeremonien durchgeführt, die man unbedingt erlebt haben sollte.

DIE KELO-SAUNA
90 °C

Ein mächtiger Steinofen ist der Blickfang in der Aufgusssauna. Hier werden immer zur vollen Stunde Aufgüsse zelebriert. Dafür lassen sich die Saunameister gerne mal etwas Besonderes einfallen. Abends kommen zusätzlich die wechselnden Farben eines Sternenhimmels zur Geltung. Über 50 Sitzplätze auf drei breiten, sich gegenüberliegend angeordneten Sitzstufen, stehen bei 90 °C zur Verfügung.

DIE LÖYLY-SAUNA
90 °C

MarienBad »HiER GEHT'S MiR GUT«

📍 Bismarckstraße 65, 56470 Bad Marienberg
📠 02661 1300 | 🖨 02661 3090 | 🌐 www.marienbad-info.de

DIE AROMA-SAUNEN
80 °C

Die beiden Kotas werden als Aroma-Saunen genutzt. In einer Kota befinden sich immer Eukalyptus-Blätter in der Kräuterschale, in der zweiten Kota wechseln die Kräuter täglich (Lavendel, Rose, Zitronenmelisse, Kamille usw.). Die Temperatur in den beiden Kotas wird auf 80 °C gehalten.

DIE SALZSCHEUNE
85 °C

Im Untergeschoss des neuen Saunahauses finden Sie diese schöne Schwitzkammer. Hinterleuchtete Salzsteine und ein großer Eck-Ofen schaffen eine gemütliche Atmosphäre bei 85 °C. Heiß her geht es hier vor allem bei den Wenik-Aufgüssen. Diese werden zwei- bis dreimal täglich nach Vorbild des russischen Banja-Rituals mit Birkenquasten-Abschlagung durchgeführt. Dann sind die 20 Sitzplätze auf drei Stufen immer schnell belegt.

DAS ABKÜHLEN

Gegenüber des Sanariums finden Sie drei Kaltwasser-Duschen und einen Kneippschlauch zum Erfrischen. Im Garten befinden sich außerdem eine Dusch-Hütte mit vier Kaltduschen vor der Kelo-Sauna sowie vier weiteren Kaltduschen bei der Aufgusssauna. Zur Salzscheune gehört ein weiterer Duschraum mit verschiedenen Brausemöglichkeiten. Danach geht es ins kühle Edelstahl-Außenbecken oder ins Tauchbecken im Garten.

DIE WARMBECKEN

Vier Fußwärmebecken oben und zwei in der Salzscheune stehen für Wechselbäder bereit. Wenn Sie das wohlig-warme Ganzkörperbad bevorzugen, sollten Sie das Warmwasserbecken im textilen Badebereich nutzen.

DIE AUSSENANLAGE

Der Saunagarten wurde stark vergrößert und bietet nun, außer der oberen Liegewiese, auch weitere Liegemöglichkeiten weiter unten am Waldrand. Dort spenden Ihnen auch große Bäume Schatten. Insgesamt stehen nun etwa 2.500 qm Außenfläche zur Verfügung.

MarienBad »HiER GEHT'S MiR GUT«

⚲ Bismarckstraße 65, 56470 Bad Marienberg
☎ 02661 1300 | 🖷 02661 3090 | 🌐 www.marienbad-info.de

Das Ruhe-Blockhaus ist dreistufig angelegt, mit Glasfront zum Garten hin. 20 bequeme Liegen und drei Wasserbetten laden Sie zum Träumen ein.

RUHEMÖGLICHKEITEN

Die Massage- und Wellnessabteilung befindet sich im Innenbereich. Nach Voranmeldung können Sie hier entspannende Massagen, Fußpflege, Gesichts- und Beauty-Behandlungen sowie Caviar-Power fürs Gesicht und die beliebten Thai-Massagen erhalten.

WELLNESS | SOLARIEN

Ganze 120 Sitzplätze bietet die Sauna-Gastronomie. Besonders gemütlich ist es dabei auf der Galerie. Das Angebot umfasst neben einer Auswahl an Fitness-Speisen auch ein Kindermenü sowie wechselnde Spezialitäten. Vielleicht gönnen Sie sich ja mal einen leckeren Salat. Natürlich gibt es auch eine umfassende Getränkekarte.

GASTRONOMIE

Sämtliche Zahlungen ausgeführt im Saunadorf erfolgen bargeldlos über ein Chipsystem (Bitte vor Eintritt in Saunadorf an der Kasse aufladen). Im unteren Speisesaal finden Sie sichere Wertfächer, wo Sie Ihren Geldbeutel aufbewahren können. Den Schlüssel für ein Wertfach erhalten Sie von den Mitarbeiterinnen der Gastronomie.

ZAHLUNGSVERKEHR

Direkt vor dem Bad stehen kostenlose Parkplätze bereit. Weitere Parkmöglichkeiten finden Sie direkt gegenüber. Auch für Wohnmobilisten ist gesorgt. Das Marien-Bad verfügt über einen der besten und modernsten Wohnmobilparks Deutschlands mit 41 Stellplätzen. Hier können Sie kostengünstig auch mehrere Tage mit Ver- und Entsorgung sowie Betreuung verbringen.

PARKMÖGLICHKEITEN

Ahr-Thermen Bad Neuenahr »WIEDERAUFLEBEN«

⌖ Felix-Rütten-Straße 3, 53474 Bad Neuenahr-Ahrweiler
☎ 02641 91 176 -0 | 🖶 02641 91 176 -260 | 🌐 www.ahr-thermen.de

GEBOTEN WIRD:

DAS RESÜMEE

Die »Ahr-Thermen« warten mit einer vielfältigen Wasser- und Sauna-Landschaft auf. Die Badelandschaft mit Süßwasserbecken 30 °C, Thermalbecken 31 °C, Thermal- Liegebecken 31 °C, Thermalbewegungsbecken 32 °C und vier 37 °C warmen Whirlpools liegt unter einer riesigen, hellen Dachkuppel, die abends schön beleuchtet wird. Über eine Ausschwimmschleuse gelangen Sie in das ganzjährig mit 31 °C beheizte Außenbecken mit Strömungskanal, Nackenduschen und Sitzbank-Luftsprudler. Eine große Liegewiese umrundet das Außenbecken. Fit halten können Sie sich mit Wassergymnastik und Aqua-Fitness.

Die Ahr-Thermen der großen Sauna-Landschaft mit acht Saunen, beide jeweils mit großen Freigeländen und Mineralwasser-Pools, werden mit dem Angebot an Massagen und Kosmetikanwendungen ergänzt. Regionale Küche mit korrespondierenden Weinen des Ahrtals runden das kulinarische Angebot ab.

DER EMPFANG

In der Boutique können Sie Bademäntel, Handtücher, Badeschuhe sowie Badeutensilien käuflich erwerben. An der Sauna-Bar im Innenbereich der Sauna-Anlage können Bademäntel und -tücher ausgeliehen werden.

DIE ÖFFNUNGSZEITEN

Sonntag – Donnerstag	09:00 – 22:00 Uhr
Freitag, Samstag & vor Feiertagen	09:00 – 23:00 Uhr

24.12. geschlossen

Ahr-Thermen Bad Neuenahr »WIEDERAUFLEBEN«

📍 Felix-Rütten-Straße 3, 53474 Bad Neuenahr-Ahrweiler

📞 02641 91 176 -0 | 🖨 02641 91 176 -260 | 🌐 www.ahr-thermen.de

Therme	2 Stunden	3 Stunden	4 Stunden	Tageskarte
	12,00 Euro	14,00 Euro	15,00 Euro	17,00 Euro
Einmaliger Saunazuschlag	7,00 Euro			
After-Work-Sauna*	14,00 Euro			

DIE PREISE

*Montag bis Freitag ab 16:30 Uhr

Einzelkabinen stehen als Umkleidemöglichkeit zur Verfügung. Im Eingangsbereich zur Sauna duschen Sie getrennt geschlechtlich.

UMKLEIDEN | DUSCHEN

Die einfachen Aufgüsse finden täglich statt um 10:00, 11:00, 13:00, 14:00, 16:00, 17:00, 19:00 und 21:00 Uhr. (Freitag, Samstag und vor Feiertagen zusätzlich um 22 Uhr). Diese dauern ca. 10 Minuten und sind kostenlos.

DIE AUFGÜSSE

Die zweifachen Aufgüsse finden täglich statt um 12:00, 15:00, 18:00, 20:00 Uhr und dauern ca. 30 Minuten. Je nach Aufguss wird ein passendes Peeling und eine Hautpflege gereicht. Zum Abschluss gibt es einen kleinen Snack oder ein Getränk. Kosten: 3,00 Euro

DIE SAUNA-ERLEBNISSE

Jede Zeremonie dauert ca. 1,5 – 2 Stunden und besteht aus 3 Runden. In den ersten Runden gibt es in der Regel eine Pflege für Gesicht oder Haare, die zweite Runde besteht aus einem Körperpeeling und in der dritten Runde erfolgt eine Hautpflege für den ganzen Körper. In jeder Runde erfolgen jeweils 3 Aroma-Aufgüsse, als Abschluss wird immer einen kleinen Snack und ein Getränk gereicht. Zusätzlich werden thematische bzw. jahreszeitliche Zeremonien angeboten. Preis pro Person 12,50 Euro | Täglich um 14:00 und 19:00 Uhr | Mindestteilnehmer 3 Personen

DIE SAUNA-ZEREMONIEN
EINZIGARTIG

Pflegende Körperlotionen und Peelings werden hier nach eigenen Rezepturen angemischt. Hier wird in der Basis ganz einfache und gute Öle aus Oliven- oder Traubenkernen verwendet. Je nach Saison werden Lavendel-, Rosenblüten, Zitronen-,

Ahr-Thermen Bad Neuenahr »WiEDERAUFLEBEN«

📍 Felix-Rütten-Straße 3, 53474 Bad Neuenahr-Ahrweiler

☎ 02641 91 176 -0 | 🖷 02641 91 176 -260 | 🌐 www.ahr-thermen.de

und Orangenschalen verwendet um den Ölen ein jahreszeitliches Aroma zu geben. Auch Rotwein, Maisgries, Meersalz und Kaffee sind perfekte und dazu natürliche Schönheitslieferanten.

DAS SANARIUM® **52 °C**	Das 52 °C warme, schön holzverkleidete Sanarium® bietet bis zu 25 Personen Platz unter farbchangierenden Deckenleuchten. Ein angenehmes Aroma liegt in der Luft. Ein guter Start in einen erholsamen Tag.
DIE TROCKEN-SAUNA **80 °C**	Die dezent beleuchtete Trocken-Sauna mit Ausblick auf den Innenbereich der Sauna-Anlage wird mit 80 °C Temperatur betrieben. Gut 20 Personen werden somit ordentlich erhitzt.
DIE STERNEN-SAUNA **90 °C**	90 °C herrschen in der Sternen-Sauna, die ihren Namen einem Sternenhimmel mit wechselnder Lichtintensität verdankt. Hinter dem seitlich aufgestellten Ofen mit Sauna-Steinen ist eine große Granitplatte angebracht.
DIE FINNISCHE SAUNA | **BLOCK-SAUNA** **100 °C**	Dezentes Licht fällt in die Finnische Sauna, die für gut 25 Personen konzipiert ist, auf die rustikale Vertäfelung. 100 °C lassen Sie ordentlich ins Schwitzen kommen. Aufgüsse mit wechselnden Aromen werden mehrmals täglich zelebriert.
DAS RÖMISCHE **DAMPFBAD** **42 °C**	Ein sehr feuchtes Klima herrscht in dem aromatisierten, 42 °C warmen Römischen Dampfbad. Kombi-Aufgüsse starten im Dampfbad und werden dann in der Block-Sauna vollendet.
DIE GALERIE-SAUNA **90 °C**	Bis zu 30 Personen umrunden auf einer Empore den mittigen, ebenerdigen, großen, gemauerten Sauna-Ofen mit Sauna-Steinen in der Galerie-Sauna. Die spärliche Beleuchtung trägt neben der rustikalen Holzverkleidung zu der sehr urigen Atmosphäre dieser 90 °C warmen Blockhaus-Sauna aus massiven Rundstämmen bei.

Die gegenüberliegende Aroma-Sauna mit begrüntem Dach erlaubt einen wunderschönen Ausblick in den Sauna-Garten. Aromatisiertes Wasser in einer Kupferschale verbreitet seinen Duft in der aus massiven Rundstämmen gebauten 80 °C warmen Sauna.

DIE AROMA-SAUNA

80 °C

Die Event-Sauna kann bis zu 50 Personen mit 95 °C ordentlich einheizen. Die rustikale Holzverkleidung erinnert an ursprüngliches Saunieren.

DIE EVENT-SAUNA

95 °C

Im Innenbereich der Anlage finden Sie neben dem großen, runden Tauchbecken mehrere Warm-Kalt-Brausen, Kneippschläuche und eine Schwalldusche. Die Duschnische im Sauna-Garten wartet mit weiteren Abkühlmöglichkeiten auf.

DAS ABKÜHLEN

Hochgewachsene Bäume und schöne Hügellandschaften säumen den großen, weitläufigen und idyllischen Sauna-Garten. Sportlich betätigen können Sie sich im Vita-Parcours, der mit sechs Attraktionen bestückt ist. Über einen überdachten Fußweg gelangen Sie vorbei an einem üppig bepflanzten Biotop und diversen grünen Ruheinseln zum hinteren Teil des Sauna-Gartens, wo die drei Außen-Saunen und das Außenbecken bereit stehen. Viele bequeme Liegen verteilen sich über den Sauna-Garten.

DER AUSSENBEREICH

Das auf 26 °C erwärmte Außenbecken liegt zentral zwischen den Außen-Saunen im hinteren Teil des Sauna-Gartens. Thermalwasser und eine Gegenstromanlage machen die nasse Erholung zum puren Erlebnis.

DAS SCHWIMMBAD

Der innenliegende große, rundliche Ruheraum mit an die 30 Liegen gestaltet sich dank vieler Fenster hell und freundlich. Die Entspannungs-Oase im Sauna-Garten beinhaltet einen regional gestalteten Ruheraum über zwei Ebenen mit gemütlichen Liegen und Auflagen sowie herrlichem Ausblick in die äußere Sauna-Landschaft.

RUHEMÖGLICHKEITEN

Lassen Sie sich mit Kosmetikanwendungen, Entspannungsmassagen, Teilkörpermassagen und erfrischenden Massagen mit Aroma-Ölen so richtig verwöhnen.

WELLNESS |

KOSMETIK

Eine Sauna-Bar bietet Ihnen Salate sowie kalte Kleinigkeiten. Das Restaurant im Badebereich mit einladendem Biergarten beköstigt Sie darüber hinaus mit einer wechselnden Monatskarte, Tagesgerichten mit saisonalen und regionalen Produkten.

GASTRONOMIE

Alle in Anspruch genommenen Leistungen inklusive des Eintritts werden auf einen Chip gebongt und im Nachhinein beglichen.

ZAHLUNGSVERKEHR

Direkt an der Anlage finden Sie ein großes Parkhaus, in dem Sie für 2,50 Euro als Sondertarif parken können. Parktickets können in den Ahr-Thermen eingetauscht werden.

PARKMÖGLICHKEITEN

Saunarium »EIN LEUCHTTURM FÜR ALLE ERHOLUNGSSUCHENDEN«

Staudernheimer Straße 102, 55566 Bad Sobernheim

06751 857700 | www.saunarium-sobernheim.de

GEBOTEN WiRD:

| DAS RESÜMEE | Das staatlich anerkannte Heilbad Bad Sobernheim liegt an der mittleren Nahe, zentral zwischen Bad Kreuznach und Idar-Oberstein. Und hier findet man, mitten im Grünen, von Natur umgeben, direkt neben dem Freibad, ein Feeling von Meer, Strand, Küste, Erholung und Entspannung. Nehmen Sie sich einen Kurzurlaub vom Alltag und lassen Sie sich einen Tag lang verwöhnen. Mithilfe des freundlichen Teams, des stilvollen Ambientes und der vielfältigen Wellnessmöglichkeiten, wird Ihnen ein Weg gezeigt, Ihre eigene Balance wieder zu finden, Ihre Lebensqualität zu steigern und dem Alltag erneut gestärkt entgegen zu gehen. |

| DIE GRÖSSE | Auf insgesamt fast 2.500 qm Grundfläche finden Sie alles was das Saunaherz begehrt, garniert mit dem freiheitlichen Lebensgefühl eines Tages am Meer. |

| DER EMPFANG | Schon im Eingangsbereich ist das maritime Flair Konzept. Das hilfsbereite Team nimmt gerne Terminwünsche für Massagen entgegen, leiht Ihnen Bademantel und Badehandtuch und steht Ihnen bei allen Fragen zur Seite. Die Umkleiden und Saunaräume sind barrierefrei erreichbar, lediglich die sanitären Anlagen lassen durch die Größe der Kabinen ein direktes Anfahren des WCs nur beschränkt zu. |

| DIE ÖFFNUNGSZEITEN | Montag (außer Feiertag) geschlossen | Dienstag (außer Feiertag) Damensauna – Ladies First 10:00 – 14:00 Uhr | Dienstag bis Donnerstag 10:00 – 22:00 Uhr | Freitag und Samstag 10:00 – 23:00 Uhr | Sonntag 10:00 – 20:00 Uhr |

| DIE PREISE | 2 Stunden 17,00 Euro | 4 Stunden 19,00 Euro | Tageskarte 21,00 Euro | Bei Zeitüberschreitung wird direkt auf den nächsten Tarif auf gebucht. |

Saunarium »EIN LEUCHTTURM FÜR ALLE ERHOLUNGSSUCHENDEN«

📍 Staudernheimer Straße 102, 55566 Bad Sobernheim
📞 06751 857700 | 🌐 www.saunarium-sobernheim.de

Vom hellen und geräumigen Umkleidebereich gehen Sie direkt in zwei, für Damen und Herren getrennte, Duschbereiche mit je acht Duschen.

Heiße Sache – Bei diesen Aufgüssen kommt jeder ins Schwitzen. Keloholz, jahrzehntelang von schneidendem Polarwind getrocknet, bietet die optimale Grundlage für eine besondere Atmosphäre beim Saunieren. Der Blick ins Grüne lässt den Alltag vergessen.

Die Panoramasauna zeichnet sich durch ihre Größe und Bauart aus. Wer die Sauna betritt, ist zunächst von der Erhabenheit, schlussendlich jedoch natürlich auch von den vielfältigen Aufgüssen, die hier geboten werden, überwältigt. Denn nicht umsonst wird sie auch als "Eventsauna" bezeichnet.

Sehen, Hören, Fühlen – den Moment erfassen. Bereits seit Jahrtausenden werden ätherische Öle, Kräuter und Blütenessenzen als Heilmittel für körperliches und geistiges Wohlbefinden eingesetzt. Lassen Sie sich in die Welt der Düfte entführen. Die Aromasauna ist mit ihrer geringen Wärme ideal zum Entspannen für alle, die es nicht ganz so heiß mögen oder aber auch für den Saunaeinsteiger.

Atmen Sie durch – warmer aufsteigender Dampf in Kombination mit erfrischenden Düften, wie Eukalyptus, unterstützen den Heilungsprozess bei Beschwerden der Atemwege und der Haut. Hier finden Anwendungen wie Salzpeelings statt, welche die Haut verwöhnen.

Erfrischend anders – erleben Sie außergewöhnliche und rituelle Aufgüsse in der Außensauna. Ein Schritt nach draußen führt Sie direkt mitten in den großen Saunagarten und bietet insbesondere im Winter ein authentisches Vergnügen.

UMKLEIDEN | DUSCHEN

DIE SAUNEN
KELOSAUNA
90 °C

PANORAMASAUNA
85 °C

AROMASAUNA
60 – 65 °C

DAMPFGROTTE
40 – 50 °C

ZEREMONIENSAUNA
80 °C

Saunarium »EIN LEUCHTTURM FÜR ALLE ERHOLUNGSSUCHENDEN«

♀ Staudernheimer Straße 102, 55566 Bad Sobernheim

☎ 06751 857700 | 🌐 www.saunarium-sobernheim.de

DAS ABKÜHLEN

Am Eisbrunnen können Sie sich nordisch erfrischen, und wer es nicht ganz so kalt liebt, findet bei den zahlreichen Erlebnisduschen sicher die richtige. Zum Abkühlen steht für die Wagemutigen auch ein Tauchbecken bereit.

DER AUSSENBEREICH

Auf gut 1.000 qm Außenbereich relaxen Sie auf einer der Sonnenterrassen, am oder im Relax-Außenbecken, im Whirlpool oder im liebevoll angelegten Gartenbereich auf einer der zahlreichen Liegen. Von Grün umgeben finden Sie hier auch die Zeremoniensauna.

SCHWIMMBÄDER

Entspannen Sie zwischen den Aufgüssen und Saunagängen im wohltemperierten Whirlpool bei 33 – 36 °C oder im 26 °C warmen Relax-Außenbecken mit Schwalldusche, Nackenmassage und Sprudelliegen.

RUHEMÖGLICHKEITEN

Nach einem heißen Saunagang, einem leckerem Essen oder einem Bad in den Außenpools werden Sie zu einem erholsamen Nickerchen in den Ruheräumen eingeladen. Im Ruheraum können Sie vollkommen abschalten und neue Energie tanken. Nehmen Sie sich das Buch, das Sie schon lange lesen wollten oder lassen Sie einfach mal wieder Ihre Gedanken fliegen. Für absolute Tiefenentspannung sorgt der „stille Ruheraum". Absolute Ruhe, gedämpftes Licht und harmonisches Ambiente erwarten Sie hier. Lassen Sie sich fallen, denn auch hier kommen Sie in den Genuss eines freundlichen Services – kurz bevor das Saunarium abends schließt, werden Sie sanft geweckt.

WELLNESS | MASSAGEN

Um Ihren kurzen Urlaub vom Alltag perfekt zu machen, gibt es neben den vielfältigen Sauna- und Relaxangeboten zusätzliche Wellnessangebote. Lassen Sie sich in eine Welt des Loslassens und Wohlbefindens entführen. Buchen Sie Ihre ganz persönliche Wohlfühlzeit und wählen Sie aus dem umfangreichen Angebot an medizinischen sowie Wellness-Massagen. Die geschulten Mitarbeiter beraten Sie gerne dabei, eine persönlich auf Sie abgestimmte Massage zu finden.

ZUSATZANGEBOTE

LADIES FIRST- Entdecken Sie die Saunagängerin in sich!

Eine besondere Auszeit nur für die Damen im Saunarium Bad Sobernheim. Jeden Dienstag von 10:00 – 14:00 Uhr erwartet Sie eine besondere Auszeit unter dem Motto "Ladies First" im Saunarium Bad Sobernheim. Lassen Sie sich von einem speziellen Aufgussprogramm verwöhnen und genießen Sie verschiedenste Gratisangebote.

EVENTS

Immer wieder werden in lockerer Folge abends besondere Themenevents mit passenden Aufgüssen und darauf abgestimmten Menüs angeboten. Termine und Themen ersehen Sie auf der Webseite.

GASTRONOMIE

Der offene, gemütliche Restaurantbereich bildet den zentralen Bereich in der Anlage. Beginnen Sie Ihren Tag bei einem entspannten Frühstück, stärken Sie sich zwischen den Saunagängen oder lassen Sie Ihren Kurzurlaub vom Alltag entspannt ausklingen. Die Gastronomie verwöhnt Sie mit leichten Speisen, frischen Salaten sowie herzhaften Fleischgerichten. Dabei werden Ihnen stets frisch zubereitete Speisen angeboten.

Der Restaurantbereich lädt außerdem als stilvoller Treffpunkt dazu ein, den Moment in geselliger Runde bei einem kalten Getränk oder einem Kaffee zu genießen.

ZAHLUNGSVERKEHR

Die Bezahlung erfolgt nach Ihrem Besuch der Anlage. Sie benötigen kein Bargeld während Ihres Saunabesuchs. Alle gängigen Kreditkarten und EC-Karten werden akzeptiert.

PARKMÖGLICHKEITEN

Kostenfreie Parkmöglichkeiten sind in ausreichender Anzahl direkt vor dem Haus und ganz in der Nähe auf dem Parkplatz des Freibades vorhanden. Auch Wohnmobile können hier gerne abgestellt werden.

GUTSCHEINE

Für jeden Anlass das passende Geschenk – Wertgutscheine können Sie in beliebiger Höhe direkt an der Rezeption erwerben. Alternativ können Sie die Gutscheine auch bequem von zu Hause, telefonisch oder per E-Mail bestellen. Diese können Ihnen dann zugesendet werden.

Das bollAnts.SPA »WELLNESS - ENTSPANNUNG - INSPIRATION«

♥ Felkestraße 100, 55566 Bad Sobernheim

☎ +49 (0) 6751 9339 - 0 | ✉ wellness@bollants.de | 🌐 www.bollants.de

GEBOTEN WIRD:

DAS RESÜMEE

Das bollAnts.SPA ist eine Oase der Ruhe und Entspannung inmitten herrlicher Natur und eingebettet in ein weitläufiges Wellnesshotel, das als eines der besten in Deutschland gilt. Zum SPA gehören diverse Saunen, thematisch unterschiedlich eingerichtete Ruheräume, mehrere Pools, darunter ein großer Outdoorpool, ein Spa Garten am Fluss und das neue, exklusive Prana Spa, in dem ein innovatives Konzept umgesetzt wurde: Es bietet mehr als eine Sauna, einen Ruheraum und eine Sonnenterrasse. Wer mag, findet hier Inspiration sowie konkrete Anleitung und Übungen, um seine Energiezentren zu aktivieren.

DIE ÖFFNUNGSZEITEN

Montag	10:00 - 22:00 Uhr
Dienstag – Donnerstag	10:00 - 19:00 Uhr
Freitag	10:00 - 23:00 Uhr
Prana Spa (Montag - Freitag)	11:00 - 18:00 Uhr

DIE PREISE

Ein Ganztageseintritt kostet 59 Euro inkl. Wellnesstasche mit Bademantel und zwei Saunatüchern. Weitere zusätzliche Angebote wie z. B. „BollAnts After Work", „Ein ganzer Tag Urlaub" oder den „Morgengruss" finden Sie auf der Website unter: www.bollants.de

DIE SAUNEN

In der finnischen Sauna kommen Sie bei einer Temperatur von durchschnittlich 85 °C ganz schön ins Schwitzen. Erleben Sie die Aufgüsse in dieser großzügigen und mit Holz vertäfelten Sauna. Fast täglich finden sie statt. Die Saunameister nutzen für ihre Aufgüsse stets unterschiedliche ätherische Öle, um Ihren Geist und

📍 Felkestraße 100, 55566 Bad Sobernheim

📱 +49 (0) 6751 9339 – 0 | ✉ wellness@bollants.de | 🌐 www.bollants.de

WALDSAUNA

Körper zu stimulieren. Lassen Sie sich mit speziellen Aufgüssen verwöhnen. Weniger heiß, aber nicht minder effektiv ist ein Besuch in der Biosauna, die auf rund 65 °C aufheizt ist.

Das Edelstein-Dampfbad ist ideal für Sauna-Einsteiger, die es entspannt angehen wollen und dennoch von den positiven Effekten eines Saunabesuchs, wie etwa Stärkung des Herz-Kreislauf-Systems und der Abwehrkräfte, profitieren wollen. Die Temperatur im Edelstein-Dampfbad beträgt niedrige 45 °C.

Die 85 °C warme Hubertus-Sauna am Waldrand bietet Ihnen nicht nur einen tollen Panoramablick über Bad Sobernheim und die Region, sondern hier verzücken Sie der durchs Gelände streifende Hirsch Hansi und zwei Hirschkühe. Schauen Sie nur mal aus dem Fenster …

Im Heilerde-Dampfbad dürfen Sie Ihren ganzen Körper mit Bad Sobernheimer Heilerde einreiben und den wohltuenden Peelingeffekt auf Ihrer Haut spüren (mit Zuzahlung).

Herrlich duftet es in der Zirbensauna. Und nicht nur das! Der angenehme Duft wirkt sich positiv auf Ihr Wohlbefinden aus. Es gilt außerdem als erwiesen, dass die Wirkstoffe von Zirbenholz die Herzfrequenz senken und für weniger Wetterfühligkeit sorgen.

Abkühlung nach diversen Saunagängen mit und ohne Aufguss finden Sie im Kaltduschbereich. Eine Besonderheit im BollAnts ist der Felke Naturgarten am Fluss: Hier können Sie nach dem Saunagang oder Sonnenbad in die Nahe hüpfen und sich eiskalt erfrischen.

DAS ABKÜHLEN

Das bollAnts.SPA ›WELLNESS – ENTSPANNUNG – INSPIRATION‹

♀ Felkestraße 100, 55566 Bad Sobernheim
☎ +49 (0) 6751 9339 – 0 | ✉ wellness@bollants.de | 🌐 www.bollants.de

DER AUSSENBEREICH Zum BollAnts Spa im Park gehört ein weitläufiger romantischer Jugendstilpark, in dem Sie ein lauschiges Plätzchen in der Sonne und im Schatten auf Sofas, Schaukelliegen und Liegestühlen finden. Wer mag, gönnt sich Ruhe in den Liegestühlen und Daybeds auf der Dachterrasse und lässt den Blick weit schweifen in die Weinberge des Nahelandes. Besucher dürfen sich auch auf eine abwechslungsreiche Poollandschaft freuen: Das 20 Meter Außenschwimmbad im Park ist ganzjährig beheizt, ebenso der 11 Meter lange Indoor-Pool. Das Dachterrassenbad ist ideal, um nach der Sauna bei 34 °C Wassertemperatur zu relaxen, Wohlfühlmomente genießen Sie ebenfalls im 37 °C warmen Sprudelbad im Spa Garten am Berg.

RUHEMÖGLICHKEITEN Zu Ihrer Verfügung stehen sechs Ruheräume, die ganz unterschiedlich gestaltet sind. Die Kraft der Elemente Licht, Luft, Erde, Wasser wirkt hier und spricht die verschiedenen Sinne auf wohltuende und inspirierende Art und Weise an. Alle

Das bollAnts.SPA »WELLNESS – ENTSPANNUNG – INSPIRATION«

📍 Felkestraße 100, 55566 Bad Sobernheim
📱 +49 (0) 6751 9339 – 0 | ✉ wellness@bollants.de | 🌐 www.bollants.de

Ruheräume sind gemütlich mit Liegen, Daybeds oder Wasserbetten ausgestattet und laden Sie zum Entspannen und Träumen ein. Machen Sie es sich auch gemütlich im Meditationsraum, der Spa Bibliothek, im Bistro und Foyer, wo die nächsten Saunagüsse angekündigt werden und man sich am gesunden Osmosewasser und frischen Obst bedienen darf.

Sie können im bollAnts.SPA sowohl bar als auch mit EC-Karte bezahlen.

ZAHLUNGSVERKEHR

Unmittelbar an der Anlage stehen Parkplätze in ausreichender Anzahl zur Verfügung. Die Benutzung des Parkplatzes ist für Gäste des bollAnts.SPA kostenfrei.

PARKMÖGLICHKEITEN

GEBOTEN WiRD:

DAS RESÜMEE

Ein Feuerwerk aus diversen Becken auf mehreren Ebenen erwartet Sie im Erlebnisbad »Cascade«. Ein Erlebnisbecken mit 30 °C und eine 55-m-Riesenrutsche, der »Black Hole Slide«, ein Strömungskanal, Wasserfälle, Hangelnetze, Wasserspeier und Steilrutsche bieten Erlebnis pur. Zeigen Sie Ihre sportlichen Ambitionen im 25-m-Sportbecken mit 3-m-Sprungturm. Ausruhen können Sie im mit 32 °C erwärmten Regenerationsbecken mit Massagedüsen oder im Hot-Whirlpool mit 35 °C. Außerdem stehen ein Lehrschwimmbecken, ein Planschbecken und ein Kinderspaßbereich zur Verfügung. Ein Freibad ist mit einem 50-m-Sportbecken und einem 1-m, 3-m sowie 5-m-Turm ausgerüstet. Erweitert wird der Außenbereich durch ein Nichtschwimmerbecken mit zwei Rutschen, einen Liegebereich und einen SB-Imbiss.

DIE GRÖSSE

Der Sauna-Innenbereich ist 1.200 qm groß, der Sauna-Garten misst 500 qm.

DER EMPFANG

Am Empfang sind Bademäntel und -tücher ausleihbar. Im hauseigenen Badeshop werden Bade-Utensilien und Badeschuhe verkauft.

DIE ÖFFNUNGSZEITEN

Montag	14:00 – 22:00 Uhr
Dienstag – Freitag	10:00 – 22:00 Uhr
Samstag & feiertags	09:00 – 22:00 Uhr
Sonntag	09:00 – 21:00 Uhr

Jeden ersten Freitag im Monat bis 24:00 Uhr geöffnet (Oktober – April). | Damensauna Mittwoch | An Feiertagen und in den Ferien von Rheinland-Pfalz immer gemischte Sauna.

Cascade *»WO WOHLFÜHLEN WELLEN SCHLAGEN«*

📍 Talweg 4, 54634 Bitburg
📱 06561 9683-0 | 🖨 06561 9683-12 | 🌐 www.cascade-bitburg.de

		DIE PREISE
2-Stunden-Ticket	14,00 Euro	
3-Stunden-Ticket	15,50 Euro	
4-Stunden-Ticket	16,50 Euro	
Tages-Ticket	18,00 Euro	

Sonn- und Feiertags 1,10 Euro Zuschlag (von September – Mai) | Das Erlebnisbad ist inklusive.

Männer und Frauen kleiden sich gemeinsam um. Über eine Wendeltreppe geht es hoch zur Sauna-Landschaft. Hier stehen geschlechtlich getrennte Duschbereiche zur Verfügung.

UMKLEIDEN | DUSCHEN

Im Innenbereich finden Sie eine Großraumsauna, ein Dampfbad sowie ein Römisches Bad. Im kleineren Außenbereich erwartet Sie ein Kräuterbad. Zwei Blockhäuser mit einer Erd- und einer Feuer-Sauna liegen im Sauna-Garten. Wechselnde Aufgüsse mit klassischen Kräuterdüften, Vitaminen, Specials mit Salz werden nacheinander in der Premiumsauna zelebriert. Wie eine Massage wirkt der typisch finnische Wenik-Aufguss in der »Maa®«-Sauna im Außenbereich. Sie werden mit feinen Zweigen der Birke »ausgepeitscht«.

DIE SAUNEN

Cascade ›WO WOHLFÜHLEN WELLEN SCHLAGEN‹

📍 Talweg 4, 54634 Bitburg

📱 06561 9683-0 | 🖨 06561 9683-12 | 🌐 www.cascade-bitburg.de

DAS ABKÜHLEN

Eine ganze Armada an Abkühlmöglichkeiten prasselt auf Sie hinab: eine Regendruckdusche, zwei Schwallbrausen, zwei Warm-Kalt-Duschen, zwei Eckduschen mit einstellbarer Intensität, eine Kübeldusche und sechs Kneipp-Schläuche. Danach geht es in das Kaltwasserbecken. Fünf Fußwärmebecken finden sich ebenfalls dort. Ein Tauchbecken mit Wasserfall kühlt Sie an der Meditationssauna ab. Im Sauna-Garten schließlich ist ein in Bruchstein gemauerter Bereich, neben einem Tauchbecken, mit weiteren Kaltduschen bestückt.

Ein Warmwasser-Liegebecken mit ergonomisch geformten Liegeflächen ist mit 33 °C beheizt und liegt mittig im inneren Abkühlbereich.

DER AUSSENBEREICH

Die natürlich gewachsene Begrünung mit Bäumen, gepaart mit schönen Blockhäusern, zieht ihre Gäste in den Bann. Platz finden Sie auf einigen Liegen auf Rasen und feinem Kies oder Sie sitzen überdacht. Ringsherum wird die Anlage von großen Bäumen eingeschlossen. Ebenfalls ein erfreulicher Anblick ist die holzverkleidete Außenfassade der Sauna-Anlage.

♀ Talweg 4, 54634 Bitburg
▤ 06561 9683-0 | 🖶 06561 9683-12 | ✆ www.cascade-bitburg.de

RUHEMÖGLICHKEITEN

Freundliche und teils kräftige Farben laden zum Erholen und Entspannen im Leseraum, ein. Im anschließenden Ruheraum haben Sie einen beruhigenden Ausblick ins Grüne.

MASSAGEN | SOLARIEN

In insgesamt vier Massageräumen, inklusive einem, »Hamam«, wird Ihnen ein umfangreiches Massageprogramm angeboten. Ein Solarium sorgt für den nötigen Teint.

EVENTS

Jährlich finden Saunanächte mit bestimmten Themen, besonderen Aufgüssen und entsprechendem Essen statt.

GASTRONOMIE

In der Bitburger-Lounge mit Saunabartheke können Sie gerne Essen vom Restaurant „Aquarell" bestellen und verzehren. Von der halbrunden Theke mit Barhockern haben Sie durch das Panoramafenster Ausblick auf den Erlebnisbadbereich.

ZAHLUNGSVERKEHR

Alle in Anspruch genommenen Leistungen des Cascade Erlebnisbad & Saunawelt werden sofort bar, per EC-Cash oder per VISA / Master-Card bezahlt.

PARKMÖGLICHKEITEN

Unmittelbar an der Anlage parken Sie kostenlos.

Badeparadies Dahn »SAUNA - BADEN - SPA«

📍 Felsland Badeparadies & Saunawelt, Eybergstraße 1, 66694 Dahn
📱 06391 9234211 | 🖨 06391 993166 | 🌐 www.sauna-dahn.de

GEBOTEN WiRD:

| DAS RESÜMEE | Wenn Sie zum ersten Mal die Saunawelt besuchen, wird Ihnen empfohlen, etwas Zeit mitzubringen. Die Eindrücke sind einmalig: Das Dahner Felsenland mit den Buntsandsteinen, eingebettet in den Naturpark Pfälzer Wald, und die »Felslandsauna « – das ist schon Extraklasse! |

DAS RESÜMEE

Wenn Sie zum ersten Mal die Saunawelt besuchen, wird Ihnen empfohlen, etwas Zeit mitzubringen. Die Eindrücke sind einmalig: Das Dahner Felsenland mit den Buntsandsteinen, eingebettet in den Naturpark Pfälzer Wald, und die »Felslandsauna « – das ist schon Extraklasse!

DAS BADEPARADIES

Das Badeparadies können Sie im Sommer und Winter genießen. Im Innenbereich erfreuen Sie wohltemperierte Becken mit Massagedüsen, Massagepilz und Luftsprudelliegen, der Strömungskanal oder aber die 45-m-Riesenrutsche; es gibt für jeden ein Angebot. Auch im Winter können Sie nach draußen schwimmen und die Natur genießen. Im Außenbereich ist das 25-m-Becken. Ein Kinderbecken, das große Warmsprudelbecken und viel Platz für sportliche Aktivitäten, etwa auf dem Beachvolleyball-Feld.

DER SAUNABEREICH

Die Saunawelt ist ein Wellnes-Paradies auf über 8.000 qm Fläche, davon entfallen etwa 7.000 qm auf den Außenbereich mit dem Finnischen Sauna-Dorf aus uralten »Kelo«-Holzstämmen. Es ist tatsächlich ein Paradies im Felsenland. Hunderte Tonnen Buntsandsteine aus der Umgebung sind wunderschön in den Park eingebunden, Hügel mit duftenden Blumen und Sträuchern finden Sie ebenso wie unterschiedliche Bambusarten, Gräser und herrliche Rasenflächen. Es ist eine gewachsene Anlage, eingebettet in die Natur; davon zeugen auch die bis zu 30 Jahre alten Birken.

DER EMPFANG

Hier können Sie Badezubehör sowie Sauna-Tücher und Bademäntel kaufen oder leihen.

Badeparadies Dahn »SAUNA - BADEN - SPA«

📍 Felsland Badeparadies & Saunawelt, Eybergstraße 1, 66694 Dahn
☎ 06391 9234211 | 🖨 06391 993166 | 🌐 www.sauna-dahn.de

Montag ist Damentag (außer feiertags) von 11:00 – 22:00 Uhr. Gemeinschafts- Sauna: Dienstag und Mittwoch von 10:00 – 22:00 Uhr | Donnerstag bis Samstag von 10:00 – 23:00 Uhr | Sonn- und feiertags von 10:00 – 20:00 Uhr.

DIE ÖFFNUNGSZEITEN

Tageskarte 18,00 Euro, weitere Tarife erfragen Sie bitte vor Ort.

DIE PREISE

Für die Saunagäste steht ein separater Umkleidebereich zur Verfügung, der ebenso wie die Vorreinigungsduschen für Frauen und Männer getrennt ist.

UMKLEIDEN | DUSCHEN

Sie haben die Auswahl: Zwei »Kelo«-Saunen im Finnischen Sauna-Dorf, zwei Innen- Saunen sowie zwei Dampfbäder stehen für Sie bereit. Eine Anmerkung zu den Aufgüssen: Die sollten Sie nicht verpassen! Geschultes Personal verwöhnt Sie mit ausgefeilten Wedeltechniken und natürlichen sowie naturidentischen ätherischen Ölen.

DIE SAUNEN

Stündlich wird in dieser für 30 – 35 Personen ausreichenden Finnischen Sauna bei 95 °C aufgegossen. Der große Amethyst auf dem Sauna-Ofen gibt dieser Sauna ihren Namen. Durch die Fenster haben Sie einen herrlichen Blick in den Saunapark.

DIE KRISTALL-SAUNA
95 °C

Entspannung pur bei 50 – 60 °C, wechselnden Farblichtern und dezenter Musik. Auf den breiten Bänken liegen Sie ausgesprochen bequem.

DAS SANARIUM®
50 – 60 °C

Frisch aufgebrühte Kräuter verbreiten hier, bei gemäßigter Temperatur, wunderbar natürliche Aromen und laden bei Musik und Wellnessbeleuchtung zum entspannten Relaxen ein.

DAS KRÄUTERHAUS

Etwa zehn Gäste finden in diesem runden Dampfbad unter dem Sternenhimmel bei 40 – 45 °C Platz und genießen die mit Kräuterduft versetzte, dampfgesättigte Luft.

DAS KRÄUTER-DAMPFBAD
40 – 45 °C

Badeparadies Dahn »SAUNA – BADEN – SPA«

♀ Felsland Badeparadies & Saunawelt, Eybergstraße 1, 66694 Dahn

☎ 06391 9234211 | 🖨 06391 993166 | 🌐 www.sauna-dahn.de

DAS BLÜTEN-DAMPFBAD Ebenfalls rund gearbeitet, jedoch mit fünf erwärmten Einzelsitzen versehen, ist dieses schöne Blüten-Dampfbad.

DIE PANORAMA-SAUNA
85 °C Das Raumklima in »Kelo«-Saunen ist einfach unvergleichlich. In diesem sechseckigen »Kelo«-Gebäude finden bis zu 50 Personen Platz. Der Sauna-Ofen steht etwas außermittig im Raum, die Bänke sind um den Ofen, der die Sauna auf 85 °C erwärmt, angeordnet. Durch die großzügigen Verglasungen blicken Sie in das Birkenwäldchen und den Außenbereich.

DIE FINNISCHE SAUNA
95 °C Da nur kleine Fenster diesen Sauna-Raum mit dem Außen verbinden, kommt die Ursprünglichkeit noch mehr zur Geltung. Regelmäßig werden hier bei 95 °C Aufgüsse zelebriert. Wenn es richtig voll ist, passen etwa 70 – 80 Saunafreunde in diese »Kelo«-Sauna.

Badeparadies Dahn »SAUNA - BADEN - SPA«

📍 Felsland Badeparadies & Saunawelt, Eybergstraße 1, 66694 Dahn
📱 06391 9234211 | 🖨 06391 993166 | 🌐 www.sauna-dahn.de

Ohne zu übertreiben: Das ist eine absolute Neuheit! Das aus Ziegelsteinen errichtete Gewölbe ist ganz in die Erde eingelassen. Von außen sehen Sie den halbrunden Eingang, oberseitig ist es komplett bewachsen und eingebettet in die Landschaft. Das Tonnengewölbe ist von innen komplett mit Lehm verputzt. Rechts und links sind jeweils sechs Liegeflächen aus Natursteinen, die auf etwa 50 °C temperiert sind; der Raum selbst weist eine Temperatur von 35 – 40 °C auf. Die Tiefenwärme durchdringt intensiv Ihren Körper. Es ist ein Erlebnis, in diesem Raum bei dezente Musik zu entspannen. Die Wärme wird von einem Holzofen erzeugt, Sie erleben ökologisches Bauen auf höchstem Niveau – völlig elektrosmogfrei.

DAS BIOTHERMIUM
35 – 40 °C

Im Innenbereich können Sie neben der Duschlandschaft mit Schwall- und kräftiger Regendusche auch eine Kübeldusche und natürlich den Kneippschlauch zur Abkühlung nutzen. Zusätzliches Duschvergnügen bereitet die Schneckendusche. Das Tauchbecken für die ultimative Abkühlung ist direkt gegenüber. Die Kaltdusche im Außenbereich ist eine Wucht: In einen etwa 25 Tonnen schweren Buntsandstein ist ein Duschbereich eingearbeitet, von außen zusätzlich mit Kneippschläuchen versehen.

DAS ABKÜHLEN

Dem Gesamtkonzept Rechnung tragend ist auch das Wasserhaus aus »Kelo«-Holz errichtet worden. Sie finden eine Duschlandschaft vom Feinsten: verschiedene Regenduschen, die kalt und warm regelbar sind. Hier bereitet das Duschen so richtig Freude.

DAS WASSERHAUS

Im Wasserhaus befinden sich neue Fußbecken für ausführliche Kneipp'sche Anwendungen. Fußwechselbäder können Sie im Innenbereich ebenfalls genießen. Erwärmte Bänke laden dort auch zum Plaudern ein.

DAS KNEIPPEN

Badeparadies Dahn »SAUNA – BADEN – SPA«

Felsland Badeparadies & Saunawelt, Eybergstraße 1, 66694 Dahn
06391 9234211 | 06391 993166 | www.sauna-dahn.de

DIE AUSSENANLAGE

Da sage jemand, Saunieren sei nur etwas für den Winter. Die Saunawelt hat alles für einen ganzen Sommertag. Der Birkenwald bietet viele Rückzugsmöglichkeiten und Schattenplätze, Rasenflächen mit Liegen laden ein. Sie können sich aber auch »zentral« auf den Liegeflächen am Naturbadeteich oder den großzügigen Holzterrassen aufhalten. Der Naturbadeteich ist eine weitere Besonderheit: In dem etwa 10 x 6 Meter großen Becken können Sie einige kräftige Züge schwimmen. Das Wasser ist reines Quellwasser, völlig ohne Zugabe von Chlor.

RUHEMÖGLICHKEITEN

Schon wieder eine Superlative: Dem Team ist kein größeres »Kelo«-Haus, als dieses 30 Meter lange Gebäude, bekannt. Durch die schräg versetzten Wände und Dachüberschneidungen ergibt sich eine interessante Architektur und Raumnutzung. Drei Ruhebereiche sind integriert: zum einen die Finnische Lounge mit etwa 40 m Grundfläche, einer kleinen Theke und Rattanliegen. Als besonderer Rückzugsraum dient

Badeparadies Dahn »SAUNA – BADEN – SPA«

📍 Felsland Badeparadies & Saunawelt, Eybergstraße 1, 66694 Dahn
📱 06391 9234211 | 🖨 06391 993166 | 🌐 www.sauna-dahn.de

der »Traumraum«, dessen Raumhöhe in der Spitze bis zu fünf Meter aufweist und in dem zum Entspannen Schaukelliegen aufgehängt sind. Oder Sie wählen den etwa 50 qm großen Ruheraum mit etwa 20 Liegen und einem Blick in den Birkenwald. Ein weiterer Ruheraum mit Zugang zur Dachterrasse ist im Sauna-Innenbereich.

Ihnen stehen hochmoderne Solarien zur Verfügung. SOLARIEN

Im Hauptgebäude, vorbei an den Saunen, gelangen Sie zur Gastronomie. Sie wäh- GASTRONOMIE len zwischen Salaten, Fleischgerichten, Überbackenem und vielem mehr. Natürlich wird auch ein großes Getränkeangebot vorgehalten. Von hier aus erblicken Sie auch die Kaminecke, wo Sie sich in der kalten Jahreszeit vor dem prasselnden Kaminfeuer niederlassen können.

Die Zusatzleistungen zahlen Sie bar. ZAHLUNGSVERKEHR

Im Schatten von Bäumen stehen ausreichend kostenlose Parkplätze zur Verfügung. PARKMÖGLICHKEITEN

Aquafit Dierdorf »MODERN, FAMILIENFREUNDLICH, FRISCH!«

📍 Am Schwimmbad, 56269 Dierdorf

☎ 02689 922799 | 🌐 www.aquafit-dierdorf.de

GEBOTEN WIRD:

DAS RESÜMEE

Seit 2010 erfreuen sich die Wasserratten im Hallenbad Dierdorf an den verschiedenen Möglichkeiten zum ausgiebigen Schwimmen und Toben. Mit einem Besuch im Aquafit Dierdorf erleben Sie ein Badevergnügen für die ganze Familie. Ganz nach dem Motto: Wasser ist die Quelle unseres Lebens, werden Sie hier auf eine Reise geschickt, bei der Sie den Alltag hinter sich lassen und gleichzeitig etwas für Ihr Wohlbefinden tun können.In der separat gelegenen Saunalandschaft können Sie für einige Stunden in eine Welt der Ruhe und Entspannung abtauchen. Möchten Sie Ihrem Körper und Ihrer Seele mal etwas Gutes tun, wartet in der Wellness-Oase ein ausgewogenes Wellness-Angebot auf Sie. Das moderne Bad bietet Ihnen auf einer Fläche von 1.650 qm Spaß-, Spiel- und Schwimmfreude pur und der Wellness-Bereich auf 450 qm reine Entspannung.

DER EMPFANG

Bereits im Eingangsbereich begrüßt das Aquafit Dierdorf Sie mit einem reichhaltigen Angebot für das leibliche Wohl. An dieser Stelle finden Sie auch den Kassenbereich und im Bad-Shop wird nahezu jeder fündig, denn hier sorgt ein umfangreiches Angebot von diversen Bademoden, über Badeschuhe, bis hin zu Badeaccessoires für reges Interesse bei Groß und Klein.

DIE ÖFFNUNGSZEITEN

SAUNA

Montag	14:00 – 20:00 Uhr
Dienstag	14:00 – 19:30 Uhr (Damensauna)
Mittwoch	15:00 – 21:00 Uhr
Donnerstag	14:00 – 21:00 Uhr
Freitag	10:00 – 22:00 Uhr
Samstag	10:00 – 21:00 Uhr
Sonntag	09:00 – 19:00 Uhr

Aquafit Dierdorf »MODERN, FAMILIENFREUNDLICH, FRISCH!«

📍 Am Schwimmbad, 56269 Dierdorf

📱 02689 922799 | 🌐 www.aquafit-dierdorf.de

Montag	14:00 – 20:00 Uhr	**DIE ÖFFNUNGSZEITEN HALLENBAD**
Dienstag	Nur für Schulen und Vereine, für Damensauna eingeschränkte Nutzung	
Mittwoch	07:30 – 21:00 Uhr	
Donnerstag	14:00 – 21:00 Uhr	
Freitag	10:00 – 22:00 Uhr	
Samstag	10:00 – 21:00 Uhr	
Sonntag	09:00 – 20:00 Uhr	

Ferien, Feiertage und Winterzeit geänderte Zeiten auf der Webseite.

Die akuellen Preise finden Sie immer unter: www.aquafit-dierdorf.de

DIE PREISE

Die geräumigen Familienumkleiden und 26 Duschen, plus einer behindertengerechten Dusche, lassen Ihre Auszeit schon mit viel Freiraum beginnen. Im Saunabereich erwartet Sie dann noch die Erlebnisdusche.

UMKLEIDEN | DUSCHEN

Separat vom Badebetrieb finden Sie in einem traumhaft erholsamen Ambiente die Wellnessoase mit liebevoll angelegtem Außenbereich.

DIE SAUNEN

Das Dampfbad ist die ideale Sauna um bei geringerer Temperatur, aber sehr hoher Luftfeuchtigkeit den Atemwegen und der Haut etwas Gutes zu tun. Die angebotenen Honig – und Salzeinreibungen verbessern Ihr Hautbild nachhaltig und lassen ein samtiges Gefühl und allgemeines Wohlbefinden zurück.

DAMPFBAD
CA. 45 °C | CA. 90 %

Die sehr heiße Finnische Sauna lässt Sie bei wohlriechenden, automatischen Aufgüssen so richtig ins Schwitzen kommen, entschlackt Ihren Körper und stärkt die Immunabwehr.

FINNISCHE SAUNA
90 °C

Aquafit Dierdorf »MODERN, FAMILIENFREUNDLICH, FRISCH!«

📍 Am Schwimmbad, 56269 Dierdorf

📞 02689 922799 | 🌐 www.aquafit-dierdorf.de

BIO SAUNA
CA. 55 °C | 60 %

Diese ist gerade bei Saunaeinsteigern sehr beliebt. Denn mit milden 55 °C schonen Sie Ihren Kreislauf, kommen aber trotzdem gut ins Schwitzen. Um all Ihre Sinne anzusprechen, lassen Sie einfach die Lichttherapie auf Ihren Geist wirken.

BLOCKHAUSSAUNA
90 °C

Im Saunagarten finden Sie die klassische, großzügige Blockhaussauna, die Ihnen bei 90 °C, nur von Holz umgeben, das Gefühl gibt, sich mitten im Mutterland der Sauna, Finnland, zu befinden. Die manuellen, wohlriechenden Aufgüsse machen das Saunieren zu einem besonderen Erlebnis.

DAS ABKÜHLEN

Abkühlen zwischen den Saunagängen ist das A und O, denn nur der Wechsel zwischen Warm und Kalt bringt den gewünschten Effekt. Hier haben Sie ganz nach Geschmack verschiedene Möglichkeiten: ob Erlebnisdusche, Außendusche, Wechselfußbäder oder der Saunagarten, auch Sie finden eine angenehme Art des Abkühlens.

DAS KNEIPPEN

Die Kneippschläuche erhöhen zwischen den Saunagängen noch mehr den Gesundheitsaspekt. Kühlen Sie Ihren Körper langsam ab, indem Sie das kalte Wasser erst auf Beine und Arme laufen lassen. Um den Kreislauf zu schonen, fängt man hier immer an den Körperteilen an, welche am weitesten vom Herzen entfernt sind.

DER AUSSENBEREICH

Der liebevoll gestaltete, 400 qm große Saunagarten lädt mit seinem 12-Meter Barfußpfad zur Fußmassage zum Verweilen und Frischlufttanken ein.

SCHWIMMBÄDER

Die 85-Meter Erlebnisrutsche mit Zeitmessung und separatem Landebecken lädt zum Wettkampf ein und bringt Abwechslung und Abenteuer. Im Schwimmerbecken

Am Schwimmbad, 56269 Dierdorf

02689 922799 | www.aquafit-dierdorf.de

ziehen Sie ganz sportlich Ihre Bahnen oder stellen Ihr Können am ein – und drei-Meter Sprungturm unter Beweis. Das Nichtschwimmerbecken mit Massagedüsen lässt Sie auch im Badbereich Entspannung finden. Natürlich kommen auch die Jüngsten nicht zu kurz: Im Kleinkinderbecken können Sie Ihre Sprösslinge ausgiebig mit dem Element Wasser vertraut machen.

Bei angenehmen Wetter verheißen die Liegewiesen im Badbereich oder der separate Saunagarten Urlaubsfeeling. Im Innenbereich bieten die Panoramafenster einen wundervollen Ausblick, bei dem Sie Ruhe und Entspannung finden. Aufenthaltsflächen und ein separater Ruheraum laden zum Erholen ein.

RUHEMÖGLICHKEITEN

Im Solarium können Sie Ihre Haut gleich ein bisschen bräunen lassen und die Schwimmkurse, Wassergymnastik und Aquajogging bringen Ihre Fitness in Schwung. Weitere Informationen dazu finden Sie auf der Webseite.

ZUSATZANGEBOTE

An der Saunatheke erhält der Gast Erfrischungen in reichhaltiger Auswahl. Kleine, schmackhafte Speisen werden über den Gastronomiebereich frisch zubereitet und können an der Saunatheke genossen werden. Im Badbereich können Sie im Restaurant das Essen und Getränke genießen und gerne auch gesund und vegetarisch schlemmen.

GASTRONOMIE

Ihre Auszeit vom Alltag können Sie bar oder mit der EC-Karte begleichen.

ZAHLUNGSVERKEHR

Ihnen stehen 60 kostenfreie Parkplätze am Bad zur Verfügung. Davon sind drei behindertengerecht.

PARKMÖGLICHKEITEN

GEBOTEN WIRD:

DAS RESÜMEE   In der Therme Euskirchen erleben Sie Wellness zum Durchatmen und sich treiben lassen. Die Bereiche „Palmenparadies" (ab 16 Jahren, Kinder bis einschl. 3 Jahre frei, Familientag am Samstag von 9:00 – 18:00 Uhr ohne Alterstbeschränkung) „Vitaltherme & Sauna" (ab 16 Jahren, ohne Badebekleidung) und Sportbad (ohne Altersbeschränkung) bieten eine breite Angebotspalette rund um die Themen Wasser, Wellness und Entspannung. Exklusive Beauty- und Wellnessanwendungen und eine außergewöhnliche Saunakultur mit zehn Themensaunen entführt den Besucher an 365 Tagen im Jahr an einen besonderen Wohlfühlort.

DIE GRÖSSE   Auf der Schwelle zwischen Rheinland und Eifel, rund 30 Autominuten von den Metropolen Köln und Bonn entfernt, finden Erholungssuchende auf über 18.000 qm Entspannung und wunderbare Wohlfühlmomente.

DER EMPFANG   Der lichtdurchflutete und offene Empfangsbereich heißt die Besucher willkommen und deutet bereits die Großzügigkeit der gesamten Anlage an. Hier können Sie Bademäntel, Handtücher und Saunakilts ausleihen, Geschenkgutscheine erwerben, Ihre Thermencard aufladen und sich bestens informieren lassen.

DIE ÖFFNUNGSZEITEN   Montag bis Donnerstag 10:00 – 22:00 Uhr | Freitag 10:00 – 23:00 Uhr | Samstag 09:00 – 00:00 Uhr | Sonn- und Feiertag 09:00 – 22:00 Uhr. Jeden 1. Freitag im Monat von 18:00 – 00:00 Uhr: Lange Saunanacht (ohne Badebekleidung). Jeden 1. Samstag im Monat von 18:00 – 00:00 Uhr: Paradiesische Nacht. Samstags Familientag (Palmenparadies & Sportbad) 09:00 – 18:00 Uhr. Jeden 4. Donnerstag im Monat von 17:00 – 22:00 Uhr: Classic Soiree.

 Thermenallee 1, 53879 Euskirchen
 02251 14850 | www.badewelt-euskirchen.de

Palmenparadies: 1,5 Std.-Karte: Montag bis Freitag 17,00 Euro | Samstag, Sonntag sowie Ferien- und Feiertage in NRW 20,00 Euro. Tageskarte: Montag bis Freitag 31,00 Euro | Samstag, Sonntag sowie Ferien- und Feiertage in NRW 34,00 Euro. Verlängerungstarif (pro angefangene halbe Stunde): 1,50 Euro. | Vitaltherme & Sauna: plus 6,00 Euro auf den gewünschten Tarif. | Sondertarife unter www.badeweлteuskirchen. de/tarife. Änderungen vorbehalten!

DIE PREISE

Genießen Sie ein einzigartiges Erlebnis und staunen Sie über wundervolle Natur- und Dokumentarfilme auf der 62 qm großen Kinoleinwand. Lehnen Sie sich zurück und lauschen Sie einmaligen Klängen und verfolgen Sie außergewöhnliche Naturschauspiele.

DIE SAUNEN
KINO-SAUNA
CA. 60 °C

Willkommen im traditionellen Wiener Jugendstil-Café. Fühlen Sie sich wie in einer echten Kaffeerösterei. Der klassische Schokoholic-Aufguss mit Regenerationseffekt ist Balsam für Ihre Haut. Ein ganz besonderer Genuss, der alle Sinne anspricht.

WIENER KAFFEEHAUS
CA. 70 °C

Lassen Sie sich auf eine Reise in den Orient, nach Indien entführen und erleben Sie Traumgeschichten, die Körper und Geist in Einklang bringen. Spüren Sie innere Balance und Tiefenentspannung. Der Weg zu neuer Kraft und Energie.

TAJ MAHAL
CA. 70 °C

Fühlen Sie sich in exotische Regenwälder versetzt und beobachten Sie das Treiben des bunten Vogelschwarms in der integrierten Vogelvoliere. Lauschen Sie den Klängen der Waldbewohner und den Bewegungen der Baumriesen. Süße, fruchtige Düfte und exotische Aufguss-Zeremonien runden Ihren Kurzurlaub in den Tropen ab.

TROPEN-SAUNA
CA. 70 °C

Im klassisch asiatischen Stil gehalten lädt die Meditations-Sauna zum Entspannen im Herzen eines Bambushains ein. Durch ein großzügiges Panoramafenster können Sie Ihren Blick über den weitläufigen Vitalgarten und die Blaue Lagune schweifen lassen. Beruhigende Meditationsmusik in Kombination mit natürlichen Aromen wie Ylang Ylang sorgt unbewusst für einen tiefen Entspannungszustand. Klangschalen- und Meditationszeremonien beruhigen zusätzlich den Geist und helfen, neue Kräfte zu sammeln.

MEDITATIONS-SAUNA
CA. 60 °C

Thermen & Badewelt Euskirchen *»MEIN URLAUBSPARADIES UNTER PALMEN«*

📍 Thermenallee 1, 53879 Euskirchen

📞 02251 14850 | 🌐 www.badewelt-euskirchen.de

KOI-SAUNA
CA. 80 °C

Im japanischen Stil gehalten, können Sie sich in der Koi-Sauna beim Blick auf das großzügige Koi-Becken entspannen und den geschmeidigen Bewegungen der japanischen Karpfen folgen. Spüren Sie die heilende Wirkung der fernöstlich zelebrierten Aufgüsse. Erleben Sie traditionelle Fächeraufgüsse und entdecken Sie die faszinierende Saunakultur aus dem Land der aufgehenden Sonne.

KELTENTHRON
CA. 80 °C

Entdecken Sie die Welt der mächtigen und starken Kelten. Auf dem erhabenen Keltenthron kommen Sie zwischen gigantischen Natursteinblöcken bei finnischen Aufgüssen mit Kräuterdüften so richtig ins Schwitzen.

ALHAMBRA
CA. 80 °C

Intensiv und kraftvoll – erleben Sie pure Wohlfühl-Momente im Palast Spaniens. Die maurisch, orientalisch gestaltete Alhambra entführt Sie in den Süden. Der beliebte Honigaufguss streichelt Ihre Haut und bringt Sie sanft-süß in den Palast Spaniens. Eine sinnliche Entführung.

APOLLON-SAUNA
CA. 90 °C

Kehren Sie ein in die antike Tempelanlage Apollons. Der griechische Gott des Lichts und der Heilung empfängt seine Gäste inmitten des ionischen Säulenkranzes. Die einzigartige Lichtstimmung und besondere Aufgusszeremonien beleben die Sinne und entführen Sie in den Olymp der Genüsse.

HOLZSTADL
CA. 90 °C

Wer es besonders heiß mag, der ist im Holzstadl genau richtig. Rund um die Schmiedefeuerstelle erwarten Sie klassische Düfte wie Fichtennadel, Birke, Zedernholz, Tannennadel oder Bergkräuter.

DAMPFBÄDER
CA. 45 °C | 100 %

Die Dampfbäder „Auennebel" (ohne Badebekleidung) und „Eifel-Nebel" sorgen durch die kreislaufschonende Temperatur von ca. 45 °C und einer Luftfeuchtigkeit von 100 % für eine optimale Regeneration von Körper, Geist und Seele. Die wohltuende Kombination aus Wärme und Feuchtigkeit entkrampft, reinigt und pflegt Ihren Körper und Ihre Atemwege.

📍 Thermenallee 1, 53879 Euskirchen
📠 02251 14850 | 🌐 www.badewelt-euskirchen.de

Pures Wohlbefinden versprechen auch die zahlreichen Möglichkeiten der erfrischenden Abkühlung nach dem Schwitzbad. Genießen Sie unter den beeindruckenden Blütenkelchen der Callablüten-Dusche eine Erfrischung auf höchstem Niveau. Die Kaltwasserschwalldusche erfrischt Sie mit 300 Liter kaltem Wasser (ca. 20 °C) pro Sekunde und bringt so die gesunde Abkühlung nach Ihrem Saunagang. Weitere Kaltanwendungen wie das Tauchbecken, das Kristallwasser-Becken oder der Eisbrunnen sorgen für den richtigen Sauna-Effekt.

DAS ABKÜHLEN

Entspannt geht es auch im großzügigen Außenbereich zu. Eine weitläufige Parkanlage umrahmt den idyllischen Natursee, der besonders in der warmen Jahreszeit zu einer gemütlichen Tretbootfahrt im Sonnenschein einlädt. Erholung finden alle Sonnenanbeter auf den unzähligen Sonnenliegen und in den exklusiven Bambus Lounges.

AUSSENANLAGE

Thermen & Badewelt Euskirchen »MEIN URLAUBSPARADIES UNTER PALMEN«

📍 Thermenallee 1, 53879 Euskirchen

📱 02251 14850 | 🌐 www.badewelt-euskirchen.de

THERMENSTRAND Am neuen Thermenstrand „Paradise Beach" werden Urlaubsträume ganz ohne Reisestress wahr. Schließen Sie Ihre Augen und genießen Sie das entspannte Gefühl, so als säßen Sie in der kleinen Bucht der Bacardi-Insel, Palmen um Sie herum, ein fruchtiger Cocktail in der Hand, die Füße im Sand... Das Leben genießen. Ob sonniges Strandfeeling oder gemütliche Sonnenliege mit Schattenspender. Grenzenlose Entspannung in der Liegemuschel. Am Thermenstrand lockt karibisches Flair, Strand und Wasser. Die Beachbar lockt mit leckeren Cocktails und erfrischenden Drinks. Geöffnet in den Sommermonaten und je nach Witterung.

DIE SCHWIMMBÄDER Tauchen Sie im tropischen Palmenparadies zwischen über 500 echten Südseepalmen ein in die türkisblaue 33 °C warme „Große Lagune" und lassen Sie sich von unzähligen Sprudelliegen und Nackensprudlern sanft den Rücken massieren. Entspannen Sie beim Bad in den drei Quellen der Gesundheit, wo wertvolle natürliche Mineralien Ihnen ein wirkungsvoll abgestimmtes Verwöhnprogramm für Gesundheit, Wohlbefinden und Schönheit bieten. Genießen Sie im wohlig warmen Wasser

kühle, fruchtige Cocktails an einer der Poolbars und lassen Sie sich im weitläufigen Außenbecken in der Südseeströmung treiben. An warmen Tagen öffnet sich sogar das gigantische Panoramadach des Palmenparadies und macht es möglich, unter freiem Himmel zu träumen. Die „Blaue Lagune" der Vitaltherme & Sauna lädt derweil zum Baden ohne Badebekleidung ein. Mit einem faszinierenden Blick über den Vitalgarten und den angrenzenden Natursee, verspricht der 33 °C warme Pool Erholung pur. Neben den bereits erwähnten Wasser- und Erholungsangeboten hält die Therme Euskirchen auch ein Schwimmbad für Sportbegeisterte bereit. Aber auch zum Toben und für erste Schwimmversuche ist das Sportbad ideal. Mit fünf 25-Meter-Bahnen, Sprungtürmen und Sprungböcken ist das an das Palmenparadies angrenzende Sportbad ein Paradies für alle Fans des Schwimmsports.

Gemütliche Relaxliegen säumen die gesamte Anlage. Abgetrennt durch mehr als 500 echte Südseepalmen bieten sie behagliche Rückzugsorte.

RUHEMÖGLICHKEITEN

Thermen & Badewelt Euskirchen »MEiN URLAUBSPARADiES UNTER PALMEN«

📍 Thermenallee 1, 53879 Euskirchen

📞 02251 14850 | 🌐 www.badewelt-euskirchen.de

WELLNESS | MASSAGEN

Ein umfangreiches gratis Aufguss- und Wellnessprogramm mit mehr als 60 Tages-aktionen bietet allen Erholungssuchenden das Beste aus der Welt der Aufgüsse und Beautyanwendungen. Außergewöhnliche Aufgusszeremonien und wohltuende Peelings und Masken sorgen für die Balance von Körper, Geist und Seele sowie langanhaltende Tiefenentspannung und Schönheit. Dabei kommen rein ätherische Öle zum Einsatz.

Mit der „MassagePerle" steht Ihnen in der Vitaltherme & Sauna ein exklusiver Spa-Bereich für zahlreiche Kosmetik- und Massageanwendungen zur Verfügung. So wie auch neu im Palmenparadies – erkundigen Sie sich vor Ort beim Gästeservice nach Angebot und Terminen. Spürbare Verbesserung des körperlichen, mentalen und seelischen Wohlbefindens erfahren Sie außerdem auf innovativen Massage-Liegen. Lassen Sie sich durch die angenehme Druckstrahlmassage verwöhnen und spüren Sie, wie aus unangenehmen Spannungsgefühlen ein entspanntes Wohlgefühl wird.

ZUSATZANGEBOTE

Auf alle Sonnen- und Wärmeanbeter wartet ein umfangreiches Alternativ-An-gebot bei Regenwetter. Ein Solarium im Palmenparadies sowie ein Collarium im Bereich der Vitaltherme & Sauna sorgen für eine sonnige Auszeit auch an wolkigen Tagen. Wohltuende Wärme erwartet Sie außerdem auf Infrarotliegen und in Infrarotkabinen.Die angenehme Infrarotwärme verwöhnt Ihre Sinne, akti-viert die Selbstheilungskräfte, lockert die Muskulatur und sorgt für die ersehnte Tiefenentspannung.

GASTRONOMIE

Kulinarisch verwöhnt werden Sie in gleich zwei Restaurants. Während Sie im Re-staurant „Ilha de gosto" inmitten des Palmenparadies neben besonderem Kari-bikfeeling auch mediterrane Gerichte, heimische Küche und leckere Kleinigkeiten genießen können, verwöhnt Sie das GAVI in der Vitaltherme & Sauna mit vier Geschmackskonzepten. G steht für das Beste vom Grill und hält Burger und Co. bereit. A für den Asian Corner, der mit leckeren Wok-Gerichten auf die Fans der asiatischen Küchen wartet. V verspricht vegetarischen Gaumenschmaus mit betont leichter Kost und exquisiten Salatkreationen. I verwöhnt die Freunde von Pizza und Pasta mit italienischen Köstlichkeiten.

DIE BEZAHLUNG

Während Ihres gesamten Aufenthaltes in der Therme Euskirchen benötigen Sie kein Bargeld. Beim Check-In erhalten Sie einen Transponder, auf den Sie ganz bequem Verzehr, Eintritt und Anwendungen buchen lassen können. Bei Verlassen der Anlage wird Ihr Transponder ausgelesen und bezahlt. Bitte beachten Sie, dass die EC-Terminals keine American Express Kreditkarten akzeptieren.

PARKMÖGLICHKEITEN

Ihnen stehen neben über 1.000 kostenfreien Parkplätzen auch zwei Elektro-Tankstellen und zahlreiche Wohnmobilstellplätze (keine Ver- und Entsorgung) zur Verfügung.

Thermen & Badewelt Euskirchen ›MEIN URLAUBSPARADIES UNTER PALMEN‹

♥ Thermenallee 1, 53879 Euskirchen
☎ 02251 14850 | ⊕ www.badewelt-euskirchen.de

Paradiesische Geschenkgutscheine sind vor Ort als Wert- und Eintrittsgutscheine erhältlich und über den Online-Shop auf www.badewelt-euskirchen.de.

GUTSCHEINE

Planen Sie bereits online Ihren Besuch und starten Sie noch entspannter in den Tag in der Therme. Schon vorab können Sie Ihren Eintritt, Ihren Liegeplatz, Massagen oder auch schon den Bademantel reservieren. Einfach planen und auswählen über den Online-Shop auf www.badewelt-euskirchen.de

BESUCH PLANEN

CabaLela –Cabriobad Leinigerland

♦ Bückelhaube 11, 67269 Grünstadt
☎ 06359/9163900 | ⊕ www.cabalela.de

GEBOTEN WiRD:

DAS RESÜMEE

Das 2017 neu eröffnete Cabriobad Leinigerland, kurz CabaLela, bietet ein für die Pfalz einzigartiges Erlebnis. Je nach Wetter kann das Cabriodach innerhalb von 8 Minuten, während des laufenden Badebetriebes, auf- und zugefahren werden. An den Becken befinden sich Faltwände zum Freigelände, die – passend zum Wetter – ganz oder teilweise geöffnet/geschlossen werden können. So sind Sie wetterunabhängig und dem unbeschwerten Schwimmerlebnis steht nichts im Wege. Ein weiteres Highlight ist das Kursbecken mit variablem Hubboden. Hier kann die Wassertiefe zwischen 0 – 1,25 m eingestellt werden und somit für verschiedene Kurse, wie Aqua-Cycling, oder Aqua-Trampolin genutzt werden.

Zusätzlich bietet der Kleinkinderbereich viele Attraktionen, wie eine Wasserdrachenschlange, Igelsäule, Elefantenrutsche, Wassertunnel, uvm. für die Kleinen. Ebenfalls ist das Bad barrierefrei. Ein Lift bringt die Badegäste, die Hilfe benötigen auf die Schwimmebene und mit einer Hebevorrichtung können auch Rollstuhlfahrer das Wasser genießen. Die ca. 8.000 qm große Außenanlage rundet das Angebot des Schwimmbades ab. Hier kann im Sommer Beachvolleyball / Beachsoccer gespielt werden, oder Sie relaxen einfach auf der Beachfläche mit Sonnensegel. Für das leibliche Wohl sorgt das Selbstbedienungsrestaurant „Caabi's Bistro", welches auch ohne Eintritt zu zahlen zugänglich ist.

DER SAUNABEREICH

Erleben Sie einen kleinen Kurzurlaub für Körper und Seele in der 5 Sterne Premium Sauna und außergewöhnliche Aufgüsse auf 1.000 qm Wellness- & Saunalandschaft. Natürlich können Sie sich auch mit Speisen und Getränken verwöhnen lassen. „Lela's Lounge" lädt während dem Saunieren zu kulinarischen Genüssen

CabaLela –Cabriobad Leinigerland

♀ Bückelhaube 11, 67269 Grünstadt
☎ 06359/9163900 | 🌐 www.cabalela.de

ein. Für die Gäste stehen eine große Aufguss-Sauna, eine Heu-Kräuter-Sauna, Stollensauna, Blockhaus-Sauna , Tepidarium, Rötharium und Dampfbad im Innen- und Außenbereich mit unterschiedlichen Temperaturen zur Verfügung. Die Ruheräume laden zum Verweilen ein und wer so richtig vom Alltag entspannen möchte, bucht noch eine stimulierende Massage dazu. Die Erlebnisduschen mit Duftstoffen, Infrarot-Wärmesitze, Eisbrunnen, sowie der Saunagarten im Außenbereich und die großzügige Dachterrasse mit herrlichem Panoramablick in die Rheinebene runden das Angebot ab.

Im Eingangsbereich des CabaLela erhalten die Gäste das gewünschte Ticket. Ebenso sind Geldwertkarten erhältlich mit denen die Gäste bis zu 20 % Rabatt auf die Eintrittspreise erhalten. Geldwertkarteninhaber können den Quick Check-In nutzen und müssen nicht an der Kasse anstehen.

DER EMPFANG

DIE ÖFFNUNGSZEITEN

	Bad	Sauna	Gastro*
Montag	06:30 – 21:00 Uhr	09:00 – 22:00 Uhr	11:00 – 20:00 Uhr
Dienstag	08:00 – 21:00 Uhr	09:00 – 22:00 Uhr	11:00 – 20:00 Uhr
Mittwoch	06:30 – 21:00 Uhr	09:00 – 22:00 Uhr	11:00 – 20:00 Uhr
Donnerstag	08:00 – 21:00 Uhr	09:00 – 22:00 Uhr	11:00 – 20:00 Uhr
Freitag	08:00 – 21:00 Uhr	09:00 – 23:00 Uhr	11:00 – 20:00 Uhr
Samstag	08:00 – 21:00 Uhr	09:00 – 23:00 Uhr	11:00 – 20:00 Uhr
Sonntag	08:00 – 20:00 Uhr	09:00 – 20:00 Uhr	10:00 – 19:00 Uhr

*Für Saunagäste steht nach Küchenschluss weiter eine kleine Karte zur Verfügung

Tageskarte Bad: 6,00 Euro | Tageskarte Sauna (inkl. Badnutzung): 19,50 Euro
Kurzzeittarife und Ermäßigungen verfügbar.

DIE PREISE

CabaLela –Cabriobad Leinigerland

⚲ Bückelhaube 11, 67269 Grünstadt

📱 06359/9163900 | 🌐 www.cabalela.de

UMKLEIDEN | DUSCHEN

Großzügige Duschen, sowie ausreichend Umkleidekabinen stehen allen Gästen zur Verfügung. Die mehr als 400 Spinde werden mit dem Chip-Armband abgeschlossen, welches Sie an der Kasse erhalten. Alternativ stehen Sammelumkleidekabinen zur Verfügung.

DIE SAUNEN
AUFGUSS-SAUNA
85 °C | 10 %

Bei ca. 85 °C und 10 % Luftfeuchtigkeit erwartet Sie ein anregendes Saunaerlebnis. Durch das Panoramafenster haben Sie einen wunderschönen Blick auf die Stadt und in der Ferne sehen Sie die Rheinebene. So können Sie den Saunagang richtig genießen. Zusätzlich bieten die stündlich stattfindenden Aufgüsse weitere Stimulationen für Körper und Geist. Besuchen Sie den anregenden Fächeraufguss, oder den stimulierenden CabaLela Aufguss. Nach den Aufgüssen wird den Gästen, passend zum Thema eine Erfrischung gereicht.

HEU-KRÄUTER-SAUNA
75 °C | 10 %

Die Heu-Kräuter-Sauna im Erdgeschoss bietet ebenfalls 75 °C und eine Luftfeuchtigkeit von 10 %. Hier finden allerdings keine Aufgüsse statt und so können Sie sich Ihren Aufenthalt selbst gestalten. Die Durchblutung wird gefördert, die Zellneubildung angeregt und der Körper entschlackt. Genießen Sie die wohltuende Wärme und lassen Sie den Alltag hinter sich.

CabaLela –Cabriobad Leinigerland

📍 Bückelhaube 11, 67269 Grünstadt
📞 06359/9163900 | 🌐 www.cabalela.de

Die Blockhaus-Sauna im Außenbereich ist eine rustikale Finnische Sauna, welche 75 °C hat und eine Luftfeuchtigkeit von maximal 15 % bietet. Hier stärken Sie Ihre Abwehrkräfte und erleben ein wohltuendes Frischegefühl. Direkt nach Verlassen der Sauna befinden Sie sich oberhalb des sehr schön angelegten Saunagartens und genießen den Blick in die Natur.

BLOCKHAUS-SAUNA
75 °C | 15 %

Die im Erdreich vertiefte, mit Duglasienholz verkleidete, rustikale Sauna hat ca. 95 °C. Das trockene Heißluftbad regt die Durchblutung an und entschlackt den Körper. Die Sauna befindet sich mitten im herrlich angelegten Saunagarten. Ein Rundgang durch das direkt danebengelegene Kneipp-Fuß-Becken mit Reflexzonen-Steinen und der Kneipp-Arm-Becken runden den Saunagang ab.

STOLLENSAUNA
95 °C

Das Tepidarium ist ein Wärmestrahlungsbad, das besonders bei Erkältungskrankheiten positive Wirkungen erzielt und auch heute noch seine Bedeutung für die Stärkung des Immunsystems und die Bildung von Abwehrstoffen hat. Ebenso wirkt dies positiv bei Asthmaleiden oder Kreislaufbeschwerden. Das feuchtwarme Luftbad, bei einer relativen Luftfeuchte von 40 – 50 % und einer Lufttemperatur von 60 – 65 °C, sorgt für ein Frischegefühl und körperliche Erholung. Der Aufenthalt im Tepidarium ist schonend und anregend zugleich. Als Aufenthaltsdauer wird ein Zeitraum von 10 – 30 Minuten empfohlen. Durch die Temperatur wird ein „gesundes Fieber" erzeugt. Das Immunsystem wird gestärkt, ohne dass der Kreislauf zu stark belastet wird. Das Tepidarium wirkt vorbeugend und heilend und bietet eine ideale Entspannungs- und Regenerationsmöglichkeit für Jung und Alt.

TEPIDARIUM
60 – 65 °C | 40 – 50 %

Das Rötharium ist ein Warmluftbad und erwartet den Besucher bei 55 – 60 °C und einer Luftfeuchte von nur 20 %. Die Verweildauer bei diesem mentalen Entspannungsbad mit meditativer Musik beträgt ebenfalls 10 – 30 Minuten. Ein leuchtender Bergkristall unterstützt die angenehme und stimmungsvolle Farblichttherapie, die sich positiv, emotional auf die Gefühle auswirkt. Im Rötharium feiern alle Sinne ein Fest! Die Düfte aromatischer Kräuter und ätherischer Öle wehen durch den Raum und erwecken im Körper ein angenehmes Wohlbefinden – Probieren Sie's aus.

RÖTHARIUM
55 – 60 °C | 20 %

CabaLela –Cabriobad Leinigerland

📍 Bückelhaube 11, 67269 Grünstadt
☎ 06359/9163900 | 🌐 www.cabalela.de

DAMPFBAD
50 °C | 100 %

50 °C Raumtemperatur und 100 % Luftfeuchtigkeit – perfekt um die Haut zu befeuchten und die Muskeln zu entspannen. Die dem Nebel zugesetzten ätherischen Duftstoffe wirken durch die Inhalation auf die oberen Atemwege. Die Wände, Sitzflächen und der Fußboden sind beheizt und bieten zusätzliche Strahlungswärme, die sich positiv auf die Muskulatur auswirkt.

DAS ABKÜHLEN

Nach dem Saunagang, können Sie sich im Tauchbecken oder in einer der vielen Erlebnisduschen abkühlen. Die Duschen verwöhnen Sie mit verschiedenen Licht- und Dufterlebnissen, je nach Wunsch. Der Eisbrunnen mit Crushed-Ice sorgt ebenfalls für die nötige Abkühlung. Ein Kneipp-Becken steht im Außenbereich zur Verfügung.

WÄRMESITZE

Auf den Infrarot-Wärmesitzen können Sie sich entspannen. Wohltuende Wärme durchströmt Ihren Rücken und löst Verspannungen.

DIE AUSSENANLAGE

Der wunderschön angelegte Saunagarten, mit seinen vielen kleinen Ruheecken, sowie die Dachterrasse mit herrlichem Blick über die Rheinebene laden zum Verweilen ein. Im kleinen Schwimmerbecken können Sie sich zu jeder Jahreszeit abkühlen oder aufwärmen.

DIE RUHEMÖGLICHKEITEN

Die zwei Ruheräume bieten für jeden Geschmack das Richtige. Die komfortablen Liegen, und die stimmungsvolle Einrichtung sorgen für die nötige Entspannung nach dem Saunagang. Egal, welchen Raum sie bevorzugen, hier können Sie den Alltag hinter sich lassen.

WELLNESS | MASSAGEN

Über qualifizierte Partner bietet das CabaLela verschiedene Massagen an. Thai-Wellness- Massagen, Aromaölmassagen oder Hot-Stone-Massagen, hier findet jeder die passende Massage. Die Angebote finden Sie unter www.CabaLela.de, oder direkt vor Ort.

CabaLela –Cabriobad Leinigerland

📍 Bückelhaube 11, 67269 Grünstadt
📱 06359/9163900 | 🌐 www.cabalela.de

Regelmäßige Saunanächte, kulinarische Spezialitäten und Schwimmbadevents perfektionieren das Angebot des CabaLela. Die genauen Termine erfahren Sie auf der Homepage unter www.CabaLela.de

EVENTS

Die 2 Gastronomiebereiche verwöhnen Sie auch kulinarisch. In Caabi's Bistro, dem Selbstbedienungsrestaurant im Schwimmbadbereich erwarten Sie neben den Schwimmbadklassikern wie, Burger und Pommes, auch frische Salate und kleine Snacks. Das Bistro kann auch von Gästen von außerhalb genutzt werden. Täglich wechselnde Empfehlungen erweitern das Angebot. Auf der Terrasse können Sie im Sommer den für die Pfalz typischen „Pfälzer Schoppe" von Winzern der Region genießen.

GASTRONOMIE

Lela's Lounge steht ausschließlich den Saunagästen zur Verfügung und bietet alles, um den Aufenthalt in der Sauna zu vollenden. Frische hausgemachte Gerichte und stimulierende Getränke, sowie eine entspannte Atmosphäre laden zum Verweilen ein. Probieren Sie einen der leckeren Smoothies oder lassen Sie es sich bei einem leckeren Kaffee und einem Stück Kuchen auf der Terrasse gut gehen.

Die Eintritte können bar oder mit EC-Karte gezahlt werden. Innerhalb des Bades und der Sauna wird kein Bargeld benötigt. Die verzehrten Speisen und Getränke werden auf das Chiparmband aufgebucht und können bequem am Nachzahlautomat bar oder mit EC-Karte gezahlt werden.

ZAHLUNGSVERKEHR

Direkt vor dem CabaLela stehen ausreichend kostenfreie Parkplätze zur Verfügung.

PARKMÖGLICHKEITEN

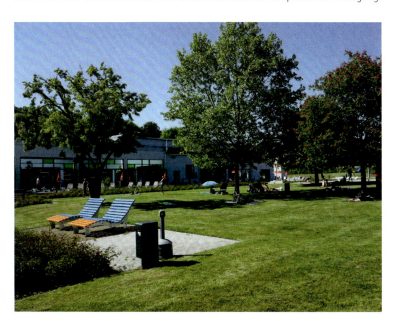

Sauna im Center Parcs Park Eifel »WO URALTE VULKANE SCHLAFEN«

📍 Am Kurberg, 56767 Gunderath
📱 02657 8090 | 🌐 www.centerparcs.de

GEBOTEN WIRD:

DAS RESÜMEE	Wenn Sie ein interessantes Urlaubsziel für die ganze Familie suchen, dann sind Sie bei »Center Parcs« genau richtig. Der Ferienpark Park Eifel ist aufgrund seiner zahlreichen Einrichtungen der perfekte Ort für einen Tagesausflug oder den Kurzurlaub zwischendurch. Kleine Ferienhäuser inmitten der Vulkaneifel erwarten Sie. Im Mittelpunkt des Parks befindet sich der Market Dome, wo Cafés, Restaurants und Bars mit köstlichen Spezialitäten zum Verweilen einladen. Eine kleine Boutique verführt zum Einkaufen. Herzstück der Ferienanlage ist das Badeparadies Aqua Mundo. Unter einer herausragenden Glaskuppel findet man eine gemütliche subtropische Wasserwelt.

DIE ÖFFNUNGSZEITEN Die Saunalandschaft steht ganzjährig von 11:00 – 20:00 Uhr zur Verfügung. Freitags können die Gäste bis 22:00 Uhr entspannen.

DIE PREISE

	Preise (inkl. Schwimmbad)	Abendticket (16:30 – 20:00 Uhr, Freitag bis 22:00 Uhr)
Erwachsene (ab 13 Jahre)	ab 11,50 Euro	ab 8,50 Euro
Kinder (3 – 12 Jahre)	ab 8,50 Euro	ab 6,50 Euro
Familienkarte (2 Erw. + 2 Kinder)	ab 31,00 Euro	ab 23,00 Euro

DIE SAUNEN

DAMPFBAD, 40 – 45 °C Entspannende oder anregende Düfte erwarten Sie im 40 – 45 °C warmen Dampfbad.

AUFGUSS-SAUNA 95 °C In der Finnischen Sauna können Sie mehrmals täglich Aufgüsse mit verschiedenen Düften und Zugaben erleben.

Sauna im Center Parcs Park Eifel *»WO URALTE VULKANE SCHLAFEN«*

📍 Am Kurberg, 56767 Gunderath
📞 02657 8090 | 🌐 www.centerparcs.de

In der gemütlichen Bio-Sauna finden Sie bei 60 °C Entspannung.

BIO-SAUNA, 60 °C

Ein Tauchbecken gegenüber der Aufgusssauna lädt zum Abkühlen ein, ebenso eine Erfrischungsdusche.

DAS ABKÜHLEN

Der nach außen hin abgeschottete Sauna-Freisitz (ca.35qm) ist mit Liegen und Stühlen bestückt und von einer mediterranen, bepflanzten Mauer umgeben.

DER AUSSENBEREICH

Massagen können separat an der Rezeption gebucht werden.

WELLNESS | MASSAGEN

Herrlich relaxen lässt es sich im warmen Wasser des Whirlpools. Lassen Sie sich vom sprudelnden Nass verwöhnen.

WHIRLPOOL
35 °C

Es erwartet Sie ein reichhaltiges Angebot an Speisen & Getränken. Genießen Sie im Aqua Café unter anderem leckere Salate und Burger sowie Heißgetränke. Zudem sind erfrischende Getränke in der Sauna erhältlich.

GASTRONOMIE

Alle Leistungen im Bereich Sauna und Schwimmbad werden mit Bargeld bezahlt.

ZAHLUNGSVERKEHR

Es befindet sich ein großer Parkplatz ca. 2 Gehminuten vom MarketDome entfernt.

PARKMÖGLICHKEITEN

KOI BAD & SAUNA »BADE KÖRPER, SEELE & GEIST IN INNERER HARMONIE«

Kaiserslauterer Straße 19a, 66424 Homburg/Saar
06841 18877 0 | info@koi-homburg.de | www.koi-homburg.de

GEBOTEN WIRD:

DAS RESÜMEE

Das KOI Bad & Sauna lädt Sie zu einem entspannenden Tag in der japanisch inspirierten Anlage ein. In den zahlreichen Saunen können Sie vielfältig inszenierte
Aufgüsse erleben und den Alltagsstress förmlich wegschmelzen. Durch die unterschiedlich gestalteten Saunen und dem großzügigen Außenbereich bietet das KOI
Bad & Sauna Abwechslung und Entspannung.

Regelmäßig finden in der KOI Saunawelt Events und Saunanächte mit Livemusik,
Erlebnisaufgüssen und kulinarischen Genüssen statt.

DER EMPFANG

Am Empfang des KOI Bad & Sauna besteht die Möglichkeit, eine individuelle Mas-
sageanwendung für den Saunabesuch zu reservieren sowie das Ausleihen von Ba-
demänteln und Saunatüchern, gegen eine Leihgebühr. Der Eingangsbereich bietet
neben Sitzmöglichkeiten auch die Möglichkeit zum Stöbern und Einkaufen im direkt
angeschlossenen Shop mit einer vielfältigen Auswahl an Bademode, Badeschuhen
und Wassersportartikeln.

DIE ÖFFNUNGSZEITEN

Die KOI Saunawelt hat täglich von 10:00 – 22:00 Uhr geöffnet, am Freitag und
Samstag gar eine Stunde länger, bis 23:00 Uhr. Am Sonntag schließt die Saunalandschaft um 20:00 Uhr.

DIE PREISE

Der Eintrittspreis beträgt für 4 Stunden 20,50 Euro und die Tageskarte kostet 24,00
Euro. An Wochenenden beträgt der Aufschlag 1,50 Euro. Die Kurze Auszeit beträgt 3
Stunden und kostet 17,50 Euro. Sie kann bei Zutritt zwischen 10:00 und 12:00 Uhr,
sowie ab 19:00 Uhr von Montags bis Freitags gebucht werden.

♥ Kaiserslauterer Straße 19a, 66424 Homburg/Saar

☎ 06841 18877 0 | ✉ info@koi-homburg.de | ⊕ www.koi-homburg.de

Der Umkleidebereich ist als Sammelumkleide für Damen und Herren getrennt an-   UMKLEIDEN | DUSCHEN
gelegt. Zahlreiche Duschmöglichkeiten befinden sich sowohl im Innen- als auch im
Außenbereich, sowie Ablagemöglichkeiten und Schließfächer.

Im Innenbereich des KOI Bad & Sauna befindet sich ein 25 m Sportbecken mit   DIE WASSERWELT
Sprungturm, ein Aktivbecken mit Sprudelliegen, Nackendusche und Bodenbrodler,
sowie der abgegrenzte Kinderbereich AQUA KADABRA. Durch die deckenhohen
Panoramafenster verschmilzt der Innenbereich mit dem Außenbereich zu einer
großzügigen Wasserwelt. Auch der Außenbereich bietet eine 25 m Sportbahn mit
Trio-Rutsche und viel Platz, um die Sonne zu genießen.

Das Highlight der KOI Saunawelt ist die große Schlossbergsauna. Der Duft von   **DIE SAUNEN**
würzigem Nadelholz, das Knacken des feuerheißen Saunaofens und die imposante   GROSSE SCHLOSSBERG-
Größe der 85 °C heißen Sauna macht jeden Saunagang zu einem eindrucksvollen   SAUNA
Erlebnis. Regelmäßig finden hier intensive Showaufgüsse und Rituale statt.   85 °C

Die feurigsten Aufgüsse finden in der KOI Sauna statt. Sie ist mit 90 °C die heißeste   KOI SAUNA
Sauna der Anlage und liegt im Herzen des Saunagartens, umgeben von Bambus   90 °C
direkt am KOI Teich. Hier wird für das große Schwitzvergnügen gesorgt.

Sanfte Aufgüsse und pflegende Peelings werden in der Zeremoniensauna (75 – 80 °C)   ZEREMONIENSAUNA
angeboten. Der Fokus wird dabei auf Ruhe und Entspannung gelegt. Abwechs-   75 – 80 °C
lungsreiche Körperpeelings sorgen für ein angenehmes Hautgefühl.

Das Japanische Schwitzbad mit einer rel. Luftfeuchtigkeit von 50 % und milder   JAPANISCHES SCHWITZBA
Wärme (60 °C) sorgt für wohltuende Momente der Erholung. Die Biosauna stärkt   60 °C | 50 %
das Immunsystem, fördert die Durchblutung und stabilisiert den Kreislauf.

KOI BAD & SAUNA »BADE KÖRPER, SEELE & GEIST IN INNERER HARMONIE«

♀ Kaiserslauterer Straße 19a, 66424 Homburg/Saar

☎ 06841 18877 0 | ✉ info@koi-homburg.de | ⊕ www.koi-homburg.de

KAMABURO
50 °C | 100 %

Das tropisch feuchte Raumklima des Dampfbades, bei einer rel. Luftfeuchtigkeit von 100 % und einer Temperatur von 50 °C sorgt mit den abwechslungsreichen Duftrichtungen für die Entspannung der Sinne. Ideal vor einem Massagebesuch.

RASUL & HAMAM

Im Rasul und Hamam vereint sich, dass mehrere jahrtausendalte Wissen des Orients über Gesundheit und Hautpflege. Bei der Rasul-Zeremonie werden verschiedene Heilschlämme auf den Körper aufgetragen. Sie sorgen für ein leichtes Prickeln auf der Haut und lassen diese sanft und geschmeidig werden. Während eines Hamam-Rituals wird der Körper mit einem feinporigen Schaum bedeckt und durch wechselnde Wassergüsse gereinigt.

RELAXBECKEN

Im Saunagarten befindet sich das Relaxbecken mit Nackenduschen und einer Wassertemperatur von ca. 30 °C. Am Abend wird das Becken stimmungsvoll durch bunte Unterwasserscheinwerfer beleuchtet.

HEISS- UND KALTBECKEN

Das Kaltbecken mit einer Wassertemperatur von ca. 18 °C sorgt nach dem Saunagang für Abkühlung. Im Onsen Heißbecken beträgt die Wassertemperatur ca. 36 °C. Die beiden Becken befinden sich ebenfalls im Saunagarten.

WELLNESS | ENTSPANNUNG

Der großzügige Sitz- und Liegebereich rund um die Kamininsel und im ruhig gelegenen Teehaus lädt zum Entspannen und Verweilen ein. Ein besonderes Highlight sind der Wintergarten mit großen Liegebereichen, sowie die Sonnenterasse rund um den KOI Teich.

Das Wellnessangebot des KOI Bad & Sauna reicht von klassischen Körpermassagen über fernöstliche asiatische Behandlungen bis hin zu entspannenden Schönheitsritualen.

 Kaiserslauterer Straße 19a, 66424 Homburg/Saar
 06841 18877 0 | info@koi-homburg.de | www.koi-homburg.de

Abgerundet wird der Besuch im KOI Bad & Sauna durch die kulinarischen Speisen im Saunarestaurant. Regionale Speisen, Klassiker aus der Snackküche und asiatische Spezialitäten stehen den Gästen zur Auswahl. Der gemütlich gestaltete Gastronomiebereich bietet viele Sitzmöglichkeiten im Innen- und Außenbereich der Saunaanlage.

GASTRONOMIE

Der Eintrittstarif wird an der Rezeption beim Check-In entrichtet. Die Zusatzleistungen, welche während des Aufenthalts im KOI Bad & Sauna anfallen, werden auf den Chip gebucht und beim Check-Out an der Rezeption gezahlt.

ZAHLUNGSVERKEHR

monte mare Kaiserslautern »MEINE PAUSE VOM ALLTAG«

📍 Mailänder Straße 6, 67657 Kaiserslautern

📱 0631 3038-0 | 🌐 www.monte-mare.de/kaiserslautern

GEBOTEN WIRD:

DAS RESÜMEE

Das »monte mare Kaiserslautern« ist genau das Richtige für den Gast, der sich gerne einmal etwas wirklich Gutes und auch Außergewöhnliches gönnen möchte. Im Sport- und Freizeitbad erwarten Sie auf einer Wasserfläche von 1.100 qm ein 25-Meter-Sportbecken mit 1- und 3-Meter-Sprunganlage, ein Lehrschwimmbecken, ein Wellenbecken, ein Erlebnisbecken mit Massageliegen und Stromschnellen, ein Außenbecken und Whirlpools. Und das mit tropisch warmem Wasser, sommerlichen Temperaturen und rauschenden Wellen. Die Kleinen sind in der Kinder-Erlebniswelt genau in ihrem Element. Rasant geht es auf der Reifenrutsche zu, Nervenkitzel verheißt die »Black Hole« mit Licht- und Soundeffekten. Der nächste Kindergeburtstag wird vielleicht im »monte mare« gefeiert.

Ein ganz besonderes Erlebnis ist die Inszenierung des Badens als ozeanischer Genuss im Solebecken. Hier wird Ihnen zum einen die gesunde Wirkung von Meerwasser zuteil, zum anderen erleben Sie das einzigartige AquaSound-System. Sie schweben im körperwarmen, salzhaltigen Wasser und tauchen ein in die Welt faszinierender Töne von Unterwasser-Musik. Musik hautnah erleben.

DER SAUNABEREICH

Die toskanisch gestaltete Sauna-Landschaft weckt Erinnerungen an den letzten Italien-Urlaub und bietet »Urlaub vom Alltag«. Großzügig verteilen sich vier unterschiedliche Bäder im ersten Obergeschoss – der »Oase der Sinne« – und drei Saunen im Erdgeschoss auf die Sauna-Landschaft im Inneren. Mehrere Pools sind wundervoll in die Landschaft eingebettet. An der Informationstheke im Erdgeschoss finden Sie ständig einen kompetenten Ansprechpartner. Drei rustikale Saunen werden vom weitläufigen Sauna-Garten beherbergt.

monte mare Kaiserslautern »MEINE PAUSE VOM ALLTAG«

♀ Mailänder Straße 6, 67657 Kaiserslautern

☎ 0631 3038-0 | 🌐 www.monte-mare.de/kaiserslautern

Allein der Sauna-Garten ist über ca. 4.500 qm groß. Der Innenbereich erstreckt sich über etwa 2.500 qm.

DIE GRÖSSE

Am Empfang können Bademäntel und Badetücher gekauft und geliehen werden. Weitere Utensilien sind im Badeshop erhältlich.

DER EMPFANG

Geöffnet ist täglich ab 9:00 Uhr | Montag bis Donnerstag bis 23:00 Uhr | Freitag und Samstag bis 24:00 Uhr | Sonntag bis 21:00 Uhr.

DIE ÖFFNUNGSZEITEN

4-Stunden-Karte werktags (Montag bis Freitag) 27,50 Euro | Tageskarte werktags 33,50 Euro | Zuschlag an Wochenenden (Samstag und Sonntag) sowie an Feiertagen: 3,00 Euro.

DIE PREISE

Männer und Frauen kleiden sich gemeinsam um. Geduscht wird getrennt.

UMKLEIDEN | DUSCHEN

In der Aufguss-Sauna, der Erd-Sauna und in der Garten-Sauna werden die Aufgüsse mit wechselnden Aromadüften zelebriert. Dazu werden Salz zum Einreiben und Früchte zur Vitaminaufnahme gereicht. Beim »Wenik«-Aufguss werden Birkenzweige zum Verteilen der Luft benutzt. Honig zum Einreiben wird im Dampfbad verabreicht.

DIE SAUNEN

Der seitlich aufgestellte Ofen mit Sauna-Steinen erwärmt die dezent beleuchtete Sauna auf 85 °C. Gut 15 Personen haben Ausblick auf den Innenbereich der Anlage.

DIE TROCKEN-SAUNA
85 °C

Die benachbarte holzverkleidete Aufguss- Sauna ist mit 85 – 90 °C etwa gleich temperiert. Sie haben einen wundervollen Einblick in den Sauna- Garten. Bis zu 35 Personen können sich an den Aufgüssen erfreuen.

AUFGUSS-SAUNA
85 – 90 °C

monte mare Kaiserslautern »MEINE PAUSE VOM ALLTAG«

◉ Mailänder Straße 6, 67657 Kaiserslautern

▤ 0631 3038-0 | ◉ www.monte-mare.de/kaiserslautern

DIE NIEDER-TEMPERATUR-SAUNA
60 °C

Rosen dekorieren und aromatisieren die mit 60 °C mild erwärmte Sauna. Leise Entspannungsmusik untermalt das sanfte Schwitzen von bis zu 30 Personen. Wechselndes Farblicht umspielt die Saunierer, die dank vieler Fenster dem vielseitigen Treiben innerhalb der Anlage beiwohnen können.

DIE GARTEN-SAUNA
70 - 80 °C

Die urige Garten-Sauna wird mit 70 – 80 °C beheizt. Seitlich steht ein gemauerter Ofen mit Sauna-Steinen und einem Kessel mit Sud. Bis zu 50 Personen kommen in der schwach beleuchteten Sauna mit kleineren Fenstern ordentlich ins Schwitzen.

DIE TEICH-SAUNA
70 - 80 °C

Die großzügige Teich-Sauna mit kleinem Vorraum ist für etwa 100 Personen ausgelegt. Sie zeigt sich sehr rustikal. Ein enormer, zentral stehender, gemauerter Ofen mit Sauna-Steinen befeuert den Raum mit 75 – 80 °C. Sie erblicken den anliegenden Teich durch mehrere Fenster.

DIE ERD-SAUNA
90 - 100 °C

Das Blockhaus mit begrüntem Dach ist in die Erde eingelassen. Spärliche Beleuchtung, rustikale Holzverkleidung und ein stirnseitiger Kamin mit Feuer lassen ein archaisches Sauna-Ambiente entstehen, dem sich gut 40 Personen hingeben können. 90 – 100 °C werden von dem kräftigen Ofen mit Sauna-Steinen erzeugt.

DAS DAMPFBAD
42 - 45 °C

Milde Strahlungswärme durch beheizte Wand- und Sitzflächen verströmt in dem runden, rötlich gefliesten Bad. Mittig steht der Dampferzeuger mit Kieselsteinen, der aromatisierten Dampf verbreitet. Etwa 24 Personen finden bei 42 – 45 °C rundherum Platz.

DAS »LACONIUM«
40 °C

Das Aroma- und Wasserspiel des »Laconium« fördert die Entspannung und die Regeneration des Körpers. 14 Personen finden Platz auf bläulich gefliesten Sitzbänken. Mittig plätschert ein Brunnen in dem aromatisierten, mit 40 °C erwärmten Bad. Drei Bilder aus Stein erinnern an das alte Rom.

DIE AROMA-ZISTERNE
42 - 48 °C

Rote Strahler werfen Licht auf den kleeblattförmigen Kräuterofen, der Dampfstöße und Aroma zur Pflege von Haut und Haaren im Raum verteilt. 15 Personen ruhen auf grünlich gefliesten Sitzbänken und genießen die mit 42 – 48 °C beheizte Luft.

📍 Mailänder Straße 6, 67657 Kaiserslautern
☎ 0631 3038-0 | 🌐 www.monte-mare.de/kaiserslautern

Dampfzeremonien und Wasseranwendungen sind für maximal sieben Personen gegen Aufpreis in dem rötlich gestalteten, auf 45 °C erwärmten Bad erhältlich.

DAS SCHLAMMBAD
45 °C

Auf der 1. Etage sorgen Warm-Kalt-Brausen, eine Kaltbrause und ein Crushed-Ice-Brunnen für erfrischende Abkühlung. Im Saunabereich im Erdgeschoss sind weitere Warm-Kalt-Brausen, eine Schwall- und eine Kaltdusche, eine Erlebnisdusche sowie ein Kneippschlauch. Anschließend lockt ein Tauchbecken. Auch im Sauna-Garten sind Sie ausreichend mit Abkühlmöglichkeiten bedient. Ein Duschrondell direkt an der Erd-Sauna, Duschen entlang der Teich-Sauna und ein Duschbereich in unmittelbarer Nähe zur Garten-Sauna bringen kaltes, klares Wasser auf den Körper.

DAS ABKÜHLEN

Drei Paar Fußwärmebecken an bläulicher, erwärmter Sitzbank laden zum Kneippen ein. Ein Kneipp-Gang mit Fußmassage sorgt für ein warm-kaltes Wechselbad in der Bewegung. Ein rundes, bläulich gefliestes Fußwärmebecken ist mit ca. 34 °C temperiert.

DAS KNEIPPEN

Der ca. 34 °C warme Whirlpool im Erdgeschoss des Innenbereichs lässt es ordentlich sprudeln. Das Bewegungsbecken mit Schleuse zum Außenbecken ist nicht nur mit ca. 31 °C schön warm, sondern bietet auch Massageliegen und Massagedüsen.

WARMBECKEN

monte mare Kaiserslautern »MEINE PAUSE VOM ALLTAG«

📍 Mailänder Straße 6, 67657 Kaiserslautern

☎ 0631 3038-0 | 🌐 www.monte-mare.de/kaiserslautern

DIE AUSSENANLAGE

Der weitläufige Sauna-Garten wird von hochgewachsenen Bäumen umgeben. Viele Grünpflanzen und angelegte Beete dekorieren die terrassenförmige Liegewiese. Ein Naturteich mit Schilf, Pflanzen und Fischen erstreckt sich über mehrere Ebenen und ist durch kleine Wasserläufe verbunden. Größere und kleinere Tonvasen sind im gesamten Außenbereich der Anlage eingebettet. Zahlreiche Liegen und Sitzmöglichkeiten finden sich auf der Liegewiese, unter einem mit Holz überdachten Liege-Areal, auf der Steinterrasse und rund um das Außenbecken. Eine etwa 15 Meter lange Saline bringt jodhaltige »Nordseeluft« nach Kaiserslautern. Im Sommer hat der Ausschank am Pool geöffnet. Außerdem verläuft ein neuer Barfußpfad vom Ruhehaus durch den Wald zur Erdsauna und lädt zum Spaziergang zwischen den Saunagängen ein.

RUHEMÖGLICHKEITEN

Das Toskanische Ruhehaus im Saunagarten mit Kaminlounge und Ruhegalerie bietet rund 100 gemütliche Liegeplätze. Durch die großen Fensterflächen können Sie Ihren Blick im idyllischen Saunagarten schweifen lassen.

In der »Oase der Sinne« befinden sich in einem Ruheraum fünf Wasserbetten mit Decken. Jedes Bett ist mit einem Kopfhörer versehen; Sie haben vier Musikprogramme zur Auswahl. Der dezent beleuchtete Raum ist toskanisch gestaltet. Von der Sonnenterrasse in der 1. Etage, mit zahlreichen Liegen inklusive Auflagen, haben Sie einen fantastischen Überblick über den gesamten Sauna-Garten. Ergonomisch geformte und erwärmte Liegebänke finden Sie sowohl in der »Oase der

Mailänder Straße 6, 67657 Kaiserslautern

0631 3038-0 | www.monte-mare.de/kaiserslautern

Sinne« als auch im Erdgeschoss. Im Ruheraum im Erdgeschoss sind gemütliche Holzliegen mit bequemen Auflagen um einen zentralen Brunnen gruppiert. Grünpflanzen und rote Vorhänge an den Wänden dekorieren den Raum. Im Winter wird der Ruhebereich durch ein Ruhezelt mit geschmackvollem Ambiente, dezenter Beleuchtung und musikalischer Hintermalung erweitert.

Auf der 1. Etage, im Wellnessbereich, werden Sie an einer Theke empfangen. Im »Hamam«, in zwei Massageräumen und im Ayurveda-Raum verwöhnt Sie ausgesuchtes Fachpersonal mit klassischen Massagen, Fußreflexzonen- und Aroma- Massagen, Ayurveda- und Wohlfühl-Massagen sowie Waschungs- und Peeling-Ritualen. In separaten Räumen sorgt je ein Hochleistungsbräuner für den nötigen Teint.

MASSAGEN | SOLARIEN

Die toskanisch gestaltete Gastronomie wartet mit vielen Sitzmöglichkeiten, einer gemütlichen Sitz-/Lese-Ecke mit Kamin und einer geschwungenen, langen Theke mit Barhockern auf. Im Zentrum plätschert ein größerer Brunnen. Kulinarisch verwöhnt werden Sie mit Gerichten aus dem Wok, Fisch- und Fleischgerichten sowie leicht bekömmlichen Speisen.

GASTRONOMIE

Sie benötigen im Saunabereich kein Bargeld. Alle in Anspruch genommenen Leistungen werden auf einen Chip gebongt und im Anschluss bezahlt.

ZAHLUNGSVERKEHR

Unmittelbar an der Anlage parken Sie kostenlos.

PARKMÖGLICHKEITEN

Saarland Therme »ARABISCHE DAMPFBÄDER UND KLASSISCHE SAUNEN«

♀ Zum Bergwald 1, 66271 Kleinblittersdorf
☎ 06805 60000-0 | ⊕ www.saarland-therme.de

GEBOTEN WIRD:

DAS RESÜMEE

Das Thermal- und Mineralwasser stammt aus einem etwa 300 Meter von der Saarland Therme entfernt liegenden Brunnen. Das Wasser eignet sich als Badewasser, für Trinkkuren und zur Inhalation. Alle Becken sind mit 34 °C warmem Thermal- und Mineralwasser gefüllt. Die Temperatur im Whirlpool beträgt 36 °C. Die Saarland Therme bietet ihren Gästen ein Thermalinnen- und -außenbecken mit vielen Wasserattraktionen wie Massageliegen, Sprudelsitze, Nackensprudler, Massagedüsen und Strömungskanal.

Ein großflächiges nach Westen ausgerichtetes Glasdach über der Säulenhalle mit Innenbecken und Innenhof, dem Riad, lässt sich weit öffnen. Bei aufgefahrenem Dach verwandelt sich der Innen- in einen Außenbereich. Der Kamineffekt im Riad sorgt für eine Luftströmung und einen guten Luftaustausch. Der Whirlpool ist kaskadenförmig angelegt mit freier Sicht auf die Thermalbecken und die Außenanlage.

Die nach maurisch-andalusischem Vorbild erbaute Saarland-Therme bietet Erholung und Wohlbefinden in Thermalwasserbädern, sieben unterschiedlichen Saunen, zwei orientalischen Dampfbädern und einem großzügigen Spa-Bereich. Geplant und eingerichtet worden ist die am 2. September 2012 eröffnete Therme originalgetreu nach maurisch-andalusischem Vorbild und mit viel Liebe zum Detail. Zentral ist eine mehrstöckige Säulenhalle mit einem sogenannten Riad. In diesem Innenhof befindet sich das Thermalinnenbecken. Hölzerne Türen und Tore stammen aus Marokko. Auch Leuchten, Waschbecken, Möbel und andere Accessoires in der authentisch ausgestatteten Therme sind in den Ursprungsländern gefertigt.

Saarland Therme »ARABISCHE DAMPFBÄDER UND KLASSISCHE SAUNEN«

📍 Zum Bergwald 1, 66271 Kleinblittersdorf
📱 06805 60000-0 | 🌐 www.saarland-therme.de

Das große zentrale Thermalinnenbecken befindet sich in der mehrstöckigen Säulenhalle. Die Wege der Gäste führen in der Saarland Therme entlang an Wänden aus Tadelakt, dem antiken marokkanischen Kalkputz, unter sarazenische Bögen hindurch und vorbei an original maurischen Ornamenten, Reliefs und Elementen aus marokkanischem Zedernholz mit typischen Mousharabia-Schnitzereien. Die Saunabader haben in der Saarland Therme die Wahl zwischen einem Textil-Wellnessbereich mit arabischem Dampfbad und klassischer Sauna im Erdgeschoss sowie vier unterschiedlich heißen Saunen und einem orientalischen Dampfbad im ersten Obergeschoss. Höhepunkt des Saunatages ist der Eukalyptusaufguss in der Dachterrassensauna.

Täglich 09:00 – 24:00 Uhr, Freitag bis 01:00 Uhr und Samstag bis 02:00 Uhr.

DIE ÖFFNUNGSZEITEN

Die Therme hat folgende Tarife, inklusive Saunanutzung 2 Std. 22,50 Euro | 4 Std. 27,50 Euro | Tageskarte 32,50 Euro. Samstags und sonntags sowie Feiertags zahlen Gäste auf Einzeleintrittspreise jeweils 2,50 Euro Zuschlag. Weitere Preise finden Sie im Internet unter www.saarland-therme.de

DIE PREISE

Den Gästen stehen insgesamt 450 Umkleiden zur Verfügung.

UMKLEIDEN | DUSCHEN

In der großen, mit Holz ausgekleideten gemischten Aufguss-Sauna ist Platz für 60 Personen. Die Saunabader schwitzen bei einer Temperatur von 80 °C und 20 % relativer Luftfeuchtigkeit. Stündlich bis um Mitternacht laden die Aufgießer zu Event-Aufgüssen wie Honig-, Salz- und Früchteaufgüssen ein. Je nach Aufgussmittel ziehen anregende mediterrane Düfte nach Orangen oder Minze durch die Sauna. In der Hierbas-Sauna ist es angenehme 65 °C heiß und die relative Luftfeuchtig

DIE SAUNEN
DIE AUFGUSS-SAUNA
80 °C | 20 %

Saarland Therme »ARABISCHE DAMPFBÄDER UND KLASSISCHE SAUNEN«

📍 Zum Bergwald 1, 66271 Kleinblittersdorf
📞 06805 60000-0 | 🌐 www.saarland-therme.de

DIE HIERBAS-SAUNA
65 °C | 45 %

keit beträgt 45 %. 20 Personen haben in der mit typischen Cotto-Steinen verkleideten Sauna mit der Gewölbedecke Platz. Frische mediterrane Kräuter entfalten ihre Wirkung. Diese Sauna ist auch für Saunaeinsteiger und für Menschen mit Kreislaufproblemen bestens geeignet.

DIE NATURSTEIN-SAUNA
90 °C | 10 %

Die marokkanische Natursteinsauna ist mit 90 °C und 10 % relativer Luftfeuchtigkeit die heißeste Sauna in der Saarland Therme. Die Sauna ist mit hitzebeständigen Natursteinen verkleidet. Beim Schwitzen kommen auch Sauna-Profis auf ihre Kosten. Die Natursteinsauna ist etwas für Saunapuristen.

DAS ORIENTALISCHE
DAMPFBAD
45 °C | 100 %

Das orientalische Dampfbad mit 45 °C Lufttemperatur und einer relativen Luftfeuchtigkeit von 100 % wird auch als „hydrothermale Badeform" bezeichnet. Die Wirkungsweise eines Bades in dem mit dunkelblauen Kacheln gefliesten Dampfbad ist vergleichbar mit der einer Sauna. Das Bad im Dampf empfinden viele Gäste aufgrund niedrigeren Temperaturen und der Luftfeuchtigkeit aber als angenehmer und wohltuender. Der mit ätherischen Ölen angereicherte Dampf steigert das Wohlbefinden.

DIE DAMENSAUNA
75 °C | 20 %

Exklusiv für Frauen gibt es einen eigenen Damenbereich mit Sauna und Duschen. Die Lufttemperatur in der Damensauna beträgt 75 °C und die relative Luftfeuchtigkeit liegt bei 20 %. Der Blick hinaus auf die sanften bewaldeten Hügel Lothringens ist von den Saunabänken aus frei. Der Damenbereich schließt sich direkt an eine lichtdurchfluteten Säulenhalle mit einem Warmbecken in der Mitte an. In der Säulenhalle befinden sich in kleinen Nischen auch Fußbäder.

DIE HIGHLIGHT-
DACHTERRASSEN-SAUNA
80 °C | 20 %

Die Aufguss-Sauna auf der Dachterrasse bietet bei einer Lufttemperatur von 80 °C und einer relativen Luftfeuchtigkeit von 20 % 60 Gästen Platz. Sie erleben in der Holzsauna ganz oben auf dem Dach der Saarland Therme einen

Saarland Therme »ARABISCHE DAMPFBÄDER UND KLASSISCHE SAUNEN«

📍 Zum Bergwald 1, 66271 Kleinblittersdorf
📞 06805 60000-0 | 🌐 www.saarland-therme.de

echten Aufguss- Höhepunkt, den Eukalyptus-Aufguss. Bei der einzigartigen Sauna-Zeremonie klopfen in der marokkanisch-andalusisch inspirierten Therme die Aufgießer ihre Gäste mit Eukalyptusquasten ab. Ruhen können die Saunabader anschließend im Freien auf der Dachterrasse. Neben vielen Liegemöglichkeiten bietet sie den schönen Blick in die unberührte Natur des Biosphärenreservats Bliesgau.

Im Erdgeschoss haben die Gäste in Badebekleidung Zutritt zu einem typisch orientalisch anmutenden Dampfbad und einer kleinen Sauna. Auch die Durchgänge im Bereich der Textil-Wellness sind mit authentisch nordafrikanischen Elementen verziert und die in Marokko gefertigten Leuchten werfen ornamentartige Schatten an die Decke.

TEXTIL-WELLNESS

Die Saunabader finden jeweils bei den Saunen und Dampfbädern Duschbereiche mit Kaltduschen und Kaltwasserschläuchen. Kleine Spaziergänge an der frischen Luft hoch oben auf der Dachterrasse, durch die Säulenhalle, rund um das Thermalinnen- und das Thermalaußenbecken sowie auf der Galerie sind möglich.

DAS ABKÜHLEN

Das arabische Bad betreten die Besucher durch ein altes, mit Schnitzereien verziertes Tor. Das Licht fällt durch hohe, schmale, für den arabischen Raum typische Fenster. Die von Holzsäulen umgebenen Becken sind mit Mosaik ausgelegt. Zwei besondere Attraktionen sind aufgrund der gesundheitsfördernden Wirkung das Vitalbecken und das Basenbecken. Das Wasser im Vitalbecken wird durch die Zugabe verschiedener Mineralien und Salze zu einem gesundheitsfördernden Jodbad aufbereitet. Das Bad im Basenbecken bewirkt aufgrund des erhöhten ph-Wert im Wasser die nachhaltige Entsäuerung des Körpers. Diesem Becken werden zusätzlich weitere Zusatzstoffe wie Lithium, Selen und Zink zugegeben. Gesundheitsfördernd ist auch das Kneippbad. Das Armkneippbecken in den arabischen Bädern ist eigens aus Marokko importiert.

DIE ARABISCHEN BÄDER

Saarland Therme »ARABISCHE DAMPFBÄDER UND KLASSISCHE SAUNEN«

Zum Bergwald 1, 66271 Kleinblittersdorf
06805 60000-0 | www.saarland-therme.de

DAS SOLEINTENSIVE SCHWEBEBECKEN

Das 34 °C warme Solewasser im Soleintensivschwebebecken ist dem kostbaren, salzreichen Wasser aus den Tiefen des Toten Meeres naturidentisch nachempfunden. Ein Bad im Solewasser regeneriert die natürliche Hautbarriere und regt den Kreislauf an. Das Baden in 6 % magnesiumreicher Sole des Toten Meeres verbessert den Schutz der Haut und verringert den Verlust an hauteigener Feuchtigkeit. Unterwassermusik lässt den Gast wie in anderen Sphären schweben.

SOLE INHALATION

Im 45 °C warmen Soleinhalationsraum atmen die Gäste die salzhaltige Luft ein. Das Solewasser läuft zunächst über ein Gradierwerk und reichert die Luft mit den Bestandteilen der Sole an. Das Einatmen der mit den Schwebeteilchen angereicherten Luft wirkt sich ähnlich wie das Einatmen von Seeluft positiv auf die Gesundheit der Atemorgane aus.

DIE AUSSENANLAGE

Rande des Biosphärenreservats Bliesgau und ist von einem neu angelegten Kurpark umgeben. Die Besucher erreichen die aus drei Türmen und einem Innenhof, dem Riad, bestehende Therme mit den charakteristischen schmalen Fenstern und der terracottafarben getünchten Fassade über eine große Freitreppe, die auf eine Piazza vor dem Eingang führt. Der barrierefrei Zugang ist über einen Aufzug möglich. Gepflanzt worden sind im die Saarland Therme umgebenden Park kurz vor der Eröffnung 700 Hainbuchen und 400 Bäume, meist Obstbäume, die für die Streuobstwiesen in der Biosphäre typisch sind, sowie Rebstöcke, die den Parkplatz unterteilen. Es gibt einen Kräutergarten, kleine Nischen mit rankenden Pflanzen und Trockenmauern aus Kaltstein, die Lebensraum für Reptilien bieten.

RUHEMÖGLICHKEITEN

Die Besucher haben die Wahl zwischen drei Ruhebereichen im ersten Obergeschoss sowie einer Ruhezone auf der Dachterrasse mit Rundumblick ins Biospährenreservat Bliesgau und den Liegen auf einer Terrasse rund um das Thermalaußenbecken mit Blick ins Saartal und hinüber nach Frankreich. In der Ruhe-Lounge im ersten Obergeschoss entspannen die Gäste auf Wasserbetten und schauen durch mit Ornamenten verzierte Fenster ebenfalls auf bewaldete sanfte Hügel.

Saarland Therme »ARABISCHE DAMPFBÄDER UND KLASSISCHE SAUNEN«

📍 Zum Bergwald 1, 66271 Kleinblittersdorf

📱 06805 60000-0 | 🌐 www.saarland-therme.de

SPA

Die Therme bietet sechs Spa-Räume, darunter ein Private Spa mit Whirlwanne und eigener Sauna für Doppelanwendungen. Vier Räume, in denen Aromaölmassagen, klassische Massagen oder auch Hot Stone Behandlungen stattfinden, sind lichtdurchflutet. In den authentisch gestalteten Räumen gibt es aus Marokko importierte aus Stein gehauene Waschbecken und Schränkchen sowie orientalische Leuchten, die eine arabisch anmutende Athmosphäre schaffen.

EVENTS

Jeweils freitags verzaubert die Saarland Therme mit einer langen Nacht der Lichter, bei der original marokkanische Leuchten, Lampen und Kerzen die Therme illuminieren. An jedem letzten Samstag im Monat lädt die Saarland Therme zu einer langen Saunanacht mit textilfreiem Baden in allen Becken von 21:00 – 02:00 Uhr.

GASTRONOMIE

Die frische, saisonale nordafrikanisch-mediterran beeinflusste Küche korrespondiert mit der maurisch-andalusisch inspirierten Architektur. Gäste können in Restaurant à-la-Carte wählen. Typisch sind Tapas. Sitzplätze gibt es auf der Galerie, auf maurischen Balkonen in Nischen, in der großzügigen Lounge mit offenem Holzkamin mitten im Raum.

ZAHLUNGSVERKEHR

Gäste bezahlen beim Verlassen der Therme. Bargeld benötigen die Besucher während ihres Aufenthalts nicht. EC- und Kreditkartenzahlung ist möglich. Gutscheine sind online ausdruckbar.

PARKMÖGLICHKEITEN

Die Saarland-Therme bietet 330 Stellplätze auf einer terrassenförmig angelegten Parkflächen direkt vor dem Eingang.

Saunapark Siebengebirge ›HIER ENTSPANNE ICH‹

📍 Dollendorfer Str. 106-110, 53639 Königswinter-Oberpleis

📱 02244 9217-0 | 🌐 www.saunapark-siebengebirge.de | f facebook/saunapark-siebengebirge

GEBOTEN WIRD:

DAS RESÜMEE — Urlaub wird hier wirklich großgeschrieben. Eine Sauna-Anlage mit einem großen Außenpark, altem Baumbestand und einem natürlichen Bachlauf, dazu noch in den Sommermonaten FKK-Schwimmen im 25-m Außenpool bieten Urlaubsflair par excellence. Der weitläufige Außenbereich ist natürlich in die Umgebung eingebunden. Ihren Saunagang in der Waldsauna mit anschließender Abkühlung genießen Sie unter den großen Bäumen. In der Gartensauna erleben Sie Eventaufgüsse mit Panoramablick auf den Saunagarten. Der »Saunapark Siebengebirge« ist mit dem Qualitätszeichen »Premium« des Deutschen Saunabundes ausgezeichnet.

DIE GRÖSSE — Der Innenbereich, der sich über zwei Ebenen erstreckt, hat eine Größe von 2.000 qm. Der Außenbereich ist fast 15.000 qm groß.

DER EMPFANG — Bademäntel und Saunatücher können hier geliehen werden.

DIE ÖFFNUNGSZEITEN

Saunalandschaft	
Montag bis Donnerstag	11:00 Uhr bis 23:00 Uhr
Freitag	11:00 Uhr bis 24:00 Uhr
Samstag	10:00 Uhr bis 24:00 Uhr
Sonntag	10:00 Uhr bis 22:00 Uhr

Änderungen der Öffnungszeiten während der Laufzeit des Buches sind möglich, die aktuellen Zeiten finden Sie immer unter www.saunapark-siebengebirge.de.

Saunapark Siebengebirge »HiER ENTSPANNE iCH«

📍 Dollendorfer Str. 106-110, 53639 Königswinter-Oberpleis
☎ 02244 9217-0 | 🌐 www.saunapark-siebengebirge.de | f facebook/saunapark-siebengebirge

2-Stundenkarte*	18,00 / 20,00** Euro	DIE PREISE
4-Stundenkarte*	22,00 / 24,00** Euro	
unbegrenzter Aufenthalt* (Tageskarte)	26,00 / 28,00** Euro	
Jugendliche (12 bis 18 Jahren)***	18,00 / 19,00** Euro	
Studenten/Azubis (bis zum 30. Lj.)	20,00 / 20,00** Euro	
Abendkarte (Mo. – Fr. ab 19 Uhr, nicht an Feiertagen)	19,50 Euro	

*   Die Eintrittstarife werden nach Ihrer tatsächlichen Aufenthaltsdauer berechnet. Pro 30 Minuten 1 Euro bis max. zur Tageskarte. Es gilt die am Tag der Einlösung gültige Preisliste.

**   Die Wochenend- und Feiertagstarife gelten bei einem Einlass in die Sauna nach 12 Uhr. Der Zuschlag gilt auch an Brauchtumstagen wie z. Bsp. Weiberfastnacht.

***   Bitte haben Sie dafür Verständnis, dass für Kinder der Zutritt erst ab dem 12. Lebensjahr gestattet ist. Aktuelle Preisinformationen finden Sie auf der Internetseite. Preisänderungen während der Laufzeit des Buches sind möglich, die aktuellen Preise finden Sie immer unter www.saunapark-siebengebirge.de.

Männer und Frauen haben jeweils einen separaten Umkleide- und Duschbereich. In den Duschen stehen Duschgel-Spender zur Verfügung.

UMKLEIDEN | DUSCHEN

Drei Finnische Saunen, eine Dampfbad und eine Kräutersauna befinden sich im Innenbereich. Komplettiert wird das Ganze durch eine Blockbohlen-Sauna und eine Gartensauna im Außenbereich. Die Aufgüsse, die alle 30 Minuten stattfinden, haben eine Dauer von sieben bis 15 Minuten und bieten wechselnde Düfte von »holzig« über »minzig« bis »fruchtig«. Eventaufgüsse dauern etwas länger; es gibt Wenik- und Primavera-Aufgüsse, Biosalis- und Früchte-Eis-Aufgüsse.

DIE SAUNEN

Die reine Trockensauna mit einer Temperatur von 90 – 100 °C bietet Platz für etwa 20 Personen. Die Sauna ist komplett holzverkleidet; das Licht ist gedämpft. Ein türgroßes Fenster erlaubt den Blick auf eine Terrasse sowie auf die Bäume der Außenanlage. Die Aromasauna ist mit 85 – 90 °C etwas niedriger temperiert und für ca. 30 Personen vorgesehen. Geheizt wird sie mit einem Elektro-Ofen, der per Holzverschlag von den Bänken abgetrennt

DIE FINNISCHEN
SAUNEN
90 – 100 °C

85 – 90 °C

Saunapark Siebengebirge »HiER ENTSPANNE iCH«

📍 Dollendorfer Str. 106-110, 53639 Königswinter-Oberpleis

📱 02244 9217-0 | 🌐 www.saunapark-siebengebirge.de | f facebook/saunapark-siebengebirge

80 – 85 °C

ist. Sauna Steine auf dem Ofen sorgen für gute Wärmespeicherung. Hier finden klassische Aufgüsse mit unterschiedlichen Duftrichtungen statt. Die Primaverasauna bietet Platz für etwa 25 Personen und wird mit 80 – 85 °C temperiert. Gedämpftes Licht lässt einen zur Ruhe kommen. Ein großes Fenster gibt den Blick auf den Innenbereich der Anlage frei. Der mit Holz verkleidete Elektro-Ofen mit Steinen sorgt für die nötige Wärme. Bis zu 4 täglich stattfindende Wenik-Aufgüsse verwöhnen Sie mit 100 % naturreinen ätherischen Ölen der Marke Primavera.

DIE KRÄUTERSAUNA
60 °C

Die Innenbeleuchtung in dieser Kräutersauna wechselt im Rhythmus ihre Farbe von Rot nach Gelb, Grün und Blau. Ein mittig an der Wand befindlicher Elektro-Ofen mit Sauna-Steinen teilt die Sitzbänke in zwei Bereiche mit Platz für jeweils etwa fünf Personen. Oberhalb des Ofens ist ein Trichter mit frischen Kräutern, die je nach Aufguss gewechselt werden, angebracht.

DAS IRISCH-RÖMISCHE
DAMPFBAD
48 – 55 °C

In einem separaten Bereich finden Sie das Dampfbad. Der mit 48 – 55 °C beheizte Raum bietet Platz für etwa zehn Personen und wird mit Zypresse-Rosmarin oder Eisminze beduftet.

DIE WALDSAUNA
85 – 90 °C

Im Außenbereich, idyllisch direkt am Bachlauf gelegen, bietet die Natur-Pur-Sauna bei einer Temperatur von 85 – 90 °C Platz für 35 Personen. Drei Fenster ermöglichen den Ausblick auf die Felsendusche und den Lützbach. In einer Ecke der Sauna befindet sich ein mit ca. drei Kubikmeter Sauna-Steinen bedeckter Pyramiden-Ofen. Die hohe Wärmespeicherkapazität der Steine erzeugt ein angenehmes Raumklima. Ein gemütlicher, mit Sitzgelegenheiten ausgestatteter Vorraum lädt zum Ausruhen ein. Hier finden regelmäßig Zeremonien statt. Die 3x täglich stattfindenden Wenik-Aufgüsse verwöhnen Sie mit natürlichen Aromen der Birke.

DIE GARTENSAUNA
80 – 90 °C

Mitten im Garten zwischen Bäumen, Sommerwiese und Kräutern gelegen, bieten die Gartensauna ca. 50 Personen Platz. Bei 80 – 90 °C erleben Sie Eventaufgüsse

⚲ Dollendorfer Str. 106-110, 53639 Königswinter-Oberpleis
☎ 02244 9217-0 | ⊕ www.saunapark-siebengebirge.de | **f** facebook/saunapark-siebengebirge

mit Tees, Früchte-Eis und spanischem Meersalz. Der Ofen ist zentral angeordnet und unterteilt die Sauna in zwei Bereiche, sodass Sie sich, trotz der Größe, wohlfühlen und entspannen können.

Insgesamt stehen fünf verschiedene Abkühlbereiche mit Duschen zur Verfügung. Zwei separate Kaltduschräume warten mit warmen und kalten Kneippschläuchen, Schwallbrausen und Mehrstrahl-Druckkopf-Duschen auf. Ein weiterer ähnlich ausgestatteter Bereich befindet sich beim Dampfbad. Im Innenbereich gibt es zwei Tauchbecken. In der Waldsauna ist eine Schwalldusche, eine Kaltbrause sowie ein Kneippschlauch. Direkt neben der Waldsauna gibt es eine Felsendusche mit sehr breitem, permanentem Strahl in der Außenanlage sowie weitere Kneippschläuche. Schließlich können Sie sich an der Gartensauna noch auf einer Duschinsel mit vier Regenduschen abkühlen.

DAS ABKÜHLEN

Im Innenbereich lädt ein Bereich mit fünf Kneipp-Fußbädern zur Kommunikation oder zum Lesen ein, da sie um jeweils einen Tisch angeordnet sind.

DAS KNEIPPEN

Im Außenbereich gibt es einen schönen, natürlichen Kneipp-Gang. Zunächst werden die Arme im Armbecken abgekühlt, dann führt ein ca. fünf Meter langer brückenartiger Lauf durch den Bach in Richtung Liegewiese. Ein weiterer angelegter Lauf über acht Meter, der vom Bach gespeist wird, bringt den Kreislauf so richtig in Schwung.

DIE WHIRLPOOLS

Entspannen Sie sich bei 37 °C in einem der zwei achteckigen Pools im Innenbereich. Hier ist Platz für jeweils vier bis sechs Personen.

DAS SCHWIMMBAD

Im hinteren Teil des Innenbereiches befindet sich ein ca. 12 m langes und 5 m breites Bad, das mit 30 °C angenehm temperiert ist. Große Fenster ermöglichen den Blick ins Freie. Etliche Liegen stehen zur Verfügung. In der Sommersaison von Mai bis

DIE INFRAROT-KABINE

Saunapark Siebengebirge »HIER ENTSPANNE ICH«

📍 Dollendorfer Str. 106-110, 53639 Königswinter-Oberpleis
📱 02244 9217-0 | 🌐 www.saunapark-siebengebirge.de | f facebook/saunapark-siebengebirge

DIE AUSSENANLAGE   Oktober ist auch die Nutzung des Strandgartens, mit einem 25-m-Becken und 600 qm Sandstrand, möglich. Dort ist zu bestimmten Zeiten auch FKK-Schwimmen möglich.

Das Highlight im »Saunapark«! Alter Baumbestand rahmt die Anlage fast rundherum ein. Ein natürlicher Bachlauf mit Wasserfall trennt die Liegewiese von der Waldsauna. Die Liegefläche ist mit vielen Liegen ausgestattet; ein großer Weidenbaum überdacht einige Liegen. Viele kleinere Sitzinseln sowie mehrere Holzschaukeln stehen parat. Interessant zu beobachten sind die Karpfen im Teich.

RUHEMÖGLICHKEITEN   Die Ruheräume befinden sich in der 1. Etage der Anlage. Sie haben die Auswahl zwischen vier unterschiedlichen Ruheräumen. Im Liegeraum gibt es 12 Liegen mit Auflagen und Decken außerdem gibt es Liegen auf der überdachten Terrasse; der Blick ins Grüne lässt Sie wunderbar entspannen. Ein weiterer Liegeraum mit 15 Liegen steht ebenfalls zur Verfügung. Etliche Liegen mit Auflagen und Decken

Dollendorfer Str. 106-110, 53639 Königswinter-Oberpleis
02244 9217-0 | www.saunapark-siebengebirge.de | facebook/saunapark-siebengebirge

sowie ein Zugang zur größtenteils überdachten Terrasse runden das Angebot ab. Der Schlafraum ist ein abgedunkelter Raum mit 12 Schlafmöglichkeiten. Jedes »Bett« hat separate Nackenrollen und Decken. Stehlampen geben eine dezente Beleuchtung.

MASSAGEN | SOLARIEN

Sie können sich bei klassischer Massage und Physiotherapie, aber auch bei unterschiedlichen Wellness-Massagen verwöhnen lassen. Für den gewissen Teint sorgen drei professionelle Bräunungsgeräte.

BEAUTY & SPA

Zeitlos entspannen. Eben alles loslassen. Für sich selber Zeit und Aufmerksamkeit finden. Das bietet Ihnen das neue Beauty & Spa im Saunapark Siebengebirge. Von Montag bis Sonntag steht Ihnen das Team von Kosmetikerinnen und Masseurinnen sieben Tage die Woche von 10:00 – 21:00 Uhr zur Verfügung. Neben kosmetischen Verwöhnbehandlungen, Anti Aging und spezielle Männerkosmetik werden Ihnen auch Wohlfühlmassagen und Peelings geboten.

EVENTS

Sie sind herzlich eingeladen zu regelmäßigen Sauna-Events und Erlebnisnächten. Die Termine finden Sie auf der Internetseite.

GASTRONOMIE

Viel Platz zum Speisen und Trinken findet sich in zwei unterschiedlich gestalteten Räumen in der 1. Etage sowie auf der Sonnenterrasse, die mit 50 Sitzplätzen aufwartet. Kulinarisches der Saison und viele leichte Speisen werden geboten. Abgerechnet wird per per Chip an Ihrem Schlüssel beim Verlassen der Anlage.

ZAHLUNGSVERKEHR

Bezahlt wird am Ausgang entweder bar oder mit der EC-Karte.

PARKMÖGLICHKEITEN

Kostenfreie Parkplätze befinden sich unmittelbar am »Saunapark«.

monte mare Kreuzau »MEINE PAUSE VOM ALLTAG«

Windener Weg 7, 52372 Kreuzau

02422 9426-0 | www.monte-mare.de/kreuzau

GEBOTEN WiRD:

DAS RESÜMEE
Im »monte mare Kreuzau« erleben Sie puren Badespaß auf über 1.000 qm mit Wellenbad, einem 25-m-Sportbecken, einer Wasserrutsche, einem Kinderbecken, einem Freizeit-Außenbecken und einer großen Liegewiese. Das Sportbecken verfügt über einen Hubboden, sodass auch Nichtschwimmer unterrichtet werden können. Die hochmoderne, sehenswerte Dachkonstruktion aus gebogenen Stahlträgern und rund 250 Luftkissen ist vergleichbar mit der Allianz-Arena in München. Die Dachfolien sind zwar nur 0,2 Millimeter stark, sie trotzen dennoch Wind und Wetter. Die professionelle Gastronomie mit einer zentralen Küche versorgt Bad, Sauna und Biergartenrestaurant (ganzjährig geöffnet) mit Essen für zusammen 250 Sitzplätze. Wohl einzigartig in der Region ist die Textilwellness mit Saunen und Dampfbädern, in denen die Gäste in Bikini oder Badehose verweilen.

DER SAUNABEREICH
Die attraktive Sauna-Landschaft besticht durch das Thema »Afrika«. Nach dem Eingangsbereich zur Sauna-Landschaft, mit separaten Duschen und ausreichend Taschenablagen, gelangt man in den zentralen Kommunikationsbereich mit Kneippbecken, dekorativer Felswand, Fußbecken, Liegemöglichkeiten und den drei innenliegenden Saunakabinen. Eine separate Kaminlounge lädt bei prasselndem, mittig gelegenem Kaminfeuer zum Verweilen ein. Im Obergeschoss befinden sich das Restaurant, sowie ein Ruheraum. Große Fensterfronten ermöglichen im Ober- und Untergeschoss einen wundervollen Ausblick auf den Saunagarten oder auf die idyllisch fließende Rur.

DIE GRÖSSE
Der Innenbereich umfasst 550 qm, der Sauna-Garten 700 qm.

DER EMPFANG
Über ein Drehkreuz gelangen Sie zu den Umkleidekabinen im Badebereich.

monte mare Kreuzau »MEINE PAUSE VOM ALLTAG«

 Windener Weg 7, 52372 Kreuzau
 02422 9426-0 | www.monte-mare.de/kreuzau

Saunabereich: Täglich ab 10:00 Uhr | Montag bis Donnerstag bis 23:00 Uhr | Freitag und Samstag bis 24:00 Uhr | Sonntag bis 21:00 Uhr.

DIE ÖFFNUNGSZEITEN

Frühstartertarif (Aufenthalt nur Montag bis Freitag von 10:00 – 15:30 Uhr) 16,00 Euro Feierabendtarif (Aufenthalt nur Montag bis Donnerstag von 18:00 – 23:00 Uhr) 17,00 Euro | 2-Stunden-Karte 16,00 Euro | 4-Stunden-Karte 20,00 Euro | Tagestarif 22,00 Euro. Bei Zeitüberschreitung gilt je angefangene 30 Minuten eine Nachzahlgebühr von 1,00 Euro. Wochenendzuschlag auf die 2-Stunden-, 4-Stunden- und Tageskarte je 1,00 Euro. Die Möglichkeit der Schwimmbadnutzung ist inklusive. Bitte beachten Sie die separaten Öffnungszeiten.

DIE PREISE

Männer und Frauen ziehen sich in Einzelkabinen um. Getrennt geschlechtlich wird im Badebereich geduscht, im Saunabereich gemeinschaftlich.

UMKLEIDEN | DUSCHEN

Unterschiedlichste Saunen für jeden Geschmack stehen Ihnen in der Saunalandschaft zur Verfügung: vom Tepidarium über eine Schwitzstube bis hin zur klassischen Finnischen Sauna. Im Sauna-Garten wird das Angebot mit einem Dampfbad, einer Schiefer-Sauna und einer Erd-Sauna abgerundet. Stündliche Aufgüsse werden wechselweise in der Aufguss- und Erd-Sauna zelebriert. Erfreuen Sie sich an Aufgüssen mit unterschiedlichen Aromen und ganz besonderen Aufgusserlebnissen wie beispielsweise dem Wenikaufguss.

DIE SAUNEN

Die großräumige Sauna bietet bis zu 50 Personen Platz. Die dezente Beleuchtung wirft Licht auf einen großen Ofen mit Sauna-Steinen in der Ecke. 85 °C finden Sie vor.

DIE FINNISCHE
AUFGUSS-SAUNA, 85 °C

monte mare Kreuzau »MEINE PAUSE VOM ALLTAG«

♀ Windener Weg 7, 52372 Kreuzau
☎ 02422 9426-0 | 🌐 www.monte-mare.de/kreuzau

DIE »KREUZAUER SCHWITZSTUBE« 75 °C

Maximal neun Personen können auf drei Holzsitzbänken bei 75 °C entspannen. Salzsteine sorgen für eine angenehme Beleuchtung und in einem Kessel über dem Ofen verdampft Kräutersud.

DAS »TEPIDARIUM« 60 °C

Das Spiel der Farblichter können bis zu zwanzig Personen genießen. Rot wirkt anregend auf Haut und Drüsen, Gelb wirkt anregend auf Nerven, Blau wirkt beruhigend und senkt den Blutdruck, Grün wirkt beruhigend bei Schlafstörungen. Milde 60 °C und feine Aromastoffe erwarten den Gast in der holzverkleideten Sauna.

DIE SCHIEFER-SAUNA 100 °C

Richtig heiß geht es in dem Blockhaus aus Blockbohlen zu. Auf 100 °C erwärmt ein mit Schieferplatten verkleideter Ofen mit Sauna-Steinen den Raum. Das im Kamin lodernde Feuer beruhigt die Sinne. Durch ein Fenster blicken Sie auf den Sauna-Garten. Rund 30 Personen können sich an dem schönen Ambiente erfreuen.

DIE ERDSAUNA 90 °C

Diese Sauna ist einseitig in die Erde eingelassen. Ein langer, gemauerter Ofen mit Sauna-Steinen befeuert die Sauna auf 90 °C. Die angenehme Wärme und das rustikale Ambiente lassen die 50 Personen den Alltag schnell vergessen. Ein großes Fenster gewährt den Blick auf den Sauna-Garten.

DAS DAMPFBAD 45 °C | 100 %

Das Dampfbad bietet bei 45 °C und einer Luftfeuchtigkeit von 100 % beste Voraussetzungen für eine Dampfbad-Zeremonie aus dem großen Angebot.

DAS ABKÜHLEN

Der Abkühlbereich wartet mit einem Tauchbecken, einer Schwallwasserbrause, einer Kaltbrause und einem Kneippschlauch auf. An der Erd-Sauna sind weitere Abkühlmöglichkeiten.

DAS KNEIPPEN

In unmittelbarer Nähe zur Felswand kneippen Sie in dem zentral gelegenen Kneippbecken oder entspannen auf Sitzbänken mit vier Fußwärmebecken.

DER AUSSENBEREICH

Die Liegewiese erstreckt sich über eine leicht hügelige Landschaft mit Inseln aus Grünpflanzen. Hochgewachsene Bäume rahmen den Sauna-Garten ein. Auf dem terrassenförmigen Liegebereich verweilen Sie bequem auf zahlreichen Liegen. Das Außenbecken lädt zudem dazu ein, zwischen den Saunagängen im Wasser zu entspannen. Gemütliche Liegemöglichkeiten mit Sonnenschirmen laden zum Träumen und Sonne tanken ein.

monte mare Kreuzau ▸MEINE PAUSE VOM ALLTAG◂

◉ Windener Weg 7, 52372 Kreuzau
☐ 02422 9426-0 | ⊕ www.monte-mare.de/kreuzau

Ein großzügiger Ruheraum im Obergeschoss lädt mit 30 bequemen Liegen, Wasserbetten und Ruheinseln zum Verweilen ein. In der Kaminlounge im Untergeschoss mit zentral gelegenem Kamin können Sie auf 27 Sitzplätzen, verteilt auf bequeme Sofas und Sessel, ausruhen, aber auch gerne lesen, kommunizieren oder einen Kaffee genießen.

RUHEMÖGLICHKEITEN

Wellness-Massagen mit ätherischen Ölzusätzen, Hot-Stone-Massage, Lomi Lomi Nui, ayurvedische Teil- oder Ganzkörpermassagen und viele mehr bringen Entspannung und Revitalisierung pur.

MASSAGEN

Im Textilsaunabereich (angekoppelt an den Freizeitbadbereich) wird in Badekleidung sauniert. Entspannung und Wohlfühlen in heimeliger Atmosphäre ist hier angesagt. Hier können Sie im Whirlpool, in den Erlebnisduschen, den Solarien und der Stollensauna die Seele baumeln lassen und gleichzeitig etwas für Ihre Gesundheit tun. Ein Besuch im Solebad sorgt zudem für eine angenehme Entspannung der Muskeln. Die Inhalation des Sole-Nebels ist eine hervorragende Möglichkeit, seine Abwehrkräfte zu stärken.

TEXTILSAUNA

In der 1. Etage des Saunabereichs speisen Sie im edlen Ambiente der Gastronomie. Auch hier finden Sie, wie in der gesamten Anlage, viele exotische und afrikanische Wandmalereien, Dekorationen und Details. Die Theke ist mit

GASTRONOMIE

einer Marmorplatte und gemütlichen Barhockern versehen. Viele Sitzgelegenheiten an Tischen und breiter Fensterfront laden nicht nur zur angeregten Unterhaltung ein. Köstlich zubereitete Speisen wie Pasta, Kartoffelgerichte, verschiedene Fisch- und Fleischgerichte sowie Salate der Saison versüßen Ihren Aufenthalt. Auf der ca. 100 qm großen Außenterrasse mit Holzboden haben Sie einen fantastischen Blick über den Sauna-Garten.

Alle in Anspruch genommenen Leistungen, inklusive dem Eintritt, werden auf einen Chip gebongt und beim Hinausgehen bezahlt.

ZAHLUNGSVERKEHR

Unmittelbar an der Anlage parken Sie kostenlos.

PARKMÖGLICHKEITEN

CUBO – Sauna- und Wellnessanlage
»BADEN UND SAUNIEREN? NATÜRLICH IN LANDSTUHL.«
⚲ Kaiserstraße 126, 66849 Landstuhl | ☎ 06371 130571 | 🌐 www.cubo-sauna.de

GEBOTEN WIRD:

DAS RESÜMEE

Durch den hellen Eingangsbereich gelangt man über den großzügig verglasten Treppenturm oder den Fahrstuhl in die erste Etage, zur gemeinsamen Kasse für beide Anlagen, dem »NaturerlebnisBad«, einem chemiefreien, rein biologisch gereinigten Sommerfreibad und »CUBO«, der am 17. Juli 2010 eröffneten Sauna- und Wellnessanlage.

Beim freundlichen Kassenpersonal können unter anderem auch Bademäntel und Handtücher geliehen oder gekauft werden. Darüber hinaus sind Badeschuhe und viele weitere Sauna- und Badeartikel käuflich erwerbbar. »CUBO« und »NaturerlebnisBad«, ergänzt durch den breitgefächerten Wellnessbereich im fernöstlichen Ambiente und die hervorragende Gastronomie, runden das perfekte Angebot ab – kurzum Wellness4! Die Anlage ist behindertengerecht gestaltet.

CUBO – DIE SAUNA- UND WELLNESSANLAGE

Der etwa 800 qm große Innenbereich der Anlage ist großzügig gestaltet und in seinem Erscheinungsbild modern, schlicht, elegant wie zeitlos. Halbkreisförmig und komplett verglast schmiegt sich der Bau an den gut 1.200 qm großen, attraktiven Saunagarten an. Ein Infopoint dient als Anlaufpunkt für Fragen und Anregungen des Gastes.

DIE ÖFFNUNGSZEITEN DER CUBO-SAUNA

Saunalandschaft

Montag – Donnerstag	10:00 – 22:00 Uhr
Freitag und Samstag	10:00 – 23:00 Uhr
Sonntag und Feiertags	10:00 – 20:00 Uhr

Wegen Grundreinigungsarbeiten jährlich von 16. – 25. September geschlossen.

CUBO – Sauna- und Wellnessanlage

»BADEN UND SAUNIEREN? NATÜRLICH IN LANDSTUHL.«

Kaiserstraße 126, 66849 Landstuhl | ☎ 06371 130571 | 🌐 www.cubo-sauna.de

CUBO-SAUNA	Erwachsene	Kinder (4 – 17 Jahre)
Tageskarte	22,00 Euro	14,50 Euro
Spättarif**	20,25 Euro	12,50 Euro

** Eintritt ab 4 Stunden vor Schließung (nicht an Sonn-und Feiertagen)

Behinderte ab 50 %: 10 % Ermäßigung auf den Eintrittspreis. Geldwertkarte 150,00 Euro (übertragbar, mehrfach nutzbar): 10 % Ermäßigung auf den Eintrittspreis. Geldwertkarte 250,00 Euro (übertragbar, mehrfach nutzbar): 15 % Ermäßigung auf den Eintrittspreis. Geldwertkarte 500,00 Euro (übertragbar, mehrfach nutzbar): 20 % Ermäßigung auf den Eintrittspreis. Kinder unter 4 Jahren haben in der Sauna keinen Zutritt. Das NaturerlebnisBad kann von den Saunagästen kostenlos genutzt werden.

Die gemischt-geschlechtliche Umkleidekabine ist nischenartig aufgebaut, sodass jeder ein ruhiges Plätzchen zum Umziehen finden kann. Zudem ist ein kleiner Damenbereich durch Schiebetüren abgetrennt. Männer und Frauen duschen separat.

Das Saunaangebot lässt für den Saunagast keine Wünsche offen. Drei Saunakabinen mit römischen Bezeichnungen, ein Dampfbad sowie eine Infrarotkabine im Inneren haben ein Temperaturspektrum von 35 – 95 °C. Im Saunagarten sind weitere Saunakabinen; zwei werden als Aufguss-Sauna genutzt, die andere ist eine tief in die Erde eingelassene, sichtholzbefeuerte Blockhaus-Sauna mit bis zu 120 °C. Der Aufguss-Vielfalt sind keine Grenzen gesetzt: Stündliche Aufgüsse mit wechselnden Düften werden mit Obst, Eis oder Getränken bereichert. Der Vasta-Aufguss mit Birkensud und Birkenzweigen, auch als Wenik-Aufguss bekannt, ist sicherlich ein Highlight, das man mal erleben sollte.

CUBO – Sauna- und Wellnessanlage
»BADEN UND SAUNIEREN? NATÜRLICH IN LANDSTUHL.«
📍 Kaiserstraße 126, 66849 Landstuhl | ☎ 06371 130571 | 🌐 www.cubo-sauna.de

PANORAMASAUNA

Im Juni 2014 wurde die Panoramasauna im oberen Garten als komplett neues Gebäude errichtet, sie bietet mehr als 60 Sauna-Fans Platz. Die Panoramaverglasung lässt einen unvergleichlichen Blick auf das gesamte Ambiente zu. Auch ein vollkommen neuer Duschbereich, der besonders durch seine Architektur besticht, ist hier vorhanden.

DAS LACONICUM
80 – 85 °C

Der große Ofen mit Saunasteinen ist mit ausgesuchten Natursteinen versehen und erwärmt die Kabine auf 80 – 85 °C. Rund 25 – 30 Personen finden in angenehmem Ambiente mit Ausblick auf den Innenbereich der Anlage Platz. Eine Sauna, die Ihnen die Möglichkeit bietet, einen entspannten Saunagang auch ohne intensiven Aufguss zu genießen.

DAS SANARIUM®
55 – 60 °C

Einen guten Start in den Saunatag verheißt das mit 55 – 60 °C temperierte, aromatisierte Sanarium. Gut 20 – 25 Personen liegen unter zwei farbchangierenden Deckenleuchtern in einer attraktiven Landschaft aus Holz. Der Ofen befindet sich hinter den Sitzbänken.

DAS CALDARIUM
40 – 45 °C

Im schön gefliesten Caldarium sind sowohl die körpergeformten Sitzbereiche mit Fußbänken als auch die Wände angewärmt, sodass in der Kabine eine Temperatur von etwa 40 – 45 °C herrscht. Acht Personen können sich an der aromatisierten Luft erfreuen.

DIE EVENT-SAUNA
80 – 95 °C

In einem attraktiven Gebäude im Garten untergebracht, kann diese Saunakabine mit großem Vorraum bis zu 40 Personen beherbergen. Die Holzverkleidung ist in rustikalem Stil; drei Panoramafenster ermöglichen den Ausblick in den Saunagarten. Der seitliche große Ofen mit Saunasteinen ist mit ausgesuchten Natursteinen verziert. Er beheizt die mit dezenter Entspannungsmusik untermalte Kabine auf stattliche 80 – 95 °C.

»BADEN UND SAUNIEREN? NATÜRLICH IN LANDSTUHL.«

📍 Kaiserstraße 126, 66849 Landstuhl | ☎ 06371 130571 | 🌐 www.cubo-sauna.de

Die Blockhaus-Sauna aus massiven Rundstämmen der Polarkiefer, mit begrüntem Dach, erscheint auf den ersten Blick mit 110 – 120 °C sehr heiß. Da das Saunahaus jedoch tief in die Erde eingelassen ist, ergibt sich im Inneren ein natürliches, erdiges Klima, welches sich sehr gut vertragen lässt. Die rustikale Holzverkleidung, die sehr spärliche Beleuchtung sowie der stirnseitige Kamin mit Holzbefeuerung machen den Aufenthalt zu einem rundum abenteuerlichen Erlebnis. Exklusiv kann eine Hüttenjause mit alkoholfreiem Bier, Brezel und Musik gebucht werden.

DIE MAA®-SAUNA
110 – 120 °C

Das Sudatorium ist ein Dampfbad ganz besonderer Art. Ganzkörperkeramiken dienen als Sitzfläche für maximal 10 Personen unter einem farbwechselnden Sternenhimmel. Nebelschwaden durchziehen den angenehm aromatisierten Raum bei Temperaturen zwischen 40 – 50 °C. Der Gast kann eigenständig Dampfstöße auslösen. Verschiedene Schlammanwendungen und weitere Zeremonien werden als tolles Highlight exklusiv angeboten. Die Duschdeckenköpfe ermöglichen ein Abduschen innerhalb der Kabine.

DAS SUDATORIUM
40 – 50 °C

Die Infrarotkabine ist eine Alternative zur klassischen Sauna. Der Körper wird nicht über die heiße Raumluft, sondern über Infrarotstrahlen erwärmt. Eine Haut-Sensor-technik startet und steuert automatisch die Strahlung und Intensität.

DIE INFRAROTKABINE
35 – 40 °C

Das Ovodarium mit beheizter Liegefläche ist ein unikates Naturstein-Kunstwerk eines österreichischen Künstlers, in das man sich gerne hineinlegen und entspannen darf.

DAS OVODARIUM

Der Bereich der Abkühlung liegt zentral im Inneren der Anlage. Nischenförmig gestaltet und mit rötlichen Mosaiksteinchen versehen, erwarten Sie ein Tauchbecken, Kneipp-Schläuche, Warm-Kalt-Brausen eine Wasserfall-Dusche sowie ein Crushed-Ice-Brunnen. Sechs Fußwärmebecken umschmeicheln die Füße an beheizter Sitzbank. Im Außenbereich sorgen an der Event- und Panoramasauna warm-kalte

DAS ABKÜHLEN

CUBO – Sauna- und Wellnessanlage

»BADEN UND SAUNIEREN? NATÜRLICH IN LANDSTUHL.«

⦿ Kaiserstraße 126, 66849 Landstuhl | ☎ 06371 130571 | 🌐 www.cubo-sauna.de

Duschen für eine erfrischende Abkühlung. Als ganz besonderes Extra steht den Saunagästen das rein biologische, ca. 1.500 qm große »NaturerlebnisBad« als riesiges Naturtauchbecken, je nach Witterung, zur Verfügung.

DAS WARMBECKEN

Das 32 °C warme Entspannungsbecken unter Sternenhimmel wird von innen bunt beleuchtet. Fünf Sprudelliegen und Sprudelattraktionen versüßen den Aufenthalt. Liegen säumen das Becken, welches extra in einem eigenen Raum untergebracht ist. Der Saunagarten verteilt sich über mehrere Ebenen. Das Hochplateau mit tollem Ausblick in die Szenerie der Anlage bildet eine Liegewiese mit natürlichem Baumbestand und Bachlauf in steiniger Landschaft. Die fest installierten Edelholzliegen sind körpergeformt und in die Hanglage integriert. Rundherum beheizte Wege verbinden die einzelnen Attraktionen der Saunalandschaft miteinander. Bonsaibäume bilden den Blickfang einer Landschaft aus einem Holzdeck, angelegten Beeten sowie Rasenflächen mit vielen Liegemöglichkeiten.

RUHEMÖGLICHKEITEN

Der Raum der Sinne bietet Entspannung pur. Dezente Musik erklingt in dem mit bestückten Erlebnisraum. Edle Loungesessel laden zum verweilen ein. Zwei weitere große Ruheräume mit vielen gemütlichen Liegen und Liegestühlen bieten dank großer Panoramafenster einen fantastischen Ausblick auf den Saunagarten. Eine offene Galerie mit Kamin mit Holzbefeuerung sowie Sitzgelegenheiten und bequemen Loungeliegen liegt etwas erhöht vor der Gastronomie.

WELLNESS

Der ansprechende Wellnessbereich liegt im Erdgeschoss des Gebäudes und erstreckt sich über gut 200 qm. Hier werden Sie mit fernöstlichen Wellnessanwendungen, Öl- sowie Hot-Stone-Massagen und vielem mehr verwöhnt.

EVENTS

Hin und wieder werden lange Saunanächte mit besonderen Aufgüssen angeboten. Mehr AusZeit ohne AufPreis.

GASTRONOMIE

Die Gastronomie mit gemütlichen Sitzgelegenheiten, Stehtischen und schönem Thekenbereich ermöglicht das Speisen sowohl im Innenbereich als auch im Außenbe-

»BADEN UND SAUNIEREN? NATÜRLICH IN LANDSTUHL.«

⚲ Kaiserstraße 126, 66849 Landstuhl | ☎ 06371 130571 | 🌐 www.cubo-sauna.de

reich. Serviert werden eine tolle Auswahl aus zum Teil einfachen aber auch edlen und ausgefallenen Speisen und Getränken. Auch hier erweiterte die CUBO Sauna übrigens Ihr Angebot. Seit Juni 2015 stehen mehr Sitzplätze zur Verfügung Die Investition in die Dachterrasse entspricht den Wünschen vieler Sauna-Gäste.

Neu eingerichteter Bereich der auf komfortablen Ledersesseln den Gästen noch mehr Platz zum Lesen, gepflegten Plausch untereinander oder einfach zum Entspannen ermöglicht. Der Kamin strahlt wohlige Wärme aus.

DIE LOUNGE

Alle in Anspruch genommenen Leistungen in der Sauna- und Wellnessanlage werden über ein Chipsystem gebucht und – mit Ausnahme des Eintrittspreises – im Nachhinein bar oder per EC-/Kreditkarte bezahlt.

ZAHLUNGSVERKEHR

Das rund 10.000 qm große »NaturerlebnisBad« in Landstuhl ist eine Freizeitanlage, in der der Bezug zur Natur groß geschrieben wird und in der eine einzigartige Kombination von natürlichen Elementen wie Holz, Wasser und Stein geschaffen wurde. Die idyllische Lage am Rand des Biosphärenreservats Pfälzer Wald macht das als Modellprojekt des Landes Rheinland-Pfalz gebaute Bad zu einem einmaligen Ort der Ruhe und Entspannung. Das Wasser im etwa 1.500 qm großen Naturbecken ist chemiefrei und samtweich. Verbrauchtes Wasser aus dem Becken wird im Pflanzenfilter biologisch gereinigt und dem Schwimmbereich wieder zugeführt. Ein Kieselstrand wie am Meer, gemütliche Holzstege, ein Bachlauf zum Spielen mit Wasserattraktionen begeistern Jung und Alt. Das Zentrum von Spiel und Spaß ist die rasante Matratzenraftingstrecke, der große Sprungfelsen und das kleinkindgerechte Kaskadenbecken. Beachvolleyballfelder, eine Boule-Bahn sowie eine Bolzwiese runden das attraktive Angebot ab.

NATURERLEBNISBAD

Jährlich von ca. Mitte Mai – September. Täglich von 10:00 – 20:00 Uhr. Das NaturerlebnisBad ist witterungsabhängig geöffnet. Aktuelle Hinweise auf der Homepage beachten. www.neb-landstuhl.de

ÖFFNUNGSZEITEN
NATURERLEBNISBAD

NATURERLEBNISBAD	Tageskarte	Saisonkarte
Erwachsene	3,50 Euro	52,50 Euro
Kinder 6 – 17 Jahre	2,00 Euro	30,00 Euro
Familienkarte 1 (1 Erwachsener + eigene Kinder)		82,00 Euro
Familienkarte 2 (2 Erwachsene + eigene Kinder)		110,00 Euro

PREISE
NATURERLEBNISBAD

10er Karte Erwachsene 27,00 Euro, Kinder 13,50 Euro. Kinder unter 6 Jahren haben in Begleitung eines Erziehungsberechtigten freien Eintritt.

Direkt an der Anlage stehen ausreichend kostenlose Parkplätze zur Verfügung.

PARKMÖGLICHKEITEN

Das Marienhöh – Kleine Klostertherme und Heiliggeist-Spa

»WELLNESS MIT LEIB & SEELE«

⚲ Marienhöh 2-10, 55758 Langweiler | ☎ 06786 292990 | 🌐 www.dasmarienhoeh.de

GEBOTEN WIRD:

DAS RESÜMEE	Finden Sie Erholung und Entspannung im Marienhöh. Bruchsteinfassaden und antike Möbel ergänzen sich mit modernem Ambiente und Design.

Ruhe, Behaglichkeit, Kontemplation, Atmosphäre – als wären die Ordensfrauen gerade erst um die Ecke gewandelt. Ein Refugium mit Lebensart für Freizeit, Wellness und Naturgenuss. Direkt vor den Toren des Nationalparks Hunsrück-Hochwald! Endlich Zeit für Gefühle. Entspannung und Leichtigkeit in göttlichem Ambiente.

Die „Kleine Klostertherme" und das „Heiliggeist-Spa" sind himmlische, sinnliche Rückzugsorte zum Träumen und Relaxen. Mit viel Liebe zum Detail, innenarchitektonischen Feinheiten und einem guten Gefühl für das beste aus der Region wurde hier aus natürlichen Baustoffen eine Atmosphäre zum Wohlfühlen geschaffen

DIE GRÖSSE Lassen Sie sich einfach fallen im 600 qm großem Spa-Bereich.

DER EMPFANG Das Hotelpersonal bereitet Ihnen einen herzlichen Empfang und leitet Sie gerne zur Kleinen Klostertherme und Ihrem persönlichen Spa-Tag weiter. Auch können Sie eine Spa-Tasche (mit Bademantel, Handtuch & Slipper) für 10,00 Euro ausleihen.

DIE ÖFFNUNGSZEITEN Täglich geöffnet von 7:00 bis 22:00 Uhr.

DIE PREISE Day Spa Bereich, Ganztags: Montag bis Donnerstag 32,00 Euro | Freitag bis Sonntag 42,00 Euro.

Das Marienhöh – Kleine Klostertherme und Heiliggeist-Spa

»WELLNESS MIT LEIB & SEELE«

♀ Marienhöh 2-10, 55758 Langweiler | 📱 06786 292990 | 🌐 www.dasmarienhoeh.de

Umkleidemöglichkeiten sind im SPA vorhanden sowie Spinde zum Wegschließen der persönlichen Sachen. Gemeinschaftliche Duschen laden Sie zur Reinigung und Erfrischung ein.

UMKLEIDEN | DUSCHEN

Lassen Sie den Stress hinter sich bei einem ausgiebigen, reinigenden Schwitzbad. Die relativ trockene Luft und hohe Hitze aktivieren Ihre Immunzellen und mit der anschließenden Abkühlung entspannen Sie Ihre Muskulatur und regen Ihre Atmung und Ihren Kreislauf an.

DIE SAUNEN

FINNISCHE SAUNA

Die Bio Sauna ist bei etwa 55 °C etwas schonender und wird auch im Wechsel zwischen Schwitzen und Abkühlung angewandt. Die Luftfeuchtigkeit ist hier höher als in der klassischen Sauna und wirkt darüber hinaus gesundheitsfördernd und hautpflegend.

BIO SAUNA

55 °C

Entspannen Sie im klassischen Aroma-Dampfbad bei ca. 45 °C und einer Luftfeuchtigkeit von nahezu 100 %. Diese Art Sauna gilt als kreislaufschonend, und Muskulatur entspannend. Zusätzliche Duftessenzen regen an und unterstützen die Atemwege.

DAMPFSAUNA

45 °C | 100 %

Das Marienhöh – Kleine Klostertherme und Heiliggeist-Spa
»WELLNESS MIT LEIB & SEELE«

📍 Marienhöh 2-10, 55758 Langweiler | ☎ 06786 292990 | 🌐 www.dasmarienhoeh.de

FINNISCHE AUSSENSAUNA
90 °C

Die kleine, gemütliche Außensauna im Saunagarten verwöhnt bei 90 °C mit einem traumhaften Blick in den Wald.

DAS ABKÜHLEN

Zum gesunden Runterkühlen des erhitzten Körpers dienen die modernen, in warmen Farben gehaltenen Duschen und die Fußbecken.

DAS KNEIPPEN

Die Fußkneipenbecken laden auf den geschmackvoll gefliesten Sitzbänken mit Blick auf das entspannende Süßwasseraquarium zu Wechselfußbädern ein.

DER AUSSENBEREICH

Der liebevoll gestaltete Außenbereich bietet mit 500 qm genug Platz um zur Ruhe zu kommen, abzukühlen und die Augen am Grün des Hochwalds zu entspannen.

SCHWIMMBÄDER

Ausgiebig Schwimmen, Tauchen, Abtauchen, Auftauchen im 15 x 6 Meter großen Indoor-Pool (nicht textilfrei) bei 29 °C. Aus dem Wasser heraus geht der Blick auf ein knisterndes Kaminfeuer.

Das Marienhöh – Kleine Klostertherme und Heiliggeist-Spa

»WELLNESS MIT LEIB & SEELE«

📍 Marienhöh 2-10, 55758 Langweiler | 📞 06786 292990 | 🌐 www.dasmarienhoeh.de

RUHEMÖGLICHKEITEN

Eine Einladung zum Träumen verschafft Ihnen der Ruheraum mit seinen bequemen Liegen, seiner erholsamen Stimmung und einem Komfort zum fallen lassen. Der Blick in den Hochwald lässt die Augen und die Sinne schweifen. Auch die in die Wand des Indoor-Pool-Bereichs eingelassenen runden Liegen geben Geborgenheit und Ruhegefühl.

WELLNESS | MASSAGEN

Ob Edelstein-, Schokoladen- oder Harmoniemassagen, ob Serail-Bad, Maniküre, Pediküre oder eine Gesichtspflege — Genießen Sie mit allen Sinnen die schönen Seiten des Lebens. Lassen Sie den Alltagsstress hinter sich und tanken Sie neue Energie.

ZUSATZANGEBOTE

Jeder Tag mit Sport und Bewegung ist ein guter Tag! Der Fitnessraum im Heiliggeist Spa oder ein Aktiv-Urlaub sorgt im Marienhöh neben Ausspannen und Loslassen für die richtige Balance. Mit Familie, Freunden oder allein – die Möglichkeiten sind großartig: Für Fitness, Wandern, Mountainbiking, Golf, Wintersport: Vorfreude inklusive, für Fitness ohne Stress!

GASTRONOMIE

In der SPA-Lounge werden Sie mit erfrischenden Getränken und kleinen regionalen Köstlichkeiten verwöhnt. Die Hubertus-Lounge ist die kleine, gemütliche Bar in der sich mit den Fellen, Geweihen und dem offenen Feuer auch der Schutzpatron der Jäger wohl gefühlt hätte. Im Alten Refektorium, wo früher die Marienschwestern gespeist haben, genießen Sie heute, von der rustikalen Brotzeit bis zum Gourmet-Menü für anspruchsvolle Feinschmecker, die abwechslungsreiche Küche. Wenn die Sonne herauskommt, dann gibt es nichts Schöneres im Kloster, als die freie Zeit im Kreuzgarten mit dem plätschernden Brunnen oder auf der Seeterrasse zu verbringen. Ein Stück Kuchen schmeckt hier hervorragend.

ZAHLUNGSVERKEHR

Gerne können Sie Ihre Rechnung in Bar, mit EC-Karte oder Kreditkarte begleichen.

PARKMÖGLICHKEITEN

Ausreichend kostenfreie Außenstellplätze und Wohnmobilstellplätze machen schon das Ankommen zum Vergnügen.

FITNESS-pur »TAUCHEN SIE EIN IN DIE WELT DER ENTSPANNUNG UND REGENERATION!«

⚲ Brüsseler Straße 5, 65552 Limburg

☎ 06431 23330 | ✉ mail@fitness-pur.com | ⊕ www.fitness-pur.com

GEBOTEN WIRD:

DAS RESÜMEE

Willkommen im Saunabereich von FITNESS-pur! FITNESS-pur, das ist ein Gesundheitsstudio mit gesundheitsorientiertem Fitnesstraining zur Prävention und Rehabilitation. Entspannung ist dabei eine wichtige Säule des Programms. Gerade in der heutigen Zeit mit ihren vielfältigen Anforderungen ist es wichtig, sich regelmäßig eine Auszeit zu gönnen. Der großzügige Wellnessbereich mit 200 qm bietet deshalb die ideale Gelegenheit, um vom Trubel des Alltags Abstand zu gewinnen und neue Kraft zu schöpfen. Drei Sauna-Kabinen sowie ein großzügiger und heller Aufenthalts- und Ruhebereich, der Ihnen die Möglichkeit bietet, frische Luft zu tanken, machen Ihren Entspannungsurlaub zum Erlebnis. Moderne Solarien sowie regelmäßige Massagezeiten runden das Angebot ab. Angenehm auch: Schon die Anfahrt zum Studio ist einfach und stressfrei, da es sich mit direkter Anbindung an die Autobahn im ICE-Gebiet von Limburg befindet.

DER EMPFANG

Am Empfang erhalten Sie eine Chipkarte zum „Check In" und Verschließen des Spindes. Gegen eine Leihgebühr erhalten Sie hier auch ein Saunahandtuch. Getränke können ebenfalls im Servicebereich erworben werden. Sollte Sie im Saunabereich der Durst überkommen, brauchen Sie allerdings bloß zum Telefon zu greifen. Ihre Erfrischung wird Ihnen direkt an den Platz gebracht. Bargeld brauchen Sie dabei nicht. Nach ihrem entspannten Sauna-Tag können Sie ganz bequem beim „Check Out" bezahlen.

♀ Brüsseler Straße 5, 65552 Limburg

▯ 06431 23330 | ✉ mail@fitness-pur.com | 🌐 www.fitness-pur.com

	Trockensauna	Biosauna	Damensauna
Montag*	13:00 – 21:30 Uhr	09:00 – 21:30 Uhr	09:00 – 13:00 Uhr 16:00 – 21:30 Uhr
Dienstag	09:00 – 21:30 Uhr	17:00 – 21:30 Uhr	16:00 – 21:30 Uhr
Mittwoch	09:00 – 21:30 Uhr	17:00 – 21:30 Uhr	10:00 – 21:30 Uhr
Donnerstag	17:00 – 21:30 Uhr	–	–
Freitag	17:00 – 21:30 Uhr	09:00 – 21:30 Uhr	10:00 – 17:00 Uhr
Samstag	10:00 – 17:30 Uhr	11:00 – 17:30 Uhr	–
Sonntag	10:00 – 17:30 Uhr	11:00 – 17:30 Uhr	10:00 – 14:00 Uhr

Informationen zu den Öffnungszeiten an den Feiertagen entnehmen Sie bitte der Internetseite.
* Frauentag Montag von 09:00 – 16:00 Uhr

Tageskarte 16,00 Euro | 10-er Karte inkl. einem 11. Gratisbesuch 160,00 Euro

Die großzügig gestalteten und modernen Umkleiden sind jeweils für Damen und Herren mit Spinden, Bänken sowie einer langen Konsole mit Spiegel und Fön ausgestattet. Die Duschen sind jeweils für Damen und Herren von den Umkleiden zugängig. Im gemischten Saunabereich stehen Kaltduschen (Erlebnisduschen) zur Verfügung.

In dem Sauna- und Wellnessbereich von FITNESS-pur können Sie sowohl Ihrem Körper als auch Ihrem Geist etwas Gutes tun.

Die Biosauna lädt mit ihrer beruhigenden Lichttherapie und einer Temperatur von 60 °C bei einer Luftfeuchtigkeit von 60 % zum Entspannen ein.

FITNESS-pur »TAUCHEN SIE EIN IN DIE WELT DER ENTSPANNUNG UND REGENERATION!«

♀ Brüsseler Straße 5, 65552 Limburg

▯ 06431 23330 | ✉ mail@fitness-pur.com | 🌐 www.fitness-pur.com

DIE FINNISCHE SAUNA

In der Finnischen Sauna können Sie bei 90 °C so richtig ins Schwitzen kommen.

DIE DAMENSAUNA
80 °C

Zudem steht noch eine Damenkabine zur Verfügung, in der die Temperatur bei 80 °C liegt und die nur von den Damenumkleideräumen aus zu erreichen ist. Siehe Öffnungszeiten: Damenkabine.

ABKÜHLEN

Um sich nach dem Saunagang zu erfrischen, stehen Ihnen mehrere Kaltduschen (Erlebnisduschen) zur Verfügung. Alternativ kann auch der gepflegte Außenbereich genutzt werden. Zudem laden noch zwei Kneipp-Becken mit einer angenehm geformten Sitzbank zum Kneippen ein.

AUSSENANLAGEN

Die schöne und gepflegte Außenterrasse bietet mit ihren Liegen und einem Strandkorb gerade bei Sonnenschein echtes Urlaubsfeeling und lädt dazu ein, in aller Ruhe eine Zeitschrift zu lesen, in einem Buch zu schmökern oder einfach nur die Seele baumeln zu lassen.

RUHEMÖGLICHKEITEN

Ideal entspannen können Sie auch im Ruhebereich, wo Sie gemütliche Liegen und Decken finden. Für Lesefreunde steht eigens ein Bücherregal bereit, das darauf wartet, erkundet zu werden. Natürlich liegen hier auch Zeitungen aus, in die Sie sich vertiefen können. Wer es noch stiller mag und vielleicht nach einer Gelegenheit für ein Nickerchen sucht, wird in dem „absoluten Ruheraum" fündig. Der Name ist hier Programm: Schließen Sie einfach die Tür und genießen Sie die Stille.

WELLNESS | MASSAGEN

Massagen sind die absoluten Entspannungsklassiker. Blockaden und Verspannun-

FITNESS-pur ⟩ TAUCHEN SIE EIN IN DIE WELT DER ENTSPANNUNG UND REGENERATION! ⟨   **155**
♦ Brüsseler Straße 5, 65552 Limburg   **LIMBURG**
▫ 06431 23330 | ✉ mail@fitness-pur.com | ⊕ www.fitness-pur.com

gen werden gelöst, Stoffwechsel und innere Organe angeregt. Im Wellnessbereich von FITNESS-pur können Sie eine klassische Massage genießen, die sich auf das optimale Zusammenspiel von Muskeln, Sehnen und Gelenken konzentriert. So können Sie nicht einfach nur entspannen, sondern tun nebenbei auch noch etwas Gutes für Ihre Gesundheit und Ihr geistiges Wohlbefinden. Einen Termin können Sie telefonisch unter der Nummer 06431 23330 vereinbaren.

Gesunde Sonne – das Solarium: Richtig dosiert, ist UV-Licht gesünder als angenommen. Es regt die Bildung von Vitamin D an, stärkt das Immunsystem und beugt neuesten Studien zufolge Stoffwechsel- und Herzerkrankungen sowie Diabetes und Osteoporose vor. Bei FITNESS-pur finden Sie zwei moderne Solarien. Vor dem Solariumbesuch beraten die kompetenten Mitarbeiter Sie gerne.
    ZUSATZANGEBOTE

Im FITNESS-pur Studio finden immer wieder diverse Events wie informative Vorträge oder Workshops statt. Aktuelle Informationen zu dem nächsten Event erhalten Sie unter 06431 23330.
    EVENTS

Die Bezahlung erfolgt beim „Auschecken" mittels Bargeld oder EC Karte.
    ZAHLUNGSVERKEHR

Direkt gegenüber vom Eingang des Studios befindet sich ein beschrankter Parkplatz. Hier stehen Ihnen 65 Parkplätze für die Zeit Ihres Saunabesuches kostenlos zur Verfügung.
    PARKMÖGLICHKEITEN

📍 Am Carl- Dewes-Platz 3-5, 66679 Losheim

📞 06872 922333 | 🌐 I www.aktiverleben-losheim.de

GEBOTEN WiRD:

DAS RESÜMEE Sich selbst fordern – Sich wohlfühlen – Einfach mal abschalten! Das moderne Fitnessstudio verbindet Training mit Erholung und Wellnessanwendungen. In dem inhabergeführten Studio genießen Sie die großzügige Saunalandschaft, die lichtdurchflutete Außensauna und den Blick über die Dächer Losheims. Von den qualifizierten Trainern erhalten Sie bei dem Wunsch nach mehr Fitness einen individuell angepassten Trainingsplan oder Sie können sich durch die Wohlfühl- und Schönheitsangebote verwöhnen lassen.

DIE GRÖSSE Auf 200 qm hat der Wellness Bereich für jeden das Richtige. Zur Ruhe kommen, sich entspannen, einfach mal die Seele baumeln lassen und sich Zeit für sich selbst nehmen.

DER EMPFANG Beim Service am Empfang erhalten Sie hilfsbereit und freundlich Informationen über Trainingsprogramme und aktuelle Saunanächte, buchen Ihre Wellnessanwendungen und Massagen, machen Termine mit der Ernährungsberaterin aus oder lassen sich von dort aus in die Saunalandschaft weisen. Hier können Sie sich auch kostenpflichtig Bademantel und Handtuch ausleihen.

DIE ÖFFNUNGSZEITEN

Sauna

Dienstag	10:00 – 18:00 Uhr	Damensauna
	18:00 – 22:00 Uhr	gemischte Sauna
Donnerstag	10:00 – 22:00 Uhr	gemischte Sauna
Mittwoch und Freitag	10:00 – 22:00 Uhr	gemischte Sauna

Montag, Samstag, Sonntag und Feiertage Ruhetag.

📍 Am Carl- Dewes-Platz 3-5, 66679 Losheim
☎ 06872 922333 | 🌐 I www.aktiverleben-losheim.de

Fitnessbereich

Montag – Freitag	08:00 – 22:00 Uhr
Samstag	09:00 – 17:00 Uhr
Sonntag	09:00 – 13:00 Uhr

Es gibt drei Duschen, welche gemeinschaftlich von den Damen und Herren genutzt werden.

UMKLEIDEN | DUSCHEN

Die abwechslungsreiche Saunalandschaft umfasst vier verschiedene Saunen, wovon eine im Außenbereich auf der begrünten Dachterrasse mit Blick über die Dächer Losheims Urlaubsfeeling aufkommen lässt.

DIE SAUNEN

Zusätzlich zu der Aufgusssauna auf der Dachterrasse bringt die 85 °C Trockensauna im Innenbereich Ihre Immunabwehr in Schwung. Durch die Wechselwirkung von heiß und kalt wird Ihr Körper abgehärtet.

FINNISCHE SAUNA
85 °C

Hier handelt es sich um eine Niedrigtemperatursauna von 60 °C mit einer 40 % Luftfeuchtigkeit. Sie wird auch Bio-Sauna genannt. Sie fördert das allgemeine Wohlbefinden, die Durchblutung wird gesteigert und Muskelverspannungen werden gelöst. Diese Form der Sauna ist auch für Menschen mit Bluthochdruck oder Neigung zu Krampfadern geeignet.

DAS SANARIUM®
60 °C | 40 %

AKTIVERLEBEN »FiT-SCHÖN-ENTSPANNT«

♀ Am Carl- Dewes-Platz 3-5, 66679 Losheim

☎ 06872 922333 | 🌐 I www.aktiverleben-losheim.de

DAS DAMPFBAD
38 – 40 °C | 100 %

Das Dampfbad, mit seiner niedrigen Temperatur von 38 – 40 °C und 100 % Luftfeuchtigkeit, wirkt befreiend bei Asthma, Bronchitiden oder Hauterkrankungen.

INFRAROTKABINE
40 °C

Die 40 °C, durch Rotlicht erhitzte Kabine, kann wahre Wunder bewirken! Die Durchblutung wird erhöht und auch eine angestrebte Gewichtsabnahme wird unterstützt. Vom Lindern der Rückenschmerzen, über die Stärkung des Immunsystems, bis hin zur Milderung von Muskelverspannungen wirkt die Infrarotkabine fördernd.

DAS ABKÜHLEN

Ob Außendusche, Schwalldusche oder Schlauchguss – schnell wird der Körper wieder angenehm runtergekühlt.

DER AUSSENBEREICH
FINNISCHE SAUNA
90 °C

In der einzigartigen, lichtdurchfluteten Außensauna können Sie unvergleichliche Saunagänge bei 90 °C mit duftenden, wohltuenden Aufgüssen genießen. Das anschließende Abkühlen und Ausruhen auf der angegliederten, begrünten Dachterrasse verwöhnt noch extra mit einem traumhaften Ausblick.

AKTIVERLEBEN »FiT-SCHÖN-ENTSPANNT«
♀ Am Carl- Dewes-Platz 3-5, 66679 Losheim
☎ 06872 922333 | 🌐 I www.aktiverleben-losheim.de

159
LOSHEIM

Der helle, durch die Holzschrägen warm und behaglich wirkende Ruhebereich auf 2 Ebenen lässt einen die Zeit vergessen und auf der Dachterrasse kann man die Seele baumeln lassen.

RUHEMÖGLICHKEITEN

Bei der Dornmethode werden auf eine sanfte, einfühlsame aber auch kraftvolle Art die verschobenen Wirbel und Gelenke wieder an ihren idealen Platz zurückgeschoben. Die Breuss – Massage ist eine feinfühlige, stark energetische Rückenmassage, die imstande ist, seelische, energetische und körperliche Blockaden zu lösen. Und neben der traditionellen Thaimassage bietet das Aktiverleben weitere Massagen an: Aroma-Öl-Massage, Hot Stone Massage, Kräuterstempelmassage und Fußreflexzonenmassage.

WELLNESS | MASSAGEN

Im Solarium können Sie mit einer Sonnendusche sanft etwas Farbe auf Ihre Haut zaubern.

ZUSATZANGEBOTE

Auf der Homepage findet man unter „Aktuelles" immer wieder attraktive Angebote für besondere Saunanächte.

EVENTS

An der Bar können Sie Ihren Flüssigkeitsvorrat mit gesunden und isotonischen Getränken, aber auch mit Kaffee wieder auffüllen. Kleine Salate und Snacks verwöhnen Ihren Gaumen ohne zu belasten.

GASTRONOMIE

Bar oder EC-Karte sind möglich.

ZAHLUNGSVERKEHR

Ihnen stehen 30 kostenfreie Parkmöglichkeiten zur Verfügung.

PARKMÖGLICHKEITEN

📍 Finther Landstraße 24, 55124 Mainz

📱 06131 478770 | ✉ kontakt@gesundheitssauna.de | 🌐 www.gesundheitssauna.de

GEBOTEN WIRD:

DAS RESÜMEE

Die Gesundheitssauna am Lenneberg bietet Erholung kombiniert mit natürlicher Gesundheit. Die älteste Mainzer Sauna, die Gesundheitssauna am Lenneberg, bietet stressgeplagten Geistern und müden Körpern Raum sich zu erholen. Fernab vom hektischen Alltag kommen Sie hierher, um in Ruhe zu entspannen und sich rundum verwöhnen zu lassen.

Erholung mit natürlicher Gesundheit zu verbinden, ist hier der Leitfaden. Im gemütlich-familiärem Ambiente kommen Genießer auf ihre Kosten. Nach einem ausgiebigen Saunagang finden Sie Abkühlung im Außenpool und entspannen sich anschließend im wunderschönen Garten oder auch im Wintergarten mit Blick auf die Natur – je nach Wetterlage. In dieser angenehmen Umgebung wird jeder Besuch zum wohltuenden Erlebnis.

DER EMPFANG

Beim Empfang können Sie sich auf Wunsch durch die Räumlichkeiten führen lassen. Bademantel, Badeschuhe und Saunatücher liegen hier für Sie zum Verleih bereit. Von hier aus gelangen Sie in den Umkleidebereich, zu den Massageräumen.

DER SAUNABEREICH

Je nach Wunsch stehen Ihnen zwei Schwitzräume zur Verfügung, die vollständig erneuert wurden. Nach dem Saunagang und dem erfrischenden Duschen können Sie sich mit einem Fußbad entspannen.

DIE ÖFFNUNGSZEITEN

Die Sauna ist ganzjährig von Dienstags bis Sonntags geöffnet.

Sauna am Lenneberg »DIE GESUNDHEITSSAUNA«

📍 Finther Landstraße 24, 55124 Mainz
📠 06131 478770 | ✉ kontakt@gesundheitssauna.de | 🌐 www.gesundheitssauna.de

Dienstag	09:00 – 22:00 Uhr	Damen
Mittwoch	09:00 – 22:00 Uhr	Gemeinschaftssauna
Donnerstag	09:00 – 16:00 Uhr 16:00 – 22:00 Uhr	Damen Gemeinschaftssauna
Freitag	09:00 – 22:00 Uhr	Gemeinschaftssauna
Samstag	12:00 – 22:00 Uhr	Gemeinschaftssauna
Sonntag	12:00 – 22:00 Uhr	Gemeinschaftssauna

Saunaeintritt*	18,50 Euro	DIE PREISE
2 Stunden Tarif	12,00 Euro	
Sauna Abendeintritt (ab 19:00 Uhr)	13,00 Euro	
Saunaeintritt Kinder (bis 16 J.)	6,50 Euro	
10er-Karte Sauna	155,00 Euro	
6er-Karte Sauna	99,00 Euro	
Studierende*	14,00 Euro	

*Aufentshaltdauer unbegrenzt

Bademantel, Schuhe- und Handtücher-Verleih gegen kleine Gebühr.

Es steht Ihnen ein gemischter Umkleidebereich zur Verfügung. Durch den Umkleidebereich gelangen Sie zu den Duschen, zu den Saunen und in den Garten.

UMKLEIDEN | DUSCHEN

Stärken Sie Ihr Immunsystem und reduzieren Sie Ihre Infektionsanfälligkeit. Das finnische Saunabad regt Ihren Stoffwechsel an, entspannt Ihre Muskulatur, steigert Ihre allgemeine Leistungsfähigkeit und wirkt entspannend.

DIE SAUNEN

DIE FINNISCHE SAUNA

In der finnischen Sauna bietet Ihnen das Bad regelmäßige Aufgüsse mit unterschiedlichen Aromen an. Zum Aufguss werden Orangenscheiben oder Eisbonbons gereicht. Für viele Saunagäste ist der Aufguss der Höhepunkt des Saunabades.

Sauna am Lenneberg »DIE GESUNDHEITSSAUNA«

📍 Finther Landstraße 24, 55124 Mainz
📞 06131 478770 | ✉ kontakt@gesundheitssauna.de | 🌐 www.gesundheitssauna.de

DIE FARBLICHTSAUNA
70 °C

Bei einer milden Temperatur von ca. 70 °C wechselt zirka alle vier Minuten die Farbe des Lichts. Hierbei regt rot beispielsweise die Durchblutung an und grün wirkt inspirierend und besänftigend. Orange hat eine stimmungsaufhellende Wirkung. Die kühle Ruhe der Farbe Blau wirkt einschlaffördernd und beruhigend. Magen-, Darm- und Leberbeschwerden wirkt man mit gelben Strahlern entgegen. Violett wertet das Immunsystem auf und reguliert den Flüssigkeitshaushalt des Körpers.

DAS ABKÜHLEN

Kneipschlauch und Duschen stehen zur Erquickung im Duschbereich bereit. In der wunderschönen Gartenanlage können Sie sich im Tauchbecken erfrischen oder beim Abduschen unter der Freiluft-Dusche. Anschließend können Sie im Ruheraum im Untergeschoss oder im herrlichen Wintergarten etwas schlummern.

 Finther Landstraße 24, 55124 Mainz
 06131 478770 | kontakt@gesundheitssauna.de | www.gesundheitssauna.de

Die Gartenanlage mit zahlreichen Liegemöglichkeiten lädt besonders bei schönem Wetter zum Verweilen ein.

DER AUSSENBEREICH

Mit einer Massage runden Sie Ihren Kurzurlaub ab. Die Ganzkörpermassage hilft vor allem bei Erkrankungen des Bewegungsapparates oder Kreislaufsystems. Die Durchblutung wird gesteigert bei gleichzeitiger Kräftigung des Gefäßsystems und der inneren Organe. Das ist Regeneration und Entspannung pur. Alternativ bietet das Massage-Team auch Hot-Stone-Massagen und viele andere Massagen an. Die Anwendung von heißen Steinen dient dazu, den Organismus des Menschen zu entspannen und zu regenerieren. Neben der Durchblutungsförderung findet auch eine geistige und seelische Lösung von Stress und innerer Anspannung statt.

WELLNESS

Im Kaminzimmer können Sie sich mit hausgemachtem Kuchen und Suppen sowie weitere kleine Schmankerln, wie zum Beispiel knusprige Flammkuchen oder heißem Apfelstrudel mit Vanilleeis und Sahne stärken.

GASTRONOMIE

Sie können mit Bargeld oder EC-Karte bezahlen.

ZAHLUNGSVERKEHR

Die Saunaanlage liegt im Herzen von Gonsenheim in einem Wohngebiet. Es stehen Ihnen Parkplätze entlang der Straße an der Anlage zur Verfügung.

PARKMÖGLICHKEITEN

Sauna & SPA Gonsenheim »MIT ALLEN SINNEN GENIESSEN«

♀ Am Sägewerk 23, 55124 Mainz

☎ 06131 466751 | 🌐 www.sauna-spa-mainz.de

GEBOTEN WIRD:

DAS RESÜMEE

Entdecken Sie vollkommene Erholung für Körper, Geist und Seele. Bringen Sie alle drei in Balance, halten Sie die Zeit an, lassen Sie einfach mal los und verabschieden sich für ein paar Stunden vom Alltag in den Sauna- & Spabereich in Gonsenheim. Leben ist aber nicht nur Ruhe, sondern auch Bewegung: Mit der richtigen Trainingsgestaltung und einer gesunden, ausgewogenen Ernährung steuern Sie viel zu Ihrem Wohlbefinden bei.

Als Anbieter für Fitness und Entspannung trägt das Team in Gonsenheim mit den vielfältigen Möglichkeiten zu Ihrer Freizeitgestaltung bei. Das umfangreiche Angebot an Gerätetraining, Kursen, Saunalandschaft, Salzgrotte und einer professionellen Körper-Analyse mit Cardioscan* umfasst alles, worauf Sie für Ihre Gesundheit und Erholung Wert legen.

DER SAUNABEREICH

Der Saunabereich umfasst über 500 qm und bietet Ihnen im mediterranen Stil drei Saunen, Ruheräume und unterschiedliche Abkühlmöglichkeiten.

DER EMPFANG

Empfangen werden Sie im Fitnessstudio Fitness Life. An der Theke hilft Ihnen das freundliche Team gerne weiter. Hier werden Sie zum Saunabereich gewiesen, können die Salzgrotte oder Termine für eine Massage buchen oder sich für das Studio anmelden.

DIE ÖFFNUNGSZEITEN

Montag und Mittwoch bis Freitag 10:00 – 22:00 Uhr | Dienstag 16:00 – 22:00 Uhr | Samstag, Sonntag und Feiertag 10:00 – 18:00 Uhr | Donnerstag und Samstag getrennter Damenbereich mit Ruhezone und Duschen

📍 Am Sägewerk 23, 55124 Mainz
☎ 06131 466751 | 🌐 www.sauna-spa-mainz.de

Sauna	3 Stunden	Tageskarte	Salzgrotte	Happy Hour*	DIE PREISE
	12,00 Euro	14,50 Euro	9,50 Euro	9,90 Euro	

*Donnerstag und Samstag | Sonderpreise auf der Webseite einsehbar

Im komfortablen Umkleidebereich können Sie Ihre persönlichen Sachen deponieren. Dieser wird, ebenso wie die angegliederten drei Duschen, gemeinschaftlich genutzt. Im Wellnessbereich befindet sich eine aufwändig gestaltete tropische Dusch-Ecke.

UMKLEIDEN | DUSCHEN

Die beheizten Steine des Saunaofens bringen den Raum auf eine Temperatur von 90 °C. Durch die Holzverkleidung der Wände und der Holzsitz- und Liegeflächen erfolgt eine natürliche Strahlungswärme und eine geringe Luftfeuchtigkeit. Genießen Sie das Schwitzbad auf den verschiedenen Höhenbereichen aber immer nach Ihrem eigenen Empfinden.

DIE SAUNEN
FINNISCHE SAUNA
90 °C

Der etwas irreführende Name hat nichts mit einem Biosiegel, sondern eher mit der kreislaufschonenderen und verträglicheren Temperatur zu tun. Durch die geringere Wärme und die höhere Luftfeuchtigkeit ist dies die ideale Sauna für Einsteiger und ältere Menschen.

BIOSAUNA
60 °C

Eingehüllt in die dampfende Wärme und eine Luftfeuchtigkeit von fast 100 %, angereichert mit ätherischen Ölen, erlebt man ein breites Spektrum positiver Empfindungen, eine Steigerung der Lebensqualität und eine Reinigung der Atemwege und des Körpers.

DAMPFSAUNA
40 °C

Zum Abkühlen bietet der Wellnessbereich eine Erlebnisgrotte mit Tropendusche, dessen Regen weich den Körper umfließt. Für etwas Mutigere stehen in der Kneippgrotte eine Schwalldusche, ein Schwalleimer, ein Kaltwasserschlauch und ein Kneippbecken bereit.

DAS ABKÜHLEN

Sauna & SPA Gonsenheim »MIT ALLEN SINNEN GENIESSEN«

📍 Am Sägewerk 23, 55124 Mainz
📱 06131 466751 | 🌐 www.sauna-spa-mainz.de

DAS KNEIPPEN
In der Kneippgrotte bringen Sie mit dem Kneippschlauch Ihren Stoffwechsel in Schwung. Oder waten Sie durch das Kneippbecken und fördern die Durchblutung Ihrer Beine. Im Ruheraum finden Sie außerdem die Möglichkeit zu gesundheitsfördernden Wechselfußbädern.

DIE AUSSENANLAGE
Die beiden, an die jeweils 55 qm großen, Innenhöfe lassen Sie durch die bequeme Bestuhlung, die ergonomischen Liegen und die Begrünung relaxen und schenken Ihnen in den kühleren Jahreszeiten auch eine Erfrischung zwischen den Saunagängen.

RUHEMÖGLICHKEITEN
Im gesamten Saunabereich stehen Ihnen ausreichend Ruhemöglichkeiten auf Liegen und Sitzgelegenheiten zur Verfügung. Die Wandbemalungen schenken Ihnen Urlaubfeeling und das kleine Wasserbecken mit Brunnen in einer der Ruhezonen lässt Sie, durch das beruhigende Plätschern, den Alltag vergessen.

WELLNESS | MASSAGE
Beim Fitness Life bietet Ihnen Siam Pho Thong Traditionelle Thai Massagen an. Unter 0160 93145167 bitte vorab Termine vereinbaren.

ZUSATZANGEBOTE
SALZGROTTE
Wie ein Stollen wirkt die Salzgrotte. Durch die hinterleuchteten Salzkristallwände und die bequemen Liegestühle regenerieren Sie hier wie von selbst. In der Salzgrotte erfahren Sie auf natürliche Weise Unterstützung bei der Linderung von Beschwerden wie Allergien, Hauterkrankungen, Atemwegsbeschwerden, Kopfschmerzen, Stress und vielen mehr.

SOLARIUM
Schonende Bräunungsleistung, ein intelligentes Lüftungssystem und überzeugende Ideen für ein entspanntes Bräunen lassen keine Wünsche offen.

Sauna & SPA Gonsenheim »MiT ALLEN SiNNEN GENiESSEN«

 Am Sägewerk 23, 55124 Mainz
 06131 466751 | www.sauna-spa-mainz.de

FITNESSBEREICH

Das FitnessLIFE unterstützt Sie, wenn Sie Ihre Ernährungsgewohnheiten umstellen möchten, fördert durch gezieltes Fitness- und Gesundheitstraining eine gesunde Körperhaltung, Ihre Kondition, Ihren Muskelaufbau und bietet Ihnen durch diverse Kurse von Yoga über Pilates und Rückenfit bis zu Cardio-Step verschiedene Möglichkeiten Ihre Gesundheit zu erhalten und zu verbessern.

DIE GASTRONOMIE

Über eine Sprechanlage können Sie im Ruhebereich verschiedene Getränke bestellen. Das Angebot reicht von Wasser und Apfelsaftschorle über unterschiedliche Mineralgetränke bis zu verschiedenen Kaffeespezialitäten. Als kleine Snack können Sie Fitnessriegel ordern.

ZAHLUNGSVERKEHR

In der gesamten Anlage begleichen Sie Ihre Kosten bitte in bar.

PARKMÖGLICHKEITEN

Um die Anlage herum stehen Ihnen im Hof an die 20 Parkmöglichkeiten in den gekennzeichneten Parkflächen zur Verfügung und weitere in den anliegenden Straßen.

Nettebad Mayen »RELAXEN UND GESUNDE ERHOLUNG IM SAUNABEREICH«

📍 Bachstraße 44, 56727 Mayen

📱 02651 903185 | 🌐 nettebad-mayen.de

© Peter Seydel

GEBOTEN WiRD:

DAS RESÜMEE Mayen in Rheinland-Pfalz – touristischer Mittelpunkt der Region Vulkanische Osteifel und Mittelzentrum zwischen Rhein, Mosel und Ahr mit rund 20.000 Einwohnern – ist die Heimat des Nettebad Mayen. Mayen ist umgeben von reizvoller Waldlandschaft und wird auf Grund seiner geographischen Lage auch gerne das „Tor zur Eifel" genannt. Im schönen Nettetal gelegen, befindet sich das Nettebad mit Hallenbad, Freibad und Sauna. Im modernen, zweigeschossigen Saunabereich sind eine Niedertemperatur-Sauna, ein Dampfbad und eine Finnische Trockensauna rund um einen zentralen Whirlpool angeordnet. Im über eine Treppe erreichbaren Obergeschoss befinden sich die Ruhezone mit bequemen Liegen sowie der Freiluftbereich. Weitere gut ausgestattete Ruhezonen befinden sich im Erdgeschoss.

Das Hallenbad mit Schwimmerbecken und einem abgetrennten Nichtschwimmerbereich, Lehrschwimmbecken mit Massagedüsen sowie der ‚Vulkangrotte' mit Whirlpool kann während der Öffnungszeiten beim Sauna-Besuch mit genutzt werden.

DER EMPFANG Im Foyer befindet sich neben der Kassenzone mit kleinem Einkaufs-Shop auch ein Aufenthaltsbereich sowie eine Multimedia-Ecke. Dort bieten zwei PC's kostenlose Internet-Nutzung, außerdem gibt es gratis WLAN.

DIE ÖFFNUNGSZEITEN

Dienstag – Donnerstag	14:00 – 21:00 Uhr
Freitag	10:00 bis 21:00 Uhr
Sonn- und Feiertage	10:00 bis 18:00 Uhr

📍 Bachstraße 44, 56727 Mayen
☎ 02651 903185 | 🌐 nettebad-mayen.de

Damensauna am Mittwoch 14 bis 21 Uhr | Die Sauna ist parallel zur Hallenbad-Saison geöffnet; während der Freibad-Saison ist die Sauna geschlossen | Sonderöffnungszeiten werden auf der Homepage www.nettebad-mayen.de jeweils aktuell veröffentlicht.

Tageskarte Erwachsene 13,50 Euro, Tageskarte Kinder/Jugendlich (6 – 17 Jahre) 12,00 Euro | Rabatte durch Vorteilskarten (Wert 30 Euro = 5 % Nachlass auf alle Eintrittsgelder, Wert 50 Euro = 10 % Nachlass auf alle Eintrittsgelder, Wert 100 Euro = 15 % Nachlass auf alle Eintrittsgelder)

DIE PREISE

Im Erdgeschoss der Nettebad-Sauna befindet sich der gemeinsame Umkleidebereich für Damen und Herren mit 50 abschließbaren Umkleideschränken. Die Nutzung der abschließbaren Schränke ist mittels Eintritts-Chip-Coin möglich, Geldmünzen sind nicht erforderlich. Hier befinden sich ebenfalls die Sanitäranlagen mit Dusche getrennt nach Damen und Herren. Vor den Sanitärbereichen finden die Gäste Waschbecken mit großen Spiegeln und Haartrocknern. Wertfächer sind ebenfalls vorhanden.

UMKLEIDEN | DUSCHEN

Die Finnische Trockensauna ist der „Sauna-Klassiker" und darf daher auch im Nettebad Mayen nicht fehlen. Bei Temperaturen zwischen 90 und 100 °C und trockener Luft wird die Transpiration besonders angeregt. Aufgüsse werden regelmäßig von den Nettebad-Fachleuten durchgeführt.

DIE SAUNEN

Dabei wird mit ätherischen Ölen versetztes Wasser auf die heißen Saunasteine gegossen und anschließend durch Luftbewegung mit einem Wedeltuch in der Saunakabine verteilt. Dies erhöht die Luftfeuchtigkeit und die gefühlte Temperatur und verstärkt die positiven Effekte der Finnischen Sauna.

Die Niedertemperatur-Sauna ist eine Art schonender Version dieser Sauna mit gemäßigteren Temperaturen von 60 – 65 °C und etwas höherer Luftfeuchtigkeit. Aus einer Schale über dem Saunaofen, gefüllt mit Wasser und ätherischen Ölen, verströmen ständig angenehme Gerüche.

Farbe ist ebenfalls im Spiel bei der Niedertemperatur-Sauna im Nettebad Mayen. Während man bei angenehmen Temperaturen entspannt, sich die Muskulatur dank der Wärme lockert und die Durchblutung angeregt wird, wirkt die Farbe grün auf die Psyche: Sie soll nach der Farblehre beruhigend wirken und die Selbstheilungskräfte des Körpers anregen.

Für alle, die unter Kreislaufproblemen oder auch chronischen Erkältungskrankheiten leiden, bietet das Nettebad Mayen auch eine Dampfsauna, in der bei Temperaturen um die 50 °C und einer Luftfeuchtigkeit von fast 100 % relaxt werden kann. Gerade Menschen mit Kreislaufproblemen, aber auch ältere Menschen und Kinder empfinden dies als angenehm, ist es doch für den Kreislauf weniger belastend. Wie auch bei den heißeren Sauna-Arten gehören die Entschlackung des Körpers, die Stärkung des Immunsystem, die verbesserte Durchblutung der Haut, das Lockern verspannter Muskulatur und der Abbau von Stress zu den positiven Aspekten des Dampfbades.

📍 Bachstraße 44, 56727 Mayen

📱 02651 903185 | 🌐 nettebad-mayen.de

Auf das Erhitzen in der Saunakabine folgt das Abkühlen, entweder an der Frischen Luft – eine schöne Freiluftzone bietet die Nettebad-Sauna im Obergeschoss des Saunabereichs an – oder unter die Dusche und dann Eintauchen ins Kaltwasser-Becken. Empfehlenswert ist auch die Nutzung von Fußbädern, wie sie im Nettebad ebenfalls zu finden sind. Anschließend laden der Whirlpool und die ausgedehnten Ruhezonen mit Liegen und Decken im Erd- und Obergeschoss zu einer Pause ein.

DAS ABKÜHLEN

Eifel-Therme-Zikkurat »ERHOLUNG VOM ALLTAG«

An der Zikkurat 2 (NAVI: Lohmühle 4), 53894 Mechernich
02256 9579-0 | www.eifel-therme-zikkurat.de

GEBOTEN WIRD:

DAS RESÜMEE

Seit August 2004 bietet die Anlage Erholung und Entspannung pur auf dem Gelände der »Zikkurat« – einer ehemaligen Steinzeugfabrik. Das 32 °C warme Erlebnisbecken, der 34 °C heiße Whirlpool, das 25-m-Sportbecken und das ganzjährig auf 32 °C beheizte Außenbecken mit Massagedüsen sind mit Sole angereichert, sodass die natürliche Schutzschicht der Haut erhalten bleibt. Den Jüngeren steht im Kleinkinderbereich ein Becken mit Wasserrad und Wassersschlange für Kinder bei 34 °C zur Verfügung.

DER SAUNABEREICH

Im Innenbereich im Obergeschoss erwartet Sie auf einer Fläche von rund 300 qm eine warme und freundliche Atmosphäre. Anziehungspunkt der Saunalandschaft ist der im Oktober 2007 errichtete Saunagarten, der auf einer Fläche von rund 3.000 qm verschiedene Sauna-Typen, einen großen Naturteich und eine großzügige Gartenlandschaft beinhaltet.

DER EMPFANG

Am Empfang können Bademäntel, Badetücher sowie Badeschuhe gegen eine geringe Gebühr ausgeliehen werden. Badeutensilien (wie Pool-Nudeln, Wasserbälle, Bade-Moden) können im Shop gekauft werden.

DIE ÖFFNUNGSZEITEN

Saunalandschaft

Montag – Donnerstag	10:00 – 22:00 Uhr
Freitag – Samstag	10:00 – 23:00 Uhr
Sonn- und Feiertage	10:00 – 21:00 Uhr
Tage vor Feiertagen	bis 23:00 Uhr

Eifel-Therme-Zikkurat »ERHOLUNG VOM ALLTAG«

📍 An der Zikkurat 2 (NAVI: Lohmühle 4), 53894 Mechernich
📞 02256 9579-0 | 🌐 www.eifel-therme-zikkurat.de

3-Stunden-Ticket 19,50 Euro | Tagesticket 22,50 Euro. Jeweils inklusive Erlebnisbad-Nutzung. Es gibt Rabatte zwischen 5 und 20 % durch verschiedene Wertkarten.

DIE PREISE

Die Saunagäste nutzen die Einzelkabinen gemeinsam mit den Gästen des Erlebnisbades. Erlebnisduschen stehen im Saunabereich zur gemeinsamen Nutzung (keine Geschlechtertrennung) zur Verfügung. Die Gäste des Saunabereiches können zusätzlich auch die Duschen des Erlebnisbades nutzen (Geschlechtertrennung).

UMKLEIDEN | DUSCHEN

Im Innenbereich auf der 1. Etage erwarten Sie zwei Saunen und ein Dampfbad. Vier weitere Saunen – davon zwei Aufguss-Saunen – stehen im Saunagarten zur Verfügung.

DIE SAUNEN

Bis zu 15 Personen finden Platz in der holzverkleideten, dezent beleuchteten Sauna, deren Highlight ein Stein aus Rosenquarz bildet. Zitrus- und Rosenöl in der Duftschale sorgen für ein angenehmes Aroma bei einer Temperatur von 85 °C.

DIE »JALO«-SAUNA
85 °C

Die Holzbänke zum gemütlichen Verweilen sind seitlich angebracht. Gut 20 Personen kommen bei 55 °C langsam, aber kontinuierlich ins Schwitzen. Farblichter und dezente Entspannungsmusik umspielen die schwitzenden Gäste.

DAS SANARIUM®
55 °C

45 °C herrschen in dem aromatisierten Dampfbad, das für elf Personen konzipiert ist. Nebelschwaden steigen stetig auf ...

DAS DAMPFBAD
45 °C

Vom Fachpersonal werden in der aus Rundstämmen errichteten Blockhaus-Sauna wechselweise spezielle Aufgüsse wie Honig-, Salz- und Wenik-Aufgüsse durchgeführt. Zwei Öfen mit Sauna-Steinen heizen bis zu 50 Personen bei Temperaturen um die 90 °C ordentlich ein. Dank dezenter Beleuchtung kommt schnell eine gemütliche Atmosphäre auf.

DIE »PIHA«-BLOCKHAUS-SAUNA
90 °C

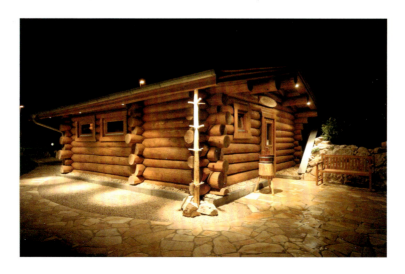

Eifel-Therme-Zikkurat »ERHOLUNG VOM ALLTAG«

♀ An der Zikkurat 2 (NAVI: Lohmühle 4), 53894 Mechernich

☎ 02256 9579-0 | ☷ www.eifel-therme-zikkurat.de

DIE »MERI«-SAUNA
90 °C

Etwa 60 Personen genießen in der »Meri«-Sauna bei Temperaturen von 90 °C professionelle Klassische, Themen- oder Eventaufgüsse. Die hauptsächlich aus Glasflächen bestehende Front bietet dabei von den Sitzreihen einen herrlichen Blick in den weitläufigen Saunagarten und auf den Naturteich.

DIE »TAKKA«-SAUNA
85 °C

Bis zu 50 Personen umrunden den glasbedeckten Kamin – finnisch »takka«. Leise knistert das Buchenholz und 85 °C warme Luft verbreitet sich in dem behaglichen Raum. Ihr Blick schweift über das Biotop und den Naturteich – Sauna-Erlebnis pur.

DIE »MAA®«-SAUNA
110 °C

Die Sauna mit dem begrünten Dach ist größtenteils in die Erde eingelassen. Massive Rundstämme ragen über das Niveau der Erde und lassen bereits eine urige Rustikalität erahnen, die sich im Inneren der Sauna bestätigt findet. Enorme 110 °C liegen in der Luft – eine beachtliche Hitze, der sich an die 15 Personen aussetzen. Erstaunlicherweise ist die Wärme dank des erdigen Charakters sehr angenehm. Die Echtholzbefeuerung unterstreicht und verstärkt das wohlige Erdgefühl noch.

CRUSHED ICE

Die Aufgüsse in der PIHA-Blockhaus-Sauna werden mit Crushed Ice begleitet, das den Gästen während oder nach dem Saunagang zum erfrischenden Eisabrieb zur Verfügung steht. Im Saunagarten ist ein separater Eisbrunnen ebenfalls stets mit Crushed Ice gefüllt.

Warm-Kalt-Brausen, zwei Schwall- und eine Kübeldusche sowie ein Kneipp-schlauch erfrischen Sie im Innenbereich. Eine großzügige Fußbeckenlagune sorgt für Entspannung in modernem Ambiente. Im Saunagarten verteilen sich Warm-Kalt-Brausen, Kneippschläuche, Regendruckduschen, Kübelduschen, Schwallbrau-sen, ein kleines rundes Tauchbecken und ein Eisbrunnen.

DAS ABKÜHLEN

Der Saunagarten wird seitlich von Grünpflanzen und Bäumen eingefasst. Über einen modern gepflasterten Gehweg passieren Sie zunächst die »PIHA«-Blockhaus-Sauna und gelangen dann in den neuangelegten Teil des Gartens. Die Holzhäuser mit ausladenden Vordächern, unter denen Sie angenehm ausruhen und verweilen können, fügen sich in die Landschaft ein. Eine Holzbrücke teilt das 100 qm große Biotop mit Zierpflanzen vom Naturteich ab. Liegewiesen mit zahlreichen beque-men Liegen, Hängematten und Relaxinseln laden zur Erholung ein. In der Dunkel-heit schaffen im Garten aufgestellte Öllampen eine angenehme Atmosphäre. Vor zu viel Sonne schützen große Sonnensegel, die bei Bedarf aufgespannt werden und schattige Plätze bieten.

DIE AUSSENANLAGE

Eifel-Therme-Zikkurat »ERHOLUNG VOM ALLTAG«

♀ An der Zikkurat 2 (NAVI: Lohmühle 4), 53894 Mechernich

☎ 02256 9579-0 | 🌐 www.eifel-therme-zikkurat.de

RUHEMÖGLICHKEITEN

In zarten Brauntönen präsentiert sich der Ruheraum im Innenbereich, in dem Wasserbetten zur Erholung einladen. Die etwa 50 qm große, offene Sonnenterrasse mit modernen Loungemöbeln gewährt den Blick auf den Saunagarten. Im Saunagarten befindet sich ein Ruhehaus mit zwei separaten Ruheräumen, die attraktiv ausgestattet und mit viel Liebe zum Detail eingerichtet sind. Mit ihren gemütlichen Liegen, den passenden Auflagen und Decken bieten sie die ideale Voraussetzung für eine perfekte Erholung. Genießen Sie den herrlichen Blick durch die großzügigen Fensterflächen in den weitläufigen Saunagarten. Der Kaminraum ist mit freundlicher Holzvertäfelung und hellen Ledersitzgarnituren sehr stilvoll eingerichtet. Hier lässt es sich, gegenüber dem großen gemauerten Kamin, bei heißem Kaffee entspannt plauschen und lesen.

Lassen Sie sich mit Wellnessmassagen, Ayurveda-Behandlungen und hawaiianischer Massage verwöhnen. Oder probieren Sie einmal die Fussmassage oder Rosenherz-Gesichtsmassage aus. Dazu steht Ihnen ausgebildetes Fachpersonal zur Verfügung. Im Ergoline-Solarium erhalten Sie den richtigen Teint.

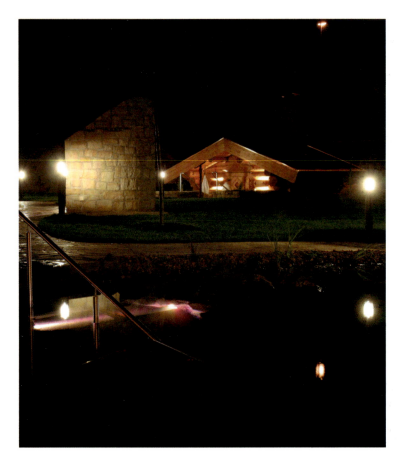

Eifel-Therme-Zikkurat »ERHOLUNG VOM ALLTAG«

An der Zikkurat 2 (NAVI: Lohmühle 4), 53894 Mechernich
02256 9579-0 | www.eifel-therme-zikkurat.de

Das Team der »Eifel-Therme-Zikkurat« lässt sich immer wieder etwas Neues einfallen, um den Gästen vielfältige monatliche Besonderheiten anzubieten. Verlängerte Öffnungszeiten und FKK-Schwimmen werden verbunden mit einem besonderen Motto sowie außergewöhnlichen Aufgüssen.

EVENTS

Das Restaurant „Ravintola" lockt mit einem ausgefallen Speisen- und Getränkeangebot, bei dem jeder Gast das Richtige findet. Das holzvertäfelte Bistro „Pikku Loma" mit edlem Thekenbereich im Saunagarten bietet Ihnen Getränke, Kaffee und täglich wechselnde Kuchenspezialiäten.. Ob Sie im Bistro oder auf der Sonnenterasse des Bistros sitzen, Sie genießen jeweils den exquisiten Ausblick über den Saunagarten.

GASTRONOMIE

Der Eintritt wird sofort fällig. Alle weiteren Leistungen werden auf einen Chip gebucht und beim Verlassen des Hauses bezahlt.

ZAHLUNGSVERKEHR

Unmittelbar an der Anlage stehen Parkmöglichkeiten in ausreichender Anzahl zur Verfügung. Die Benutzung des Parkplatzes ist für Gäste der »Eifel-Therme-Zikkurat« kostenfrei!

PARKMÖGLICHKEITEN

DAS BAD »NICHT IRGENDEIN BAD – DAS BAD«

♀ Saarwiesenring 3, 66663 Merzig

☎ 06861 77073-0 | 🖨 06861 77073-110 | 🌐 www.dasbadmerzig.de

GEBOTEN WIRD:

DAS RESÜMEE	Gesundheit und Lebensfreude in vier verschiedenen Welten.

PREMIUMSAUNA & WASSERWELTEN DEN WOHLFÜHLENS

Wasser ist Balsam für die Seele, hält gesund und bringt den Körper in Schwung. Inmitten der wunderschönen Landschaft der Merziger Saarwiesen, unweit des idyllischen Flusslaufes der Unteren Saar lädt eine faszinierende Welt des Wassers alle Gesundheitsbewussten zum Verweilen ein.

WASSERWELT

Wasserspaß nach Herzenslust für die ganze Familie bietet der Freizeitbereich in der Wasserwelt. Egal ob beim „high speed" Rutschen in der 90-m Blackhole Rutsche, bei Blubbern und Sprudeln im Freizeitinnen- und Außenbeckens oder ganz einfach beim sportlichen Schwimmen im Sportbecken mit Sprungbereich, hier ist für jeden das Richtige dabei. Ist das geschafft, bleibt keine Zeit zum Verschnaufen, denn weiter geht es im Strömungskanal. Ungestört planschen können die kleinsten Gäste im separaten Baby- und Kleinkindbereich.

THERMALWELT

In der Thermalwelt badet man im staatlich anerkannten Bietzener Heilwasser. Dieses Wasser hat eine besonders wohltuende Wirkung auf den menschlichen Organismus, da es besonders reich an Mineralstoffen und Spurenelementen ist. In der angenehmen Atmosphäre der Infrarot-Wärmekabine kann man sich herrlich entspannen und gleichzeitig etwas für die Gesundheit tun.

RUHEMÖGLICHKEITEN

Genießen Sie etwas Erholung vom Alltag im Ruhe- und Meditationsraum Salounge Egal ob nach dem Schwimmen, dem Saunieren oder dem Essen… Wer sich zwischendurch mal eine Pause gönnen möchte, ist hier genau richtig. In der

Salounge erwarten Sie rund 22 bequeme Rattanliegen sowie 2 Daybeds zum entspannen. Eine leise Hintergrundmusik lässt Sie von fernen Welten träumen und den Alltagsstress vergessen. Immer Samstag und Sonntag um 17:30 Uhr findet hier außerdem eine Klangschalenmeditation statt.

Der neugestaltete Klang- und Farblichtraum bietet ergänzend zum Relaxen im Bietzener Heilwasser ein gleichsam entspannendes und gesundheitsförderndes Bad in Farblicht und Raumklang und weckt ein Gefühl voller Leichtigkeit und Lebensfreude. Hier kann man neue Energie tanken und sich von den Verpflichtungen des Alltags erholen. Warum nicht mal wieder barfuß gehen im weichen Sand, erfrischenden Gras, rauen Kieselsteinen oder kühlender Erde. Das ist möglich in der Außenanlage des Gesundheitsbereiches. Dort wurde ein Barfußpfad nach der fernöstlichen Harmonielehre des Feng Shui angelegt. (saisonbedingt geöffnet)

In der Massagewelt Praxis für Wellness und Prävention wird Ihnen ein vielseitiges und professionelles Massage- und Entspannungsangebot präsentiert. Erleben Sie regenerierende Gesichts- und Körperbehandlungen, welche die Balance zwischen Körper, Geist und Seele unterstützen. Lassen Sie sich entführen in die Welt der Berührung, der Entspannung mit wohlriechenden Düften, warmen Ölen und edlen Steinen. Der Alltag tritt in den Hintergrund, an seine Stelle treten innere Ruhe, Gelassenheit und Zufriedenheit.

MASSAGEWELT

DAS BAD »NICHT IRGENDEIN BAD – DAS BAD«

♥ Saarwiesenring 3, 66663 Merzig
☎ 06861 77073-0 | 🖨 06861 77073-110 | 🌐 www.dasbadmerzig.de

SAUNAWELT

Die schön gestaltete 1.800 qm große Premium-Saunalandschaft mit doppelstöckigem Ruhehaus mit Blick auf die wunderschönen Saarwiesen verspricht neue Lebensqualität mit einem Hauch von Luxus in sieben unterschiedlichen Saunen und Dampfbädern. Wenn sich die wohlige Wärme über den Körper ausbreitet und Sie an den Entspannungs- und Klangschalenzeremonien oder Wellness- Peelingaufgüssen teilnehmen, haben Stressgefühle keine Chance mehr. Vor dem Kamin träumen, von der Liege in die Saarauen blicken und ein erfrischendes Getränk genießen. In gelöster Atmosphäre die Seele baumeln lassen, während der Körper in dampfender Hitze, prickelnder Kühle und mit betörenden Düften verwöhnt wird. Das ist heiß-kalte Wohltat für Körper und Geist!
Egal, in welchem Bereich Sie Ihre entspannende Freizeit verbringen wollen, das Team von DAS BAD freut sich auf Ihren Besuch!

DIE ÖFFNUNGSZEITEN

Saunawelt: Mo, Do, Sonn- und Feiertags 08:00 – 22:00 Uhr; Di, Mi, Fr, Sa 10:00 – 22:00 Uhr. Dienstag ist Damen-Sauna (außer an Feiertagen oder saarländischen Ferientagen), Samstag von 13:30 – 18:30 Uhr Familiensauna.

DAS BAD »NICHT IRGENDEIN BAD – DAS BAD«

♀ Saarwiesenring 3, 66663 Merzig

☎ 06861 77073-0 | 🖨 06861 77073-110 | 🌐 www.dasbadmerzig.de

Die Öffnungszeiten für die Wasser- und Thermalwelt finden Sie auf der Internet-seite www.das-bad-merzig.de

Die Preise gelten für die Kombination von Sauna inklusive Wasserwelt 1&2 4 Stunden 19,50 Euro / Tageskarte 22,00 Euro (Am Wochenende zwei Euro Aufschlag). Erkundigen Sie sich auf der Internetseite nach weiteren Tarifen.

DIE PREISE

Die Umkleiden und Duschen sind für die Saunawelt / Thermalwelt und die Wasser-welt räumlich getrennt. Zum Umkleiden stehen Ihnen Einzelkabinen und Sammel-umkleiden zur Verfügung, die Duschen sind für Damen und Herren getrennt.

UMKLEIDEN | DUSCHEN

Das Bad verfügt über drei Innen- und drei Außen-Saunen (z.B. die Panorama-sauna mit Weitblick in die Saarauen) sowie ein Dampfbad und eine Infrarot-Wärme-kabine. Eine Highlight ist dabei die neue Wolfspark- und Viezsauna. Die verschie-denen Aufgusszeremonien sind in einem Aufgussplan zeitlich und örtlich festge-legt. Highlights sind die Klangschalen- und Entspannungszeremonien.

DIE SAUNEN

Sie genießen bargeldlos. Alle in Anspruch genommenen Leistungen werden auf den Chip des Schlüssels gebucht und beim Verlassen der Einrichtung bezahlt.

ZAHLUNGSVERKEHR

Unmittelbar am »BAD« stehen Ihnen 350 kostenlose Parkplätze (davon 5 für Be-hinderte, 3 für Mutter & Kind und 10 für Reisebusse) zur Verfügung. Auf dem Park-platz befinden sich 12 Wohnmobil-Stellplätze mit Stromversorgung und Service-Station mit Frischwasserversorgung und Entsorgungsmöglichkeit.

PARKMÖGLICHKEITEN

Fitnessstudio Pfitzenmeier – Premium Resort Neustadt

📍 Le Quartier Hornbach 31, 67433 Neustadt an der Weinstraße

☎ 06321-49920 | 🌐 www.pfitzenmeier.de/resorts-und-clubs/neustadt.html

GEBOTEN WiRD:

DAS RESÜMEE

Entlang der Deutschen Weinstraße im Pfälzerwald heißt Sie in Neustadt an der Weinstraße das Fitnessstudio Pfitzenmeier – Premium Resort herzlich willkommen. Idyllisch zwischen der schönen Weinberglandschaft gelegen, können Sie sich in der Saunalandschaft des Fitnessstudios verwöhnen lassen.

Ausgestattet mit vier Saunen, zwei Dampfbädern, einer traumhaften Außenanlage mit Naturschwimmteich und verschiedenen Ruhemöglichkeiten verbringen Sie im Pfitzenmeier Neustadt einen erholsamen Tag. Täglich finden regelmäßige Aufgüsse statt, die sie schon vorab der Homepage des Fitnessstudios entnehmen können.

DER EMPFANG

Beim Betreten des Fitnessstudios eröffnet sich Ihnen ein heller und moderner Empfangsbereich. Der Tresen bietet eine ganze Menge Platz, sodass Sie in Ruhe den Eintritt bezahlen können. Die freundlichen Mitarbeiter überreichen Ihnen eine Chipkarte, mit der Sie über ein Drehkreuz das Studio betreten.

DIE ÖFFNUNGSZEITEN

Montag & Mittwoch	06:00 – 23:30 Uhr
Dienstag, Donnerstag & Freitag	08:30 – 23:30 Uhr
Samstag, Sonntag- & Feiertag	09:00 – 22:00 Uhr

DIE PREISE

Die Tageskarte kostet 29,00 Euro.

UMKLEIDEN | DUSCHEN

Sowohl den Herren als auch den Damen steht ein separater Duschbereich mit diversen Erlebnisduschen zur Verfügung. Im Wellnessbereich gibt es neben ge-

Fitnessstudio Pfitzenmeier – Premium Resort Neustadt

📍 Le Quartier Hornbach 31, 67433 Neustadt an der Weinstraße

📱 06321-49920 | 🌐 www.pfitzenmeier.de/resorts-und-clubs/neustadt.html

Die traditionelle Form des Schwitzens erfahren Sie in der Finnischen Blockhausauna. Bei einer hohen Temperatur von 90 °C und einer eher geringen Luftfeuchtigkeit zwischen 10 – 20 % werden Sie ordentlich ins Schwitzen gebracht.

Bei einem angenehmen Raumklima von 60 °C und einer relativen Luftfeuchte von 50 % können diejenigen entspannen, denen es in der klassisch finnischen Variante zu heiß und trocken ist. Ein besonderer Genuss ist im Sanarium® ein Saunagang im Liegen – neben der besseren Hitzeverteilung über den gesamten Körper fällt der Blick auf einen eingearbeiteten Sternenhimmel, der den Gedanken freien Lauf lässt.

DIE SAUNEN

BLOCKHAUSSAUNA
90 °C | 10 – 20 %

BIO-SAUNA
60 °C | 50 %

Fitnessstudio Pfitzenmeier – Premium Resort Neustadt

📍 Le Quartier Hornbach 31, 67433 Neustadt an der Weinstraße

☎ 06321-49920 | 🌐 www.pfitzenmeier.de/resorts-und-clubs/neustadt.html

FINNISCHE SAUNA
90 °C

Eine weitere finnische Sauna, die von Damen und Herren gemeinschaftlich genutzt wird, steht Ihnen ebenfalls mit 90 °C Raumtemperatur zur Verfügung. Fühlen Sie die Entspannung mit allen Sinnen und genießen regelmäßig wechselnde Aufgüsse.

DAMPFBAD
50 °C | 100 %

Ein kreisrunder, vollständig mit Mosaik gefliester Dampfraum in lachs- und weißfarbenen Steinchen wirkt besonders wohltuend auf Schleimhäute, Atemwege und Haut. Bei ca. 50 °C und nahezu 100 % Feuchtigkeit wird der nebelverhangene Raum zu einem entspannten Erlebnis.

DAMENBEREICH:
SAUNA
90 °C | 10 %

DAMPFBAD
50 °C | 100 %

Im Damenbereich können es sich die weiblichen Gäste ganz unter sich bequem machen und den regenerierenden Aufenthalt ungestört genießen. Die trockenheiße Damensauna mit 90 °C und ca. 10 % Luftfeuchte und das nass-warme Damendampfbad mit moderater Temperatur bei 50 °C und bis zu 100 % Feuchtigkeit versprechen ein klassischen Schwitzvergnügen. Spüren Sie die wohltuende Wirkung auf Haut und Atemwege und erlangen nach einer anschließenden Abkühlung eine spürbar weichere und erfrischte Haut.

DAS ABKÜHLEN

Damit die Durchblutung optimal gefördert wird und eine Stärkung der körpereigenen Abwehrkräfte stattfindet, muss die Hitze der Schwitzräume mit einer angemessenen Abkühlung unterbrochen werden. Die Schwallbrausen erfrischen Sie fächerartig mit einem drucklosen breiten Strahl und an kühleren Tagen bietet sich ein Gang auf die Dachterrasse an. Dort genießen Sie einen freien Blick in den Himmel und in die herrlich bergige Landschaft, relaxen auf gemütlichen Sonnenliegen und können eine kleine Wasseranlage beim Plätschern beobachten.

DER AUSSENBEREICH

Die Außenanlage umfasst ca. 100 qm. Ein schöner See, in den ein Schwimmteich integriert ist, eine Seeterrasse mit mehreren beschirmten Sitzmöglichkeiten und eine Dachterrasse geben Ihnen genug Freiraum, um sich an der frischen Luft zu erholen.

Fitnessstudio Pfitzenmeier – Premium Resort Neustadt

📍 Le Quartier Hornbach 31, 67433 Neustadt an der Weinstraße

📞 06321-49920 | 🌐 www.pfitzenmeier.de/resorts-und-clubs/neustadt.html

Eine Besonderheit des Fitnessstudio Pfitzenmeier in Neustadt ist ein in die Natur eingebetteter Schwimmteich in der Außenanlage. Drehen Sie gemütliche Runden in natürlicher Umgebung, genießen Sie eine Dusche über einen kleinen Wasserfall und beobachten die Fische in der angrenzenden Teichanlage. Wer sich lieber im Warmen aufhält, der kann sich eine Auszeit im erhöhten Wellnessbecken gönnen.

SCHWIMMBÄDER

Neben dem Wellnessbecken im gemischten Badbereich erstreckt sich eine Ruhe-landschaft mit ca. 24 Relaxliegen. Des Weiteren laden ein separater Ruheraum für Damen und auch die Dachterrasse zu ruhigen und Kraft tankenden Minuten ein.

RUHEMÖGLICHKEITEN

Ein Solarium versorgt Sie auch in den Wintermonaten mit ausreichend Sonne.

ZUSATZANGEBOTE

Allem voran besitzt das Fitnessstudio Pfitzenmeier neben der Saunalandschaft na-türlich ein herausragendes Fitnessangebot. Dieses bietet alles, um den gesamten Körper gesund zu halten und ihn zu stärken – alles für ein effektives Workout.

Im Kids Club kümmert sich ein erfahrenes Team liebevoll um den Nachwuchs. So können Sie in Ruhe trainieren und in der Sauna entspannen.

Das Bistro versorgt Sie mit verschiedenen Getränken und Snacks für den kleinen Hunger. In der Lounge ist Raum für Gespräche und erholsame Momente – auch das Sportprogramm lässt sich über einen Fernseher verfolgen.

GASTRONOMIE

Alle in Anspruch genommenen Leistungen können mit der EC-Karte beglichen werden.

ZAHLUNGSVERKEHR

Nutzen Sie ca. 300 kostenfreie Parkplätze direkt an der Anlage.

PARKMÖGLICHKEITEN

Deichwelle »HIER FINDEN SIE SPASS UND ENTSPANNUNG GLEICHERMASSEN«

📍 Andernacherstr. 55, 56564 Neuwied

☎ 02631 851668 | 🖷 02631 851677 | 🌐 www.deichwelle.de

GEBOTEN WIRD:

DAS RESÜMEE   Die Saunalandschaft der Deichwelle ist Teil des Sport- und Familienbades. Das angeschlossene Hallenbad, und in den Sommermonaten auch das Freibad, sind bereits im Saunaeintritt enthalten und können mit genutzt werden. Die Deichwelle liegt im Innenstadtbereich von Neuwied. Die Anlage umfasst ca. 2.000 qm im Innenbereich und 2.000 qm im Außenbereich.

DER EMPFANG   Am Empfang erhalten Sie Ihr Eintritts-Armband, mit dem Sie sowohl Zugang in die Saunalandschaft haben, als auch Ihren Umkleidespind verschließen können. Des Weiteren können Sie am Empfang Eintrittsgutscheine erwerben, Massageanwendungen buchen, Bademäntel, Saunahandtücher und Fleecedecken gegen eine geringe Gebühr ausleihen oder Artikel aus dem Bad-Shop erwerben. Außerdem können Sie im Eingangsbereich den Gastronomiebereich nutzen.

DIE ÖFFNUNGSZEITEN

Montag[1]	geschlossen
Dienstag – Freitag	12:00 – 22:00 Uhr
Samstag	09:00 – 22:00 Uhr
Sonntag und Feiertage	09:00 – 21:00 Uhr

[1] Während der Schulferien von Rheinland-Pfalz von 12:00 – 22:00 Uhr geöffnet

Jeden 2. Mittwoch im Monat findet die Damen-Sauna statt (nicht innerhalb der Schulferien von Rheinland-Pfalz). Lange Saunanacht: jeden 2. Samstag im Monat ist die Saunalandschaft bis 24:00 Uhr geöffnet (nicht zwischen Juni – August) | An Heiligabend, am 1. Weihnachtsfeiertag, an Silvester und Neujahr bleibt die Deichwelle geschlossen.

⌖ Andernacherstr. 55, 56564 Neuwied

☎ 02631 851668 | 🖷 02631 851677 | 🌐 www.deichwelle.de

	Erwachsene	Ermäßigt*	DIE PREISE
2-Stunden-Karte	12,60 Euro	11,60 Euro	
4-Stunden-Karte	16,60 Euro	15,60 Euro	
Tageskarte	18,80 Euro	17,80 Euro	
Pro zusätzliche ½ Stunde	+1,00 Euro	+1,00 Euro	
Sonn- und Feiertagen	+1,20 Euro	+1,20 Euro	

*Ermäßigt sind: Kinder und Jugendliche bis einschl. 17 Jahre (in Begleitung eines Erwachsenen), Schüler, Studenten bis einschl. 25 Jahre, FSJ-ler, Behinderte ab 60 %.

UMKLEIDEN | DUSCHEN

Es stehen eine Damen- und eine Herrensammelumkleide zur Verfügung. In diesen stehen jeweils 100 Schränke zur Verfügung, in denen die Bekleidung verwahrt werden kann. Wertschließfächer mit einem Münz-Pfand-Schloss befinden sich im Eingangsbereich der Saunalandschaft und können nach Einwurf einer 2-Euro-Münze verschlossen werden. Beide Umkleiden haben separate Reinigungsduschen und Sanitäranlagen. Im Innenbereich der Sauna steht der Duschbereich mit Schwalleimer, Schwallduschen, Kneippschlauch und Duschen mit Kalt- und Warmwasseranschluss zur Verfügung. Im Sauna-Außenbereich finden sich weitere Kaltduschen und Kneippschläuche. Weitere Sanitäranlagen finden sich im Eingangsbereich der Saunalandschaft und im Ruhebereich im 1. Stock.

DIE SAUNEN
DAMPFBAD
50 °C | 80 – 100 %

Die Düfte im Dampfbad mit einer Temperatur von 50 °C und einer Luftfeuchte von 80 – 100 % vitalisieren Haut und Haar und wirken gleichzeitig befreiend auf die Atemwege.

SOFTSAUNA
60 °C | 30 %

Die Softsauna ist der ideale Einstieg in das Saunabaden und heizt Ihnen bei 60 °C und 30 % Luftfeuchte ein. Bei wechselndem Stimmungslicht und Entspannungsmusik können Sie den Alltag hinter sich lassen.

Deichwelle ›HIER FINDEN SIE SPASS UND ENTSPANNUNG GLEICHERMASSEN‹

📍 Andernacherstr. 55, 56564 Neuwied
📱 02631 851668 | 🖨 02631 851677 | 🌐 www.deichwelle.de

FINNISCHE SAUNA
95 °C

Im Innenbereich erwartet Sie eine Finnische Sauna mit 95 °C und einer Luftfeuchte von 5 – 10 %, die zur körperlichen Erholung und Muskelentspannung dient. In der Finnischen Sauna bietet das Bad Ihnen abwechslungsreiche Aufgüsse an.

KRÄUTERSAUNA
85 °C

Hier ist der Name Programm! Bei einer Temperatur von 85 °C verstreuen die unterschiedlichen Kräuter in einem Kupferkessel auf dem Saunaofen ihren wohltuenden Duft.

ERDSAUNA
95 °C

Der Eingang der Erdsauna ist in einen Hang eingelassen. Das kühle Erdreich und die massiven Kelohölzer erzeugen ein mildes Klima, das trotz der hohen Temperatur von 95 °C außerordentlich gut verträglich ist. Das Flammenspiel des Kamins und der Duft des Holzes wirken beruhigend auf die Sinne.

GARTENSAUNA
90 °C

Genießen Sie ein Gefühl von Freiheit beim Blick durch die großen Panoramascheiben in den idyllischen Saunagarten. Erleben Sie auf drei Etagen und einer Temperatur von 90 °C abwechslungsreiche Aufgüsse.

 Andernacherstr. 55, 56564 Neuwied

 02631 851668 | 02631 851677 | www.deichwelle.de

Die richtige Abkühlung unmittelbar nach dem Schwitzen sorgt für das unverwechselbare, frische, wohltuende und freie Gefühl nach dem Saunieren. Wählen Sie selbst zwischen einem lauwarmen, sanften Schauer oder einer kalten Dusche. Das fördert die Durchblutung und strafft das Bindegewebe. Neben einem Tauchbecken stehen die klassischen Schwall- und Kübelduschen zum Abkühlen zur Verfügung. Fußwärmebecken machen das Angebot komplett.

DAS ABKÜHLEN

Für Kühlung des ganzen Körpers sorgt ein Tauchbecken mit 6 °C kaltem Wasser. Blutgefäße der oberen Hautschicht ziehen sich reflexartig zusammen, um sich anschließend wieder kribbelnd auszudehnen.

TAUCHBECKEN

Ein Fußbad – als warmkaltes Wechsel- oder beruhigendes Wärmebad – gehört zum traditionellen Saunagang. Vor allem Menschen mit anhaltend kalten Füßen bereiten ihren Körper mit einem 37 °C warmen Fußbad optimal auf den Saunagang vor. Die Gefäße weiten sich und sorgen für den ungehinderten Transport der Wärme ins Innere des Körpers. Auch nach der intensiven Abkühlung im Anschluss an den Saunagang hilft das warme Fußbad, über die geweiteten Blutgefäße den Wärmefluss in umgekehrte Richtung zu fördern.

FUSSWÄRMEBECKEN

Deichwelle »HiER FiNDEN SiE SPASS UND ENTSPANNUNG GLEiCHERMASSEN«

⚲ Andernacherstr. 55, 56564 Neuwied

☎ 02631 851668 | 🖷 02631 851677 | 🌐 www.deichwelle.de

SCHWALLDUSCHE

Nach dem Saunabad gönnen Sie Ihrem Körper ein wenig Erholung, indem Sie sich zunächst eine lauwarme Dusche oder einen Spaziergang an der frischen Luft gönnen. Danach tauchen Sie in die Welt der Erfrischung ein, mit einer Schwalldusche oder einem Kneippguss mit dem kalten Schlauch. Unempfindliche Naturen wagen auch einen Besuch des Tauchbeckens.

DAS WARMSITZBECKEN

Das Warmsitzbecken verwöhnt Sie mit ca. 35 °C Wassertemperatur. Die hohe Temperatur hilft dem Körper bei der Entspannung und Regeneration.

AUSSENANLAGE

Im Außenbereich finden Sie die Gartensauna, die Erdsauna und die Kräutersauna. Des weiteren befindet sich hier ein Bereich mit Kaltduschen. Ruhemöglichkeiten bieten Ihnen der Ruheraum im Außenbereich, die große Sonnenterasse oder die gemütliche Saunawiese.

SCHWIMMBÄDER

Als Saunagast haben Sie die Nutzung des Hallenbades inklusive. Hier steht Ihnen ein 25-m-Sportbecken, ein Sprungbecken, ein Aktivbecken, ein Ganzjahresaußenbecken sowie eine 85-m-Röhrenrutsche und ein Kleinkinderbecken zur Verfügung.

RUHEMÖGLICHKEITEN

In den großzügigen Ruheräumen stehen Ruhe und Entspannung im Vordergrund.

TERRASSE AUSSEN

Besonders im Sommer lädt die Terrasse zum Entspannen und Sonnenbaden ein.

SAUNAGARTEN

Nach dem Saunagang können Sie im Saunagarten an der frischen Luft flanieren oder es sich auf einer der Liegen gemütlich machen.

SCHLAFRAUM

Viele Gäste genießen nach dem Schwitzen die ausgiebige Ruhe. Ein Schlafraum mit Wasserbetten bietet Ihnen die Möglichkeit, einmal so richtig abzuschalten.

♀ Andernacherstr. 55, 56564 Neuwied

☎ 02631 851668 | 🖶 02631 851677 | ✉ www.deichwelle.de

Das neu gestaltete Kaminzimmer lädt zum gemütlichen Aufenthalt ein. Bequeme Lounge-Möbel und ein behagliches Ambiente laden zum relaxen in ruhiger Atmosphäre ein.

KAMINZIMMER

Hier erhalten Sie aus einem abwechslungsreichen Angebot alles was das kulinarische Herz begehrt, schauen Sie vorbei, der Pächter freut sich auf Ihren Besuch.

SAUNABAR

Das professionelle und hervorragend ausgebildete Thai-Massage-Team von Jirawan-Wellness entführt Sie in das Reich der Entspannung.

WELLNESS | MASSAGE

Damensauna (Beschreibung siehe unter „Öffnungszeiten") Lange Saunanacht (Beschreibung siehe unter „Öffnungszeiten) Sauna-Events: Hier werden über das Jahr verteilt Sauna-Events angeboten. Diese finden jeweils samstags von 17:00 – 24:00 Uhr statt. Die Termine sind teilweise variabel. Hier also bitte regelmäßig auf die Internetseite www.deichwelle.de vorbei schauen. Ein festes Event ist die Halloween-Saunanacht, die jeweils am 31. Oktober stattfindet.

EVENTS

Gastronomie befindet sich im Innenbereich der Sauna. Hier findet der Gast eine Auswahl an diversen Speisen und Getränken. Die Bezahlung in der Gastronomie erfolgt mit Bargeld.

GASTRONOMIE

Die Bezahlung am Empfang und in der Gastronomie kann in bar, per EC-Karte Oder mit einem Geschenkgutschein erfolgen.

BEZAHLMÖGLICHKEITEN

Es gibt einen eigenen kostenfreien Parkplatz mit genügend Parkmöglichkeiten auf dem Gelände der Deichwelle. Behinderten-Parkplätze sind im Eingangsbereich vorhanden.

PARKMÖGLICHKEITEN

SPA2be »SAUNA – WELLNESS – GESUNDHEIT«

📍 Ismertstraße 1, 66346 Püttlingen

☎ 06898 65020 | 🖨 06898 689688 | 🌐 www.spa2be-gehl.de

GEBOTEN WIRD:

DAS RESÜMEE

Das SPA2be befindet sich in den beiden unteren Etagen eines Wohn- und Geschäftshauses, direkt neben einer Heilpraktiker-Schule. Die Gesamtfläche beträgt etwa 500 qm. Es erwartet Sie eine Oase der Stille, ein Stück Orient am Rande der Großstadt. Mit einer Kapazität von maximal 38 Gästen gehört das SPA2be zu den kleineren Saunen und zählt wegen der entspannenden Atmosphäre und der liebevoll ausgesuchten Ausstattung noch zu den echten Geheimtipps.

DER EMPFANG

Hier erhalten Sie ein Chip-Armband, das Sie zum Verschließen Ihres Spindes benötigen. Sollten Sie spontan ohne Bademantel oder Saunatuch angereist sein, können Sie Bade-Utensilien hier auch ausleihen.

DIE ÖFFNUNGSZEITEN

Montag	14:00 – 22:00 Uhr	Herrensauna
Dienstag	10:00 – 22:00 Uhr	Damensauna
Mittwoch	10:00 – 22:00 Uhr	gemischte Sauna
Donnerstag	10:00 – 22:00 Uhr	Damensauna
Freitag	12:00 – 22:00 Uhr	Herrensauna
Samstag*	14:00 – 20:00 Uhr	gemischte Sauna
Sonntag*	11:00 – 20:00 Uhr	gemischte Sauna

*Jedes 1. und 3. Wochenende im Monat.

An allen anderen Wochenenden, an Feiertagen sowie an den Wochenenden während der Sommermonate Juni, Juli und August ist geschlossen. Informieren Sie sich vor Ihrem Besuch über die aktuellen Öffnungszeiten.

SPA2be »SAUNA - WELLNESS - GESUNDHEIT«

Ismertstraße 1, 66346 Püttlingen
06898 65020 | 06898 689688 | www.spa2be-gehl.de

Der Eintritt kostet 17,00 Euro für vier Stunden, die Tageskarte wird mit 20,50 Euro berechnet. An Werktagen gibt es ab 19:00 Uhr den After-Work-Tarif für 13,50 Euro. Sonderpreise für Mehrfach- und Wertkarten.

DIE PREISE

Im Umkleideraum ziehen sich Damen und Herren gemeinsam um. Sie können Ihren Schrank frei wählen, Pfand wird nicht benötigt. Auch die vier in der Temperatur regelbaren Vorreinigungs-Brausen sind gemischt zu nutzen.

UMKLEIDEN | DUSCHEN

Drei Schwitzräume und der Hamam stehen zur Nutzung bereit. Die Thematisierung der Saunalandschaft reicht von der osmanischen Kultur bis hin zu Stilelementen aus Indien und dem Himalaya. Die Aufgüsse finden immer zur vollen Stunde statt.

DIE SAUNEN

Maximal zwanzig Saunafans treffen sich stündlich zu den Erlebnis-Aufgüssen bei 90 °C. Drei Sitzstufen stehen zur Verfügung, wobei ein hinterleuchtetes Bild mit wechselnden Motiven über dem Ofen als Blickfang dient und dazu einlädt die Gedanken abschweifen zu lassen.

DIE AUFGUSSSAUNA
90 °C

Ein kleines, gemütliches Sanarium schmiegt sich in die Ecke. Eine, mit Kräutern gefüllte, Verdampferschale über dem Ofen sorgt für einen angenehmen Duft. Bei 65 °C und mittlerer Luftfeuchte können sich hier bis zu acht Gäste aufhalten.

DIE KRÄUTER-SAUNA
65 °C

Die runde, mit rötlichen Talerkacheln ausgekleidete Dampfkammer, wird von einem Sternenhimmel überspannt. Bei 45 °C können in dem warmen Dunst sechs Personen schnell ins Schwitzen kommen.

DAS DAMPFBAD
45 °C

DER HAMAM-RAUM

Sehr stilsicher nach türkischem Vorbild wurde im SPA2be einer der seltenen Hamams in Südwest-Deutschland erbaut. Der warme Nabelstein aus weißem Marmor in der Raum-Mitte erlaubt das entspannte Liegen für zwei Besucher. Auf den Wärmebänken an der Wand können sechs weitere Gäste Platz nehmen. Strahlenförmige Wandleuchten und eine goldfarbene Kuppel verleihen dem Raum eine mystische Ausstrahlung.

SPA2be »SAUNA – WELLNESS – GESUNDHEIT«

📍 Ismertstraße 1, 66346 Püttlingen
📱 06898 65020 | 🖨 06898 689688 | 🌐 www.spa2be-gehl.de

DAS ABKÜHLEN

Direkt neben der Aufgusssauna befindet sich die Duschecke mit kalter Schwall- und Tellerdusche, Kneippschlauch sowie drei in der Temperatur regelbaren Brausen.

DIE WARMBECKEN

Zwei mit roter Kleinkeramik verzierte Becken dienen zum Wechselbad für die unteren Extremitäten, hierbei sitzt man auf wohlig bewärmten Sitzbänken.

RUHEMÖGLICHKEITEN

»Nimm Dir Zeit, um glücklich zu sein.« Dieser Spruch ist an einer der Wände zu lesen und man sollte ihn beherzigen. Dazu gehört auch, zwischen den Saunagängen Muße für ein kleines Schläfchen zu finden. Der Blick ins eigene Innere fällt hier leicht, denn die verspielt dekorierten Ruheräume laden zum Faulenzen ein. Nicht nur im abgedunkelten Silentraum herrscht angenehme Stille, sondern auch im Airlebnis-Frischluftraum und im oberen Ruheraum. Zudem kann man es sich, bei einer aktuellen Zeitschrift, in der orientalischen Sitzecke zwischen Buddha-Statuen oder auch in der Lounge-Ecke unten bequem machen. Genießen Sie dabei eine Tasse Tee aus dem stilechten Samowar von der kostenlosen Teebar.

WELLNESS

Eine Spezialität im SPA2be sind die Massagen, die es in vielfältiger Form gibt, und die man auch ohne Saunabesuch buchen kann. Neben verschiedenen physiotherapeutischen Anwendungen, Packungen und Fango, stehen Wellness-Massagen aus aller Welt auf dem Programm. Ein Schwerpunkt liegt dabei auf ayurvedischen Massagetechniken wie Upanahasveda, Mukabhyanga oder Padabhyanga. Ebenfalls

sehr entspannend sind Kräuter- und Fruchtstempel-Massage, Hot-Stone- und Aromaöl-Massagen. Empfehlenswert ist aber auch die türkische Seifenschaum-Bürsten-Massage, die hier sehr authentisch in einem eigenen Hamam-Massageraum durchgeführt wird.

EVENTS

Eine Vielzahl von thematisierten Abenden runden das Angebot der Püttlinger Saunalandschaft ab. Die Saunanächte beziehen sich beispielsweise auf die russische, japanische, balinesische oder schweizerische Kultur. Auch Polarnacht oder Mittsommer-Nacht sind im Programm. Regelmäßig werden außerdem Wellness-Tage für Einsteiger und Verwöhn-Dich-Tage durchgeführt.

GASTRONOMIE

Die Auswahl an Snacks und Getränken im Bistro „Veda" ist nicht riesig, aber lecker. Probieren Sie doch mal die Maronen-Steinpilz-Suppe! Oder lassen Sie sich eines der selbstgemachten Baguettes schmecken.

ZAHLUNGSVERKEHR

Alle Leistungen werden auf den Transponder gebucht und beim Verlassen der Sauna abgerechnet.

PARKMÖGLICHKEITEN

Es gibt mehrere kostenfreie Parkplätze direkt am Haus. Für die Wohnmobil-Übernachtung empfiehlt sich der kostenlose Stellplatz am Weltkulturerbe Völklinger Hütte, in rund sechs Kilometer Entfernung.

monte mare Rheinbach »MEINE PAUSE VOM ALLTAG«

⚲ Münstereifeler Straße 69, 53359 Rheinbach

☏ 02226 9030-0 oder 9030-28 (Sauna / Wellness) | 🌐 www.monte-mare.de/rheinbach

GEBOTEN WiRD:

DAS RESÜMEE	Die Anlage des »monte mare« gliedert sich in das Sport- und Freizeitbad, das Indoor-Tauchzentrum und das Sauna- & Wellnessparadies. Jeder einzelne Bereich bringt Ihnen den Urlaub ganz nah. Im Freizeitbad sind es tropisch warmes Wasser, sommerliche Temperaturen, rauschende Wellen und rasante Riesenrutschen, die zu begeistern wissen. Die Kleinen sind in der Kindererlebniswelt optimal versorgt.
TAUCHEN	Tauchen Sie in über 200 qm Wasserfläche bis zu 10 m tief und erleben Sie eine einzigartige Rifflandschaft, sprudelnde Unterwasservulkane und ein versunkenes Bootswrack.
DER SAUNABEREICH	Das »Saunaparadies« schließlich gleicht einer Oase. Die orientalisch anmutende Gestaltung im Innenbereich verzaubert jeden Besucher. Arabische Lampen, verzierte Fenster und Rundbögen finden sich auf farblich freundlicher Wandgestaltung und blau gemaltem Himmel. Viele Pflanzen erzeugen ein angenehmes Raumklima. Im Außenbereich erwartet Sie eine einzigartig gestaltete Landschaft.
DIE GRÖSSE	Der Sauna-Innenbereich umfasst 2.500 qm.
DER EMPFANG	An der Kasse können Bademäntel und Handtücher geliehen werden. Im direkt anliegenden Tauchshop werden neben Tauch-Utensilien auch Badesachen verkauft. Pflegemittel und Öle sind auch im Saunabereich erhältlich.
DIE ÖFFNUNGSZEITEN SAUNA	Montag bis Donnerstag von 9:00 – 23:00 Uhr	Freitag und Samstag von 9:00 – 24:00 Uhr	Sonntag von 9:00 – 21:00 Uhr.

monte mare Rheinbach »MEINE PAUSE VOM ALLTAG«

⚲ Münstereifeler Straße 69, 53359 Rheinbach
☎ 02226 9030-0 oder 9030-28 (Sauna / Wellness) | 🌐 www.monte-mare.de/rheinbach

4-Stunden-Karte 29,50 Euro | Tageskarte 35,50 Euro. Frühstartertarif (9:00 – 15:00 Uhr) 24,50 Euro | Samstag, Sonntag und feiertags 3,00 Euro Aufschlag. Im jeweiligen Preis ist die Nutzung des Sport- und Freizeitbades mit eingeschlossen.

DIE PREISE

Gäste ziehen sich in Einzelkabinen um. In der Badelandschaft duschen Frauen und Männer getrennt, im Saunabereich gemeinsam.

UMKLEIDEN | DUSCHEN

Die Sauna-Landschaft gliedert sich in die Bereiche »Oase der Sinne«, »Sauna innen « und »Sauna außen« und bietet insgesamt elf Saunen und Dampfbäder, in denen es mindestens zu jeder vollen Stunde einen Aufguss mit ätherischen Ölen und Salz-Abrieb, »Wenik« oder süßem Honig gibt. Die Oase der Sinne ist mit einer Aufguss-Sauna, einem Brechelbad, einem Dampfbad, einem Maurischen Schlammbad, einem Kräuterbad, einem »Laconium« und einer Aroma-Zisterne ausgestattet. Der Sauna-Innenbereich wartet mit einer Niedertemperatur- und einer Mental-Sauna auf Sie.

DIE SAUNEN

Im Außenbereich vollenden die Erd- und die Teich-Sauna sowie die Gartensauna die Sauna-Landschaft.

monte mare Rheinbach »MEINE PAUSE VOM ALLTAG«

♀ Münstereifeler Straße 69, 53359 Rheinbach

☎ 02226 9030-0 oder 9030-28 (Sauna / Wellness) | 🌐 www.monte-mare.de/rheinbach

»OASE DER SINNE«
DIE AUFGUSS-SAUNA
85 – 95 °C

Diese Sauna besitzt einen symmetrischen Aufbau in klassischer finnischer Bauweise. Zwei Öfen bringen den Raum auf eine Temperatur zwischen 85 – 95 °C. Etwa 30 Personen finden hier Platz. Unterschiedliche Aufgüsse wie z. B. Pfefferminz, Vanille, Kräuter oder natur pur runden das Angebot ab.

DAS BRECHELBAD
60 – 70 °C

Eine trockene Finnische Sauna, die mit Rundbögen als Wandverkleidung, Lichtstrahlern von der Decke und einem Amethysten ausgestattet ist. Ein Ofen hält die Temperatur bei 60 – 70 °C. Die Sauna ist für etwa 30 Personen konzipiert.

DAS DAMPFBAD
42 – 45 °C

Angenehme 42 – 45 °C laden zum Verweilen auf erwärmten Sitzbänken ein. Das Dampfbad ist rund und gefliest, der Dampferzeuger in der Mitte sorgt für die nötige Luftfeuchte. Platz für etwa 20 – 25 Personen ist vorhanden.

DAS MAURISCHE
SCHLAMMBAD
37 – 42 °C

Das Bad befindet sich in einem separaten Bereich mit zwei Duschen. Im Bad selber gibt es Einzelsitze. Genießen kann man unterschiedliche Zeremonien u.a. mit feuchtigkeitsspendender Ganzkörperpflege dank eines Heilschlammes, dessen Zusammensetzung auf uralten Rezepten basiert. Die Temperatur im Bad liegt bei 37 – 42 °C. Eine Voranmeldung zur Nutzung gegen Aufpreis ist notwendig.

DAS KRÄUTERBAD
37 – 42 °C

Ein Dampfbad mit angenehmem Duft von wechselnden Kräuter-Essenzen, das Platz für acht Personen bietet. Der runde, gefliese Raum ist mit 37 – 42 °C temperiert.

DAS »LACONIUM«
55 – 65 °C

Dieses Römische Schwitzbad ist im klassisch-römischen Stil erbaut – mit Rundbögen an den Wänden und dezenter Farbgestaltung. In der Mitte befindet sich ein Brunnen. Daneben ist ein körpergeformter, erwärmter Liegebereich für etwa sechs Personen; Granitliegen links und rechts des Eingangs bieten Platz für vier Personen, die sich bei 55 – 65 °C erquicken können.

DIE AROMA-ZISTERNE
37 – 42 °C

Ein achteckiger Raum mit einer Temperatur von 37 – 42 °C, der Platz für 12 Personen bietet. Mittig gibt es einen kleeblattförmigen Brunnen mit automatischem Aufguss. Vier auf dem Brunnen sitzende Frösche spucken von Zeit zu Zeit Wasser auf Steine, die sich ebenfalls auf dem Brunnen befinden.

monte mare Rheinbach »MEINE PAUSE VOM ALLTAG«

♀ Münstereifeler Straße 69, 53359 Rheinbach
☎ 02226 9030-0 oder 9030-28 (Sauna / Wellness) | ✆ www.monte-mare.de/rheinbach

Eine orientalische Sauna mit musikalischer Untermalung und großem Fenster, das einen weiten Einblick auf den Außenbereich gewährt. Die obere Fläche ist ein großer Liegebereich mit Platz für 12 – 15 Personen, die weiteren Flächen bieten nochmals Platz für etwa 12 – 15 Personen, sodass in dieser Sauna gut 30 Personen gleichzeitig schwitzen können. Ein verzierter Ofen sorgt über zwei Ebenen für Temperaturen um die 55 – 75 °C bei 15 – 30 % relativer Luftfeuchtigkeit.

DIE NIEDER-TEMPERATUR-SAUNA
55 – 75 °C | 15 – 30 %

Links und rechts des Ofens sind vertikal Lichtröhren an der Wand angebracht, die die Sauna wechselseitig mit unterschiedlichen Farben ausleuchten. Bei 50 °C und ca. 50 % Luftfeuchtigkeit finden 25 – 30 Personen Platz.

DIE MENTAL-SAUNA
50 °C | 50 %

Eine Rundstamm-Sauna, die mit loderndem Kaminfeuer aufwartet. Rechts des Kaminfeuers befindet sich mit dem Ofen und seinen gehäuften Steinen die eigentliche Wärmequelle. Die rustikale Bauweise und 9 – 100 °C lassen 25 – 30 Personen eine gesunde Erdverbundenheit spüren. Das Grasdach sowie die harmonische Eingliederung der Sauna in die Außenanlage verwöhnen auch das Auge des Saunierers.

DIE ERDSAUNA
90 – 100 °C

Ebenfalls eine Rundstamm-Sauna mit Grasdach, die mit »Kelo«-Holz aus Finnland erbaut wurde. 70 – 80 °C bringen bis zu 35 Personen ins Schwitzen. Die Sauna hat einen kleinen Vorraum und zwei Fenster, die den Blick auf die Holzterrasse – direkt an einem Teich gelegen – zulassen. Hier gibt es den »Wenik«- Aufguss oder sogar den Doppel-»Wenik«-Aufguss.

DIE TEICHSAUNA
70 – 80 °C

Diese Sauna ist aus den Stämmen der Polarkiefer gefertigt. Aufgrund der Größe können Sie hier bei 85 – 95 °C einen unvergleichlichen Saunagang genießen. Entspannen Sie bei Aufgüssen oder Klangschalenzeremonien in der Gartensauna, in der bis zu 100 Personen Platz finden.

DIE GARTEN-SAUNA
85 – 95 °C

Jeder einzelne Saunabereich hat seine eigenen Abkühlmöglichkeiten. Im Bereich »Sauna innen« erwarten Sie eine als Eckdusche konzipierte Erlebnisbrause, eine

DAS ABKÜHLEN

monte mare Rheinbach »MEINE PAUSE VOM ALLTAG«

📍 Münstereifeler Straße 69, 53359 Rheinbach

📱 02226 9030-0 oder 9030-28 (Sauna / Wellness) | 🌐 www.monte-mare.de/rheinbach

Schwalldusche sowie etliche Warm-Kalt-Brausen. Zudem gibt es ein sehr großes, halbrundes Tauchbecken. Im Bereich »Sauna außen« steht, neben den in einen Felsen integrierten Warm-Kalt-Duschen, ein tipi-förmiges Zelt mit weiteren Duschen. Neben der Gartensauna befindet sich auch ein großer Duschbereich.

In der »Oase der Sinne« schließlich befindet sich die Eisgrotte, die zum Abrieb mit Scherbeneis nach dem Saunagang einlädt oder für eine Kühlung zwischendurch geeignet ist. Eiszapfen und blaues Licht geben der Eisgrotte eine zusätzlich kühlende Note. Eine Erlebnisdusche, Schwallduschen, Regendruckduschen, Warm-Kalt-Brausen sowie eine Kübeldusche runden die Vielfalt an Abkühlung ab.

DAS KNEIPPEN
Auch den Freunden des Kneippens werden viele Möglichkeiten geboten: diverse Kneippschläuche in den verschiedenen Bereichen, ein Kneipp-Fußbecken und ein Kneipp-Gang. Zudem gibt es ein zentral gelegenes Kneipp-Rondell mit Brunnen in der Mitte, das zum Verweilen und angenehmen Plauschen einlädt.

DER WHIRLPOOL
Jeweils ein Whirlpool befindet sich im Innen- und im Außenbereich.

DIE AUSSENANLAGE
Der Außenbereich ist, durch die gewachsene Struktur mit Bäumen und Pflanzen, sehr harmonisch und naturverbunden. Die Saunen sind schön in die Umgebung eingepasst. Ein Bachlauf mit zwei Brücken, der schließlich in einen Teich mündet, befindet sich mittig. Es gibt reichhaltige Möglichkeiten, sich auf Liegen auszuruhen, teilweise ist die Liegefläche auch überdacht. Eine großzügige Sonnenterasse lädt zu einem kühlen Getränk oder einem leckeren Snack ein.

DIE SCHWIMMBÄDER
Es gibt ein Außenbecken mit Sprudel- und Massageliegen sowie einen Innenpool mit Massageliegen. Diese beiden Becken sind miteinander verbunden.

RUHEMÖGLICHKEITEN
Das monte mare WellnessHaus bietet auf über 1.000 qm viel Platz für die Wellness-Anwendungen und im ersten Stock mehrere, großzügige und stilvoll eingerichtete Ruheräume wie beispielsweise die Kaminlounge oder das „Atrium", hier fällt

 Münstereifeler Straße 69, 53359 Rheinbach
 02226 9030-0 oder 9030-28 (Sauna / Wellness) | www.monte-mare.de/rheinbach

das Licht über ein großes Dachfenster in der Mitte des Raums ein. Der »Mental-Ruheraum« ist höhlenartig gebaut und beinhaltet drei Wasserbetten und vier Wärmeliegen. Der Schlafraum oder »Orientalische Ruheraum« ist frei nach dem Motto »1000 und eine Nacht« gestaltet. Das Firmament ist mit Stoff abgehangen und mit wechselnden Farblichtern dekoriert. Die Wände sind handbemalt. Große Matratzen, die entweder einer oder zwei Personen Platz zum Ausruhen und Schlafen bieten, sowie zusätzlich ausreichend Decken, sorgen für Erholung pur.

Der Ruheraum ist sehr großzügig gestaltet und mit über 50 Liegen mit Unterlage und Decken ausgerüstet. Orientalische Wandgemälde und Lampen erzeugen unterschiedliche Stimmungen. Teilweise trennen Holzwände Unterbereiche ab. Eine komplette Fensterfront ermöglicht den Blick in den Außenbereich.

Eine Vielzahl von Massagen laden zum Entspannen ein. Von klassischer Massage als Teilkörper- oder Ganzkörpermassage und Fußreflexzonenmassage über unterschiedliche Wellnessmassagen sowie Rasul-Anwendungen reicht das Angebot.

MASSAGEN

Die Halloween-Saunanacht oder Grillabende im Saunagarten sind nur einige Beispiele. Weitere Informationen erhalten Sie am Empfang oder unter www.monte-mare.de/rheinbach.

EVENT

Im Eingangsbereich der Sauna liegt der große, orientalisch gestaltete Gastronomiebereich. Hier gibt es leicht bekömmliche Speisen, Pasta, Fisch und Fleisch. Die Speisen können auch im Außenbereich verzehrt werden.

GASTRONOMIE

Abgerechnet wird mit einer Chipkarte, auf der ebenfalls verzehrte Speisen und Getränke gespeichert werden, im Anschluss an den Besuch der Anlage. Barzahlung, EC-Karte und Visa- oder Master-Karte sind möglich.

ZAHLUNGSVERKEHR

Vor der Anlage parken Sie kostenfrei.

PARKMÖGLICHKEITEN

Freizeitbad Rheinböllen »DAS ERLEBNISBAD IM HUNSRÜCK«

⚲ Auf der Bell 25, 55494 Rheinböllen

☎ 06764/96 11 80 | 🌐 www.freizeitbad-rheinboellen.de

GEBOTEN WIRD:

🍴 🏊 🚗 🌿

DAS RESÜMEE

Wer Aktion mag ist im „Freizeitbad Rheinböllen" genau an der richtigen Adresse. Die Black-Hole-Rutsche mit flirrenden Lichtern ist ein Erlebnis für sich. Sie ist 68,5 m lang und beginnt in 7 m Höhe. Im Kindererlebnisbecken können die jüngeren Besucher des Freizeitbades planschen, spielen und sich auf der Kinderrutsche austoben. Im Baby- bzw. Kleinkinderbecken kommen die ganz Kleinen auf ihre Kosten.

Im 30 °C warmen Mehrzweckbecken können Sie entspannt ihre Bahnen schwimmen oder sich angenehm von den Wasserkanonen und Luftsprudlern massieren lassen. Vom Schwimmerbecken aus gelangt man über eine Schleuse in das beheizte Außenbecken. Entspannung findet man im Hot-Whirl-Pool und in der Ruhezone auf der Galerie. Hier kann man so richtig relaxen und hat einen tollen Ausblick auf die Becken. Im Sommer kann man sich auch im Freien auf der weitläufigen Liegewiese in der Sonne aalen oder sich auf dem Beachvolleyballfeld ein heißes Match liefern.

DIE GRÖSSE

Wenn Sie gerne in die Sauna gehen, sind Sie im Freizeitbad Rheinböllen gut aufgehoben. Die Saunaanlage ist hell, freundlich und gemütlich. Sie wurde 2004 modernisiert und auf rund 260 qm erweitert. Das gesamte Bad ist auf Barrierefreiheit – teilweise barrierefrei für Menschen mit Gehbehinderung – geprüft.

DIE ÖFFNUNGSZEITEN

Montag* – Mittwoch & Freitag	14:00 – 21:00 Uhr	Samstag	13:00 – 18:00 Uhr
Donnerstag	14:00 – 22:00 Uhr	Sonntag & Feiertag	09:00 – 18:00 Uhr

Freizeitbad Rheinböllen »DAS ERLEBNISBAD IM HUNSRÜCK«

Auf der Bell 25, 55494 Rheinböllen
06764/96 11 80 | www.freizeitbad-rheinboellen.de

*Montag: Damensauna | Während der Ferien in Rheinland-Pfalz ist der Saunabereich ab 14:00 Uhr geöffnet. Bitte beachten Sie auch die besonderen Öffnungszeiten/kurzfristigen Schließtage auf der Homepage.

Saunalandschaft: Tagesticket Erwachsene 10,00 Euro, Kinder & Jugendliche (5 bis einschl. 16 Jahre) 6,50 Euro
Kombi-Card (Sauna & Schwimmbad): Tagesticket Erwachsene 13,50 Euro, Kinder & Jugendliche (5 bis einschl. 16 Jahre) 8,00 Euro

DIE PREISE

Männer und Frauen können sich gemeinsam umkleiden und duschen. Es stehen auch Einzelkabinen zur Verfügung. Die Saunaanlage kann sowohl textilfrei, als auch mit üblicher Badebekleidung genutzt werden. In bestimmten Bereichen (z. B. Ruheräume, Gastronomie) gelten besondere Bestimmungen.

UMKLEIDEN | DUSCHEN

Die Finnische Sauna lädt zum Relaxen und Wohlfühlen ein. Das klassische Saunaklima stärkt das gesamte Herz-Kreislauf-System und wirkt positiv auf das Immunsystem. In der Sauna gibt es Platz für ca. 18 Personen. Bei den stündlichen Aufgüssen kommt eine abwechslungsreiche Palette von aromatischen Duftölen und ätherischen Ölen zum Einsatz.

DIE SAUNEN
FINNISCHE SAUNA
90 °C

Das Tepidarium – Klima vermittelt dem Badegast eine angenehme Entspannung bei milder Feuchte. Auch hier können bis zu 18 Personen gleichzeitig entspannen; nicht zuletzt aufgrund der Lichteffekte in der Kabine.

TEPIDARIUM
60 °C

Der feine Wasserdampf befeuchtet die Atemwege und kann bei Atemwegsproblemen lindernd wirken. Auch die entspannende Wirkung auf die Muskulatur ist bekannt. Bis zu 8 Personen finden hier Platz.

RÖMISCHES DAMPFBAD
45 °C

Freizeitbad Rheinböllen »DAS ERLEBNISBAD IM HUNSRÜCK«

♥ Auf der Bell 25, 55494 Rheinböllen

☎ 06764/96 11 80 | 🌐 www.freizeitbad-rheinboellen.de

DAS ABKÜHLEN
Nach dem Saunagang können Sie wählen, ob Sie sich im Tauchbecken abkühlen möchten oder lieber unter den Erlebnisduschen, die wahlweise sanften Tropenregen oder Eisregen simulieren und zusätzlich mit Lichteffekten punkten.

DER AUSSENBEREICH
Der Außenbereich ist mit Liegen bestückt und bietet genug Platz zum Entspannen für die Saunierer.

RUHEMÖGLICHKEITEN
Natürlich steht den Gästen auch ein großzügiger Ruhebereich mit Blick nach außen und vielen Kippliegen zur Verfügung. Auch eine kleine Sitzgruppe lädt zum Verweilen ein. Selbstbewirtung ist gestattet (glasfrei).

EVENTS
Um keine Langeweile aufkommen zu lassen, denken sich die Mitarbeiter*innen regelmäßig besondere Events aus wie z.B. Tropische Nacht, Bayrische Nacht u.v.m. Informieren Sie sich gerne auf der Homepage.

Freizeitbad Rheinböllen »DAS ERLEBNISBAD IM HUNSRÜCK«

📍 Auf der Bell 25, 55494 Rheinböllen
📱 06764/96 11 80 | 🌐 www.freizeitbad-rheinboellen.de

Die Pächterin des „Bistros Aquafun" bietet ein reichhaltiges Angebot wie selbstgemachte Pizza, Salate, Eis, Kaffee und Kuchen, Snacks und Getränke aller Art an. Genügend Sitzgelegenheiten sowohl im Innenbereich als auch auf der Außenterrasse sind vorhanden.

GASTRONOMIE

Sie können Ihren Saunabesuch bar oder mit EC-Karte bezahlen.

ZAHLUNGSVERKEHR

Unmittelbar am Freizeitbad können Sie kostenlos parken.

PARKMÖGLICHKEITEN

Aqualouis »KÖNIGLICHES BADE- UND SAUNAERLEBNIS«

📍 Holtzendorffer Straße 9, 66740 Saarlouis

📱 06831 95953-626 | 🖨 06831 95953-629 | 🌐 www.aqualouis.de

GEBOTEN WIRD:

🍴 🏊 ♿ 🚗 🍃 🛒 💳

DAS RESÜMEE
Das Hallenbad befindet sich direkt gegenüber des Einkaufszentrums „Globus" am Rande des Stadtparks mit dem Katerturm. Ursprünglich als reines Sport-Hallenbad mit 25-m-Becken und 3-m-Sprunganlage erbaut, wurde das „Aqualouis" im September 2010 mit einer komplett neuen Saunalandschaft erweitert. Das komplette Bad ist ebenerdig angelegt und barrierefrei zugänglich. Kindern und Jugendlichen unter 16 Jahren ist (gemäß Haus- und Badeordnung) der Zutritt nur mit Begleitperson möglich.

DER SAUNABEREICH
Die moderne Saunalandschaft ist vorwiegend im finnischen Stil gestaltet, wobei auch römische Stilelemente Eingang gefunden haben. Die Nutzfläche beträgt rund 500 qm, wovon 300 qm auf den Innenbereich entfallen.

DER EMPFANG
Das großzügig verglaste, helle Foyer gibt schon einen Blick auf die Badelandschaft frei. Hier können Sie auch ohne Badbesuch kalte und heiße Getränke oder auch einen kleinen Snack zu sich nehmen. Am Servicepoint erhalten Sie einen Chip, der das Passieren der Schranken und das bargeldlose Zahlen ermöglicht. Verschiedene Bade-Utensilien können an der Kasse käuflich erworben werden. Auch kann man dort Bademäntel und Saunatücher ausleihen.

DIE ÖFFNUNGSZEITEN

Montag	10:00 – 21:00 Uhr	gemischte Sauna
Dienstag – Freitag	10:00 – 21:00 Uhr	gemischte Sauna
Donnerstag	10:00 – 21:00 Uhr	Damensauna
Feiertags	09:00 – 17:30 Uhr	gemischte Sauna
Samstag, Sonntag	09:00 – 20:00 Uhr	gemischte Sauna

Aqualouis »KÖNIGLICHES BADE- UND SAUNAERLEBNIS«

♥ Holtzendorffer Straße 9, 66740 Saarlouis

☎ 06831 95953-626 | 🖷 06831 95953-629 | 🌐 www.aqualouis.de

Tagesaktuelle Öffnungszeiten finden Sie unter www.aqualouis.de

Erwachsene – 2 Stunden	10,50 Euro	DIE PREISE
Erwachsene – 3 Stunden	12,50 Euro	
Erwachsene – 4 Stunden	14,50 Euro	
Erwachsene – Tageskarte	16,50 Euro	

Weitere Tarife erfragen Sie bitte vor Ort.

Der Umkleidebereich umfasst rund 300 Schränke und unterschiedlich große Umkleidekabinen. Neu sind spezielle Umkleiden für Saunagäste. Duschen können sowohl im Schwimmbad als auch in der Saunalandschaft genutzt werden. **UMKLEIDEN | DUSCHEN**

Bis zu 25 Personen finden in der finnischen Elementsauna Platz. Hier werden immer zur vollen Stunde bei 90 °C Aufgüsse durchgeführt. Für Abwechslung sorgen außerdem Farbwechsel-LEDs am Deckenrand sowie der Blick in den Hof durch ein Fenster von der obersten der drei Sitzbänke aus. **DIE SAUNEN**
DIE FINNISCHE SAUNA
90 °C

Dieser Schwitzraum ist als Trockensauna mit 75 °C ausgelegt. Auf drei Sitzhöhen finden bis zu 20 Gäste Platz. Auch hier sorgen LEDs am Deckenrand für wechselnde Farben. Ein Aroma-Verdampfer über dem Ofen verströmt außerdem angenehme Düfte. **DAS AROMA-WÄRMEBAD**
75 °C

Besonders für hitzeempfindliche Menschen sowie zur Einstimmung ist die milde Form der finnischen Sauna ideal. Hier schwitzt man bei angenehmen 60 °C und 40 % Luftfeuchte. Der farblich changierende Sternenhimmel bringt den bis zu 20 Besuchern Abwechslung. **DAS KLIMA-WÄRMEBAD**
60 °C | 40 %

Wie die alten Römer kann man in diesem, mit blauen Mosaik-Plättchen verkleideten, Warmraum schwitzen. Er dient der Eingewöhnung für das Dampfbad-Ritual. Bei moderaten 45 °C und etwa 30 – 50 % Luftfeuchtigkeit können sich hier maximal zehn Personen aufhalten. **DAS CALDARIUM**
45 °C | 30 – 50 %

Ähnlich wie das Caldarium ist auch die direkt daran anschließende Dampfkammer gestaltet. Auch hier herrschen rund 45 °C, jedoch empfindet man die Temperatur durch die vollkommen mit Wasserdampf gesättigte Luft als heißer und kommt damit schneller ins Schwitzen. Die wechselseitige Nutzung von Caldarium, Dampfbad und kalten Güssen entspricht nicht nur den Gewohnheiten der Alten Römer, sondern auch der Gesundheitslehre nach Pfarrer Kneipp. Für den Aufenthalt im Dampfbad wird kostenfrei ein eigens hierfür hergestelltes Peeling-Salz zur Verfügung gestellt **DAS DAMPFBAD**
45 °C

Aqualouis »KÖNiGLiCHES BADE- UND SAUNAERLEBNiS«

 Holtzendorffer Straße 9, 66740 Saarlouis

 06831 95953-626 | 06831 95953-629 | www.aqualouis.de

DAS ABKÜHLEN

Eine mit dunkelgrünem Glasmosaik ausgekleidete Duschgrotte erfrischt Sie mit zwei Kaltduschen und Kneippschlauch. Wer es noch kälter mag, findet gleich nebenan einen Eisschnee-Brunnen sowie ein kaltes Schnecken-Tauchbecken. Ein weiteres Tauchbecken befindet sich im Saunahof. Auch dort nutzt man zuvor eine der beiden nahegelegenen Kaltduschen oder den Kneippschlauch. Zwischen den Finnsaunen ist außerdem eine Dusch-Ecke mit vier weiteren Duschen zu finden, davon drei in der Temperatur regelbar.

DIE WARMBECKEN

Gegenüber des Dampfbades wärmt man sich in zwei Fußbecken an grün gekachelter Wärmebank die unteren Extremitäten, bevor man mit dem Saunieren beginnt. Wenn Ihnen der Sinn nach einem warmen Ganzkörper-Bad steht, können Sie das 32 °C warme Attraktionsbecken im Hallenbad nutzen. Dazu benötigen Sie jedoch Badebekleidung.

DIE AUSSENANLAGE

Diese unterteilt sich in zwei Bereiche.Der mit Edelholz ausgelegte, etwa 100 qm große Saunahof zieht sich winkelförmig um die Saunalandschaft herum. Höhepunkt ist dort ein kunstvoll gestalteter Bachlauf mit einem Quellstein, der für eine beruhigende Geräuschkulisse sorgt. Man kann sich hier auf Liegestühlen sichtgeschützt bräunen, in einer Ecke dem Rauchen frönen oder die Fußsohlen auf dem Barfußgang trainieren. Nachträglich gestaltet wurde ein 100 qm großer Garten, in dem die absolute Ruhe gefunden werden kann.

RUHEMÖGLICHKEITEN

Ein interessant gestalteter Panorama-Ruheraum bietet nicht nur mehrere Ruheliegen, sondern auch eine körpergeformte, in die Wand eingepasste Wärmeliege sowie eine tiefer gelegene Kommunikationsecke. Auch im Schlafraum nebenan kann man von bequemen Liegestühlen aus nach draußen schauen. Hier gibt es sogar zwei Wärmliegen in der Wand. Bei Sonnenschein sind allerdings die Liegen auf der Terrasse die erste Wahl für die Gäste.

Aqualouis »KÖNIGLICHES BADE- UND SAUNAERLEBNIS«

📍 Holtzendorffer Straße 9, 66740 Saarlouis
📱 06831 95953-626 | 🖨 06831 95953-629 | 🌐 www.aqualouis.de

Zwischen den Saunagängen sitzt man gerne im Bistro und genehmigt sich ein kühles Weizenbier, einen Fruchtsaft oder einen alkoholfreien Softdrink. Gegen den kleinen Hunger gibt es Snacks wie Salate, Toasts, Wiener Würstchen, Frikadellenbrötchen.

GASTRONOMIE

Alle von Ihnen in Anspruch genommenen Leistungen werden auf den Chip gebucht und beim Austritt an der Kasse bezahlt.

ZAHLUNGSVERKEHR

Direkt neben dem Aqualouis finden Sie kostenlose, von hohen Bäumen beschattete Parkplätze.

PARKMÖGLICHKEITEN

Thermalfreibad & Kelosauna »ENTSPANNEN INMITTEN DER NATUR«

📍 Nassauer Allee 1, 65388 Schlangenbad

📠 06129 2064 | 🌐 www.schlangenbad.de

GEBOTEN WIRD:

DAS RESÜMEE

Die Lage ist zauberhaft: Das »Thermalfreibad« mit der »Kelo«-Sauna liegt im Wald oberhalb des Ortes, umgeben von altem Baumbestand. Das »Thermalfreibad« wird abends gänzlich geleert und nach der Reinigung über Nacht mit 27 °C warmem Thermalwasser frisch gefüllt. Es ist vom 1. Mai bis zum 30. September geöffnet, im Sommer haben Sie die Möglichkeit auf den ausgedehnten Liegewiesen wunderbar zu entspannen.

DER SAUNABEREICH

Die »Kelo«-Sauna: Sie erleben in Schlangenbad eine außergewöhnliche Sauna-Anlage: Üblicherweise wird eine Sauna aus den Rundstämmen des »Kelo«-Holzes angeboten, hier ist das gesamte Sauna-Gebäude mit einer Grundfläche von 200 qm aus diesem einzigartigen Holz gefertigt. Durch die Lage mitten im Wald passt sich das Gebäude der Umgebung an. Im Inneren ist die Kombination aus dem massiven Holz mit Felsimitationen, modernen Fliesenböden und großen Panoramafenstern äußerst gelungen.

Ein Aufenthalt in dieser puristischen Umgebung ist Entspannung pur, Sie werden die Besonderheit der Umgebung schätzen lernen.

DER EMPFANG

Bei Bedarf können Sie hier Artikel wie Postkarten, Wanderkarten, Duschgel, Wasserspielzeug und andere Badeartikel kaufen. Eine Treppe führt Sie hinunter zum Umkleidebereich. Handtücher können an der Kasse geliehen werden.

DIE ÖFFNUNGSZEITEN

Montag bis Freitag von 11:00 – 22:00 Uhr | Samstag und Sonntag von 11:00 – 21:00 Uhr. Kassenschluss ist eine Stunde vor Schließung. Dienstag, außer an Feiertagen,

⚲ Nassauer Allee 1, 65388 Schlangenbad
☎ 06129 2064 | ✆ www.schlangenbad.de

ist Damensauna.

Tageskarte 14,50 Euro | 10er-Karte 130,00 Euro | Feierabendtarif zwei Stunden vor Kassenschluss 12,00 Euro. Am Dienstag ist Damensauna. Sonntag ist Familientag: Eintritt frei für Kinder von 3 bis 12 Jahren in Begleitung von je einem Erwachsenen.

DIE PREISE

Der Umkleidebereich wird von Frauen und Männern gemeinsam genutzt. Die Duschen befinden sich schon im »Kelo«-Haus und sind für Damen und Herren separat.

UMKLEIDEN | DUSCHEN

Natürlich saunieren Sie in einer »Kelo«holz-Sauna mit all ihren positiven Eigenschaften, der Wärmespeicherung und dem unverwechselbaren Duft des Holzes. Der von Felsimitationen umgebene Sauna-Ofen mit einer großen Menge an Sauna-Steinen erwärmt den Raum auf 85 – 90 °C.

DIE SAUNEN
DIE AUFGUSS-SAUNA
85 – 90 °C

25 Gäste finden in der Aufgußsauna Platz und haben durch die großzügige Verglasung einen Blick in den herrlichen Außenbereich. Aufgüsse werden vom Personal durchgeführt.

In der Bio-Sauna ist das »Kelo«-Holz mit einer zusätzlichen Holzverkleidung versehen. Für maximal 12 – 15 Personen beträgt die Temperatur 55 °C, über dem Ofen sorgt eine Schale mit ätherischen Ölen und Blüten für angenehmen Duft.

DIE BIO-SAUNA
55 °C

Thermalfreibad & Kelosauna »ENTSPANNEN INMITTEN DER NATUR«

📍 Nassauer Allee 1, 65388 Schlangenbad
📞 06129 2064 | 🌐 www.schlangenbad.de

DAS DAMPFBAD
45 °C | 100 %

Auch hier ist die Gestaltung konsequent weitergeführt, die Decke besteht aus Fels-imitationen. Die Bänke sind gefliest und natürlich erwärmt, die Temperatur beträgt 45 °C bei 100 % Luftfeuchtigkeit.

DAS ABKÜHLEN

Schwallduschen und der Kneippschlauch sind obligatorisch. Zusätzlich können Sie die Nebel- und Erlebnisdusche genießen.

DAS KNEIPPEN

In einer Nische aus »Kelo«-Stämmen sind die Becken für die Fußwechselbäder untergebracht.

DER AUSSENBEREICH

Eine Perle der Natur. Etwa 500 qm Rasenflächen mit altem Baumbestand laden in Hanglage zur Entspannung ein. Angrenzend an das Sauna-Gebäude sind auf terrassierten Ebenen ebenfalls Liegen aufgestellt.

Außenpool und Whirlpool sind beide mit Thermalwasser gefüllt. Der Außenpool mit einer Größe von 3 x 6 m und der Whirlpool für 6 Personen mit einer Wassertem-peratur von 34 °C stehen ausschließlich nur den Gästen der Sauna zur Verfügung.

RUHEMÖGLICHKEITEN

Im »Kelo«-Haus ist ein separater Ruheraum mit acht Liegen inklusive Deckenaufla-gen und Leselampen. Auch von hier aus haben Sie den Blick in den Außenbereich.

DAS SCHWIMMBAD

Unmittelbar an die Sauna schließt der »Thermalfreibad«-Bereich an. Es ist ausge-sprochen angenehm, zwischen den Sauna-Gängen einige Runden zu schwimmen. Nutzbar nur zwischen 1. Mai und 30. September.

Thermalfreibad & Kelosauna »ENTSPANNEN INMITTEN DER NATUR«

♀ Nassauer Allee 1, 65388 Schlangenbad

☎ 06129 2064 | ✆ www.schlangenbad.de

Das Bistro-Restaurant »Wassermann« ist gemütlich eingerichtet, hier essen Sie in historischem Badambiente.

GASTRONOMIE

Die Zahlung von Zusatzleistungen erfolgt bar.

ZAHLUNGSVERKEHR

Das Thermalfreibad ist im Leitsystem von Schlangenbad ausgeschildert. Dort finden Sie reichlich kostenfreie Parkplätze.

PARKMÖGLICHKEITEN

Freizeitbad Simmern/Hunsrück »DAS ERLEBNISBAD FÜR JUNG UND ALT«

⌖ Schulstraße 16, 55469 Simmern / Hunsrück

☎ 06761 970678 | 🌐 www.freizeitbad-simmern.de

GEBOTEN WIRD:

🍴 🏊 🚗 🚐 🍃 ♨ 🏐

DAS RESÜMEE

Das »Freizeitbad Simmern/Hunsrück« bereitet Groß und Klein ein sicheres Bade-vergnügen. Schwimmen, tauchen, planschen, rutschen oder einfach entspannen – hier wird Wasserspaß großgeschrieben. Das große zentrale Mehrzweckbecken bietet mit über 300 qm Wasserfläche unterschiedlichste Möglichkeiten für sportli-che und entspannende Aktivitäten. Die Wassertemperatur von 30 °C macht auch den längeren Aufenthalt zum puren Erlebnis. Spaß und Aktion versprechen der Sprung vom 3-Meter-Turm oder die, teilweise durch den Außenbereich führende, Riesenrutsche mit 46 Meter Länge. Massagedüsen, Schwallduschen und Wasser-fontänen finden Sie im Nichtschwimmerbereich des Mehrzweckbeckens und im benachbarten Spaßbecken. Wohlige 35 °C besprudelter Lebensfreude umgeben Sie im Hot-Whirlpool. Im inneren Liegebereich des Bades werden Sie kostenlos mit Inf-rarotwärme versorgt. Auch die Kleinsten kommen im Baby- und Kleinkinderbecken mit Kinderrutsche und Kinderattraktionen voll auf ihre Kosten. Das von Februar bis Oktober beheizte Außenbecken mit Schwallduschen rundet das Angebot an erfrischendem Nass ab. Am Außenbecken befindet sich eine schöne Liegewiese.

DIE GRÖSSE

Die Sauna-Landschaft ist hell, freundlich und modern. Vier unterschiedliche Kabi-nen verteilen sich über zwei Ebenen. Von beiden Ebenen gibt es einen Zugang zum 50 qm großen Saunahof. Der Innenhof mit Tauchbecken liegt auf der oberen Ebene. Der gesamte Innenbereich ist ca. 300 qm groß.

DIE ÖFFNUNGSZEITEN

Montag	geschlossen	Samstag	11:00 – 19:00 Uhr
Dienstag – Freitag*	14:00 – 22:00 Uhr	Sonntag & Feiertag	10:00 – 18:00 Uhr

Freizeitbad Simmern/Hunsrück ⇒DAS ERLEBNISBAD FÜR JUNG UND ALT⇐

📍 Schulstraße 16, 55469 Simmern / Hunsrück

📞 06761 970678 | 🌐 www.freizeitbad-simmern.de

*Donnerstag: Damensauna | In der Zeit vom 01. Mai bis einschließlich 30. September bleibt die Sauna an Dienstagen geschlossen. Bitte beachten Sie auch die besonderen Öffnungszeiten/kurzfristigen Schließtage auf der Homepage.

DIE PREISE

Tageskarte inkl. Badbenutzung: Erwachsene 10,00 Euro, Kinder ab 6 bis 14 Jahren 4,50 Euro

UMKLEIDEN | DUSCHEN

Männer und Frauen können sich gemeinsam umkleiden und duschen. Es stehen auch Einzelkabinen zur Verfügung. Die Saunaanlage kann sowohl textilfrei, als auch mit üblicher Badebekleidung genutzt werden. In bestimmten Bereichen (z. B. Ruheräume, Gastronomie) gelten besondere Bestimmungen.

DIE SAUNEN

DIE FINNISCHE SAUNA

90 °C

90 °C lassen so schnell kein Auge trocken. Bis zu 15 Personen werden rundherum von Holz umgeben und dezent beleuchtet. Stündliche Aufgüsse mit wechselnden aromatischen Düften lassen das Herz eines jeden Saunierers höherschlagen. Alkohol-, Eis- und Salzaufgüsse gehören ebenso zum Repertoire; teilweise wird frisches Obst gereicht.

DIE TROCKEN-SAUNA

85 °C

20 Personen finden sich in einem Raum mit schöner Holzverkleidung und leiser Entspannungsmusik wieder. Das trockene Klima macht die 85 °C gut verträglich. Farbchangierende Kugellämpchen funkeln von der Decke. Der Ofen verrichtet hinter einer Holzwand seine angenehme Arbeit.

DAS »TEPIDARIUM«

60 °C

Angenehme 60 °C und Aromastoffe liegen in der Luft des attraktiv holzvertäfelten Raumes. Gut 13 Personen können sich dem Farbspiel der Deckenleuchten hingeben.

Freizeitbad Simmern/Hunsrück »DAS ERLEBNISBAD FÜR JUNG UND ALT«

♀ Schulstraße 16, 55469 Simmern / Hunsrück

☎ 06761 970678 | 🌐 www.freizeitbad-simmern.de

DAS DAMPFBAD
45 °C

In dem aromatisierten Raum finden 8 Personen Platz. Das Bad wird mit 45 °C beheizt und wirkt sich durch die hohe Luftfeuchtigkeit positiv auf die Atemwege aus.

DAS ABKÜHLEN

Vor dem Tepidarium und der Finnischen Sauna finden Sie eine Schwallbrause und zwei Kneippschläuche; vor dem Dampfbad zwei Warm-Kalt-Brausen und einen Kneippschlauch. Auch im Außenbereich sind eine Schwallbrause und ein Kneippschlauch angebracht. Für weitere Erfrischung sorgt das Tauchbecken im Innenhof.

DER AUSSENBEREICH

Der Saunahof ist mit Liegen und Sitzgelegenheiten bestückt. Er wird von großen Bäumen umgeben.

RUHEMÖGLICHKEITEN

Zwei auf die Ebenen verteilte Ruheräume erwarten Sie mit gut 30 (Kipp-)Liegen und Auflagen. Als besonderes Highlight stehen Ihnen 4 beheizte Wellness-Wasser-

♥ Schulstraße 16, 55469 Simmern / Hunsrück

▯ 06761 970678 | ✆ www.freizeitbad-simmern.de

---

liegen zur Verfügung, die pure Entspannung garantieren. Kleine Sitzgruppen laden zum Verweilen ein. Selbstbewirtung ist gestattet (glasfrei).

Verschiedene Events mit Themenabenden und Spezial-Aufgüssen werden regelmäßig geplant. Informieren Sie sich gerne auf der Homepage.

EVENTS

Das Bistro im Hallenbad ist direkt zugänglich und bietet ausreichend Sitzmöglichkeiten mit direktem Blick auf die Schwimmbecken. Die Pächterin bietet Ihnen Snacks, Getränke, Eis, Kaffee aller Art an.

GASTRONOMIE

Sie können Ihren Saunabesuch bar oder mit EC-Karte bezahlen.

ZAHLUNGSVERKEHR

Unmittelbar am Freizeitbad können Sie kostenlos parken.

PARKMÖGLICHKEITEN

Erholungs- & Gesundheitszentrum »EiNE WOHLTAT FÜR DiE SiNNE«

📍 Talstraße, 54424 Thalfang

📱 06504 9140310 | 🌐 www.schwimmbad-thalfang.de

GEBOTEN WiRD:

DAS RESÜMEE

Eine Wohltat für Sinne und Seele. Das ist das Erholungs- und Gesundheitszentrum Thalfang. An einem Ort, an dem das pure Wohlbefinden die allerhöchste Philosophie ist, können sich die Gäste nur entspannen. Entschlacken Sie in der Blockhaussauna oder im Warmluft- oder Dampfbad im Saunabereich, um anschließend ins Kaltwasserbecken einzutauchen oder sich unter einer Naturstein- Außendusche zu erfrischen. Entdecken Sie das Ruheidyll hautnah zwischen drei unterschiedlichen Ruheräumen und einem attraktiven Frischluftbereich.

DER EMPFANG

Von Infopoint über Kasse und Verleih, bis zum Verkauf von Badeartikeln finden Sie alles im Foyer direkt am Eingang. Von hier aus geht es außerdem ins Bistro oder zum Physiotherapeuten im Haus.

DIE ÖFFNUNGSZEITEN

Montag, Mittwoch und Freitag ist von 15:00 – 22:00 Uhr Gemeinschaftssauna. Am Dienstag ist von 15:00 – 22:00 Uhr Damensauna sowie am Donnerstag von 9:00 – 12:00 Uhr und von 15:00 – 22:00 Uhr. Am Samstag haben die Saunen von 14:00 – 21:00 Uhr geöffnet als Gemeinschaftssauna. Auch am Sonntag sowie an Feiertagen ist Gemeinschaftssauna von 9:00 – 17:00 Uhr. In den Schulferien in Rheinland-Pfalz hat das Erholungs- und Gesundheitszentrum von Montag bis Freitag von 10:00 – 22:00 Uhr geöffnet.

DIE PREISE

Eine Tageskarte für die Saunalandschaft kostet 21,10 Euro. Wenn Sie außerdem noch das Schwimmbad besuchen möchten, bietet sich eine Tageskarte für 14,70 Euro, da in dieser der Eintritt für das Bad inbegriffen ist. Behinderte bezahlen 7,40 Euro für die Saunalandschaft und 9,80 Euro, wenn Sie darüber hinaus das Bad visitieren möchten.

Erholungs- & Gesundheitszentrum »EINE WOHLTAT FÜR DIE SINNE«

📍 Talstraße, 54424 Thalfang
📞 06504 9140310 | 🌐 www.schwimmbad-thalfang.de

Ihnen stehen geschlechtergetrennte Umkleiden mit je 20 Schränken zur Verfügung, für die Sie einen Chip bzw. einen Schlüssel erhalten, den Sie stets an ihrem Handgelenk tragen sollten. Das Erholungs- und Gesundheitszentrum besitzt zudem einen gemeinsamen Kaltwasser- und Vorreinigungsduschbereich im Innenbereich. Im Ruhehaus gibt es eine einzelne Vorreinigungsdusche, die auch zur Kaltwasseranwendung genutzt werden kann. Im Außenbereich existiert zusätzlich noch eine Natursteinaußendusche zur reinen Kaltwasseranwendung mit zwei Kneippschläuchen, einer Schwall- und einer Regendusche.

UMKLEIDEN | DUSCHEN

Im 250 qm großen Saunabereich mit Innensauna, Außensauna und Dampfbad findet jeder Saunagänger sein persönliches Wohlbefinden.

DIE SAUNEN

Die finnische Sauna ist mit einem Platzangebot für bis zu 15 Personen und einer Temperierung von 65 °C versehen.

INNENSAUNA
65 °C

Die finnische Außensauna, im Blockhausstil erbaut, ist mit Platz für bis zu 18 Personen, bei einer Temperatur von 85 °C, ausgestattet.

AUSSENSAUNA
85 °C

Das kleine Dampfbad ist mit 4 Sitzplätzen und 50 °C bei bis zu 100 % Luftfeuchtigkeit der ideale Einstiegsort für Saunaanfänger.

DAMPFBAD
50 °C | 100 %

Die Natursteinaußendusche, mit Kneippschläuchen, Schwall- und Regendusche, sorgt nach einer langen Saunasitzung für die nötige Abkühlung. Zusätzlich stehen im Innenbereich ein Kaltwassertauchbecken, ein Kneippschlauch sowie ein Kaltwasserkübel und eine Schwalldusche zu ihrer Abkühlung bereit.

DAS ABKÜHLEN

Erholungs- & Gesundheitszentrum »EiNE WOHLTAT FÜR DiE SiNNE«

📍 Talstraße, 54424 Thalfang
☎ 06504 9140310 | 🌐 www.schwimmbad-thalfang.de

DAS KNEIPPEN

Kneippen ist im Erholungs- und Gesundheitszentrum mit insgesamt 5 Kneipp-schläuchen und an 2 Fußwärmebecken möglich.

DER AUSSENBEREICH

Die 80 qm große Außenanlage ist mit Liegen und Relaxsesseln bestückt. Auf den weitläufigen Grünflächen können Sie unbeschwert textilfrei in der Sonne liegen und entspannen.

SCHWIMMBÄDER

Die Sauna ist neben dem Schwimmbad, einem Solarium, dem Bistro und einer Physiotherapiepraxis nur ein Teil des Gesamtkonzepts im Erholungs- und Gesundheitszentrum Thalfang. Wer möchte kann alle Angebote mit einander kombinieren und so einen entspannenden Tag genießen. Für sportliche Aktivitäten können Sie das auf 29 °C temperierte Schwimmbecken nutzen. Falls Sie eher relaxen möchten, suchen Sie doch am besten das, auf 32 °C temperierte, Bewegungsbecken mit Massagedüsen, Sprudelbank und Bodensprudel auf. Für die kleinen Gäste steht ein, ebenfalls auf angenehme 32 °C temperiertes, Kinderbecken bereit, in dem sich die jüngsten Besucher nach Herzenslust austoben können. Liegestühle in der Nähe gewährleistet den Eltern die Aufsicht in erholsamer Atmosphäre.

RUHEMÖGLICHKEITEN

In 3 unterschiedlichen Ruheräumen können Sie sich herzhaft entspannen. Der erste Raum ist mit Tischen, Stühlen und Ruheliegen ausgestattet und gilt daher als Kom-

Erholungs- & Gesundheitszentrum *»EiNE WOHLTAT FÜR DiE SiNNE«*

Talstraße, 54424 Thalfang
06504 9140310 | www.schwimmbad-thalfang.de

munikationsbereich. Im zweiten Raum stehen Ihnen 15 Ruheliegen zum Erholen zur Verfügung. Der absolute Ruheraum bildet mit 10 Liegen den dritten Ruheraum, in dem um Stille gebeten wird.

WELLNESS | MASSAGEN

Massagen und andere Anwendungen können beim Physiotherapeuten im Haus gebucht und zwischen den Saunagängen in Anspruch genommen werden.

WELLNESS | MASSAGEN

Als zusätzliche Leistung stehen den Gästen 2 Solarien zur Verfügung, um die Sommerbräune zu erhalten oder im Frühjahr die Haut auf den Sommer vorzubereiten.

ZUSATZANGEBOTE

In regelmäßigen Abständen finden die Sauna-Erlebnisabende oder die Sommer-Grillabende statt. Termine werden ausgehangen und im Internet veröffentlicht.

EVENTS

Das Bistro verwöhnt die Gäste mit allerlei köstlichen Gaumenfreuden. Ob herzhaft, süß oder auch erfrischend – für jeden ist hier etwas dabei.

GASTRONOMIE

Anfallende Kosten können direkt und bequem bar beglichen werden.

ZAHLUNGSVERKEHR

Am Erholungs- und Gesundheitszentrum finden Sie genügend kostenlose Parkplätze, um sorgenfrei ihr Saunabad genießen zu können.

PARKMÖGLICHKEITEN

© oleandra – fotolia.com

SAUNA VICUS im Erlebnisbad Schaumberg

»SAUNA, WELLNESS & GESUNDHEIT ERLEBEN«

📍 Zum Erlebnispark 1, 66636 Tholey | ☎ 06853 9111-0 | 🌐 www.das-erlebnisbad.de

GEBOTEN WIRD:

DAS RESÜMEE Das Erlebnisbad Schaumberg ist ein modernes Freizeit- und Erlebnisbad im Saarland. Zu den Attraktionen zählen eine 103 Meter lange Rutsche, das Lagunenbecken mit Strömungskanal, die Whirlpools und die Dampfbäder. Selbst Babys fühlen sich in dem 36 °C warmen Kinderbereich pudelwohl. Ein 18.000 qm großes Außengelände sorgt während der Sommermonate für Abwechslung.

DIE ÖFFNUNGSZEITEN

Saunalandschaft		Bad	
Montag	13:00 – 22:00 Uhr	15:30 – 22:00 Uhr	
Dienstag – Donnerstag	10:00 – 22:00 Uhr	10:00 – 22:00 Uhr	
Freitag	10:00 – 23:00 Uhr	10:00 – 23:00 Uhr	
Samstag, Sonntag & Feiertag	08:30 – 20:00 Uhr	08:30 – 20:00 Uhr	

Montag: Frauenschwimmen (außer in den Ferien) von 13:00 – 15:30 Uhr
Donnerstag: Frauensauna (außer an Feiertagen) von 10:00 – 22:00 Uhr

DIE PREISE

Sauna Vicus inkl. Freizeitbad	4,5 Stunden	5 Stunden	5,5 Stunden	Tageskarte
Erwachsene	15,50 Euro	16,60 Euro	17,70 Euro	18,80 Euro
Jugendliche	11,60 Euro	12,70 Euro	13,80 Euro	14,90 Euro
Feierabendtarif*	13,00 Euro			
Zuschlag Samstag, Sonntag & Feiertag	1,00 Euro			

*Mo. – Fr. ab 20 Uhr, außer Saunanächte | Weitere Preise entnehmen Sie bitte der Internetseite: www.das-erlebnisbad.de

SAUNA VICUS im Erlebnisbad Schaumberg
»SAUNA, WELLNESS & GESUNDHEIT ERLEBEN«

📍 Zum Erlebnispark 1, 66636 Tholey | ☎ 06853 9111-0 | 🌐 www.das-erlebnisbad.de

In der rustikalen 90 °C warmen Kelo-Sauna finden 70 – 80 Gäste Platz, um gemeinsam an einem der Aufguss-Erlebnisse teilzunehmen. Die Aufgüsse variieren in den Intensitätsstufen und Arten, um ein abwechslungsreiches Angebot zu gewährleisten. Den aktuellen Aufgussplan finden die Gäste an der Informationstafel.

DIE SAUNEN

KELO-AUFGUSS-
SAUNA
90 °C | 16 %

Die Steinsauna im römischen Wellness-Haus ist bei jedem Besuch ein besonderes Erlebnis, da die Elemente Feuer und Wasser hier eine faszinierende Verbindung eingehen. In regelmäßigen Abständen taucht ein mit heißen Steinen beladener Korb in ein Wasserbecken ein. Dies verkörpert die Vereinigung von Feuer und Wasser in Bezug auf die Entstehungsgeschichte des Schaumberges.

STEINSAUNA
60 °C | 60 %

In der 80 °C heißen Sauna finden bis zu 30 Gäste Platz.

FINNISCHE SAUNA
80 °C | 19 %

Dieses freistehende Gebäude aus massiven Blockbohlen beherbergt einen großen Schwitzraum. 70 °C garantieren Entspannung in einer Mischung aus Trocken- und Dampfsauna, die von wechselndem Farblicht unterstützt wird.

BIOSAUNA
70 °C | 14 %

Wer es nicht ganz so heiß liebt, ist in der 60 °C Trockensauna gut aufgehoben. Hier finden etwa 30 Personen Platz, die von wohltuenden wärmenden Infrarotstrahlen, zur halben Stunde à 30 Minuten, angeleuchtet werden.

TROCKENSAUNA
MIT INFRAROTSTRAHLEN
60 °C | 17 %

Im Dampfbad wird zur halben Stunde Salz oder Honig als Körper – Peeling gereicht. Acht Personen können diesen Genuss gleichzeitig erleben und den wohltuenden Wasserdampf bei 45 °C auf die Atemwege wirken lassen.

DAMPFBAD
45 °C | 100 %

In der Erlebnisdusche in Form eines römisch gestalteten Tempels erwarten Sie verschiedene Abkühlmöglichkeiten.

RÖMISCHER
DUSCHTEMPEL

SAUNA VICUS im Erlebnisbad Schaumberg
»SAUNA, WELLNESS & GESUNDHEIT ERLEBEN«

Zum Erlebnispark 1, 66636 Tholey | 06853 9111-0 | www.das-erlebnisbad.de

RÖMISCHES WELLNESS – HAUS

Das römische Wellness-Haus bietet Ihnen Entspannung, Ruhe und Wohlfühlambiente zugleich: Eine Oase der Ruhe und Entspannung. In diesem im römischen Stil gebaute Gebäude mit beeindruckender Säulenfassade gibt es drei Anwendungsräume für Massagen und kosmetische Behandlungen.

Erholen Sie sich zwischen den Erlebnis- Aufgüssen oder nach einer Wellnessanwendung im Ruheraum mit Panoramablick ins einzigartige Schaumberger Land.

DAS ABKÜHLEN

Im Kaltduschbereich innen befindet sich eine Kübeldusche sowie eine Regen- und eine Schwalldusche zum Abkühlen und Erfrischen. Ein kleines Tauchbecken innen sowie das große Tauchbecken in der Außenanlage, in dem die Gäste auch einige kräftige Züge schwimmen können, sind ganzjährig auf 18 °C temperiert.

WHIRLPOOL | FUSSBÄDER

Der Whirlpool ist in eine Steinlandschaft eingebaut. Dieses Gestaltungsmerkmal wiederholt sich auch im Bereich des Dampfbades. Das wohltuende Blubbern des Wassers genießen Sie bei 28 °C. Für die Fußbäder stehen vier Stationen vor einer Natursteinwand bereit.

MASSAGEN

Die Massagen, Wellnessanwendungen und kosmetischen Behandlungen im Wellnessgebäude der Saunalandschaft stehen unter privater Leitung und haben dienstags bis freitags von 11:00 – 20:00 Uhr und samstags, sonntags und an Feiertagen von 10:00 – 18:00 Uhr geöffnet. Die Massagen und Anwendungen sind nicht im Preis für das Saunieren inbegriffen.

RUHEMÖGLICHKEITEN

Das Erdgeschoss der inneren Saunalandschaft verfügt über einen abgedunkelten Musik-Entspannungsraum mit sechs Liegen. Im Obergeschoss befinden sich knapp 200 qm Ruheräume, die einen freien Blick auf das einzigartige Außengelände bieten. Die Gäste können hierbei zwischen verschiedenen Bereichen wählen, angefangen vom Lese- und Kommunikationsraum bis zum Raum der absoluten Ruhe. Die Liegen auf der großzügig überdachten Freiluftterrasse laden ebenfalls zur Entspannung ein.

AUSSENBEREICH SAUNA

Im weitläufigen, parkähnlichen Außengelände können sich die Gäste nahtlos bräunen und an der frischen Luft mit Blick auf den Schaumberg oder das Schaumberger Land entspannen, bevor Sie sich von Neuem in die weiträumige Kelo – Aufguss Sauna stürzen oder den Römischen Wellness Tempel aufsuchen.

DAS SCHWIMMBAD

Inbegriffen in den Saunatickets ist das angrenzende Freizeit- und Erlebnisbad. Die Hauptattraktionen des Bades sind ein von Mai bis Oktober geöffnetes Außenbecken, ein Lagunenbecken mit Strömungskanal sowie eine 103 m lange Tunnelrutsche.

SAUNA VICUS im Erlebnisbad Schaumberg
»SAUNA, WELLNESS & GESUNDHEIT ERLEBEN«

♦ Zum Erlebnispark 1, 66636 Tholey | ☎ 06853 9111-0 | ⊕ www.das-erlebnisbad.de

Das Freizeitbad verfügt über ein großzügiges Außengelände mit grün blühenden Liegewiesen.

AUSSENBEREICH BAD

Als Kurse werden die Wassergewöhnung für Babys (ab 6 Monaten) und Kleinkinder (ab 18 Monaten), die Schwimmlernkurse ab 6 Jahren sowie Wassergymnastik und Aquajogging angeboten.

KURSE (WASSERWELT)

Das Sauna–Bistro bietet ein vielfältiges kulinarisches Angebot von kleineren Snacks über frische Salate bis hin zu leckeren Fleisch- und Fischgerichten. Zudem finden Sie an der Saunatheke eine große Getränkeauswahl. An den Tischen im Sauna-Bistro und im Sauna-Außenbereich können Speisen und Getränke verzehrt werden.

GASTRONOMIE

In den Wintermonaten werden verschiedene gemischte Saunanächte angeboten sowie exklusive Frauen-Saunanächte, bei denen die Gäste mit abwechslungsreichen Aufgusszeremonien verwöhnt werden. Die Termine für die Events werden auf der Webseite www.das-erlebnisbad.de bekanntgegeben.

EVENTS

Die von Ihnen in Anspruch genommenen Leistungen werden vor Ort auf einen Chip gebucht und können beim Verlassen der Anlage beglichen werden.

ZAHLUNGSVERKEHR

Direkt am Erlebnisbad befinden sich kostenlose Parkplätze.

PARKMÖGLICHKEITEN

Moseltherme »ENTSPANNUNG PUR«

📍 Wildsteiner Weg 5, 56841 Traben-Trarbach

📱 06541 8303- 0 | 🖨 06541 8303-19 | 🌐 www.moseltherme.de

GEBOTEN WiRD:

DAS RESÜMEE
Tauchen Sie ein in eine über 2.000 qm große Welt aus Wasser und Dampf. Sie werden wie neugeboren wieder auftauchen. In der Moseltherme, architektonisch außergewöhnlich und farblich faszinierend, vereinen sich eine der schönsten Badelandschaften der Mosel, eine großzügige Saunalandschaft und eine eigene Therapieabteilung.

DER EMPFANG
Eine helle Glasfront führt Sie zum Empfang, an dem Ihnen ein farbiges Band um das Handgelenk gelegt wird, welches für den Eintritt in die Saunalandschaft benötigt wird.

Saunalandschaft

DIE ÖFFNUNGSZEITEN

Montag	14:00 – 21:00 Uhr
Dienstag	13:00 – 22:00 Uhr – Damensauna
Mittwoch	13:00 – 24:00 Uhr vom 01.09. – 30.04. 13:00 – 22:00 Uhr vom 01.05. – 31.08.
Donnerstag	13:00 – 24:00 Uhr vom 01.09. – 30.04. Geschlossen: 01.05. – 31.08.
Freitag	13:00 – 24:00 Uhr
Samstag, Sonn- & Feiertag	10:00 – 18:00 Uhr

DIE PREISE
Der Zutritt zur Saunalandschaft kostet 12,00 Euro für Erwachsene. Für eine Tageskarte Sauna & Bad zahlen Erwachsene 16,50 Euro.

UMKLEIDEN | DUSCHEN
Der Umkleidebereich unterscheidet nicht zwischen Bade- und Saunagästen. Es sind einige Einzel-Umkleiden vorhanden. Die Schrankwahl ist frei, das Verschlie-

ßen erfolgt mit der Eintrittskarte. Sie können die Vorreinigungs-Duschen des Bades nutzen (linke Treppe), besser jedoch begeben Sie sich die rechte Treppe hinauf zur Saunalandschaft und nutzen die dortigen Duschgelegenheiten. Für Ihre Wertsachen finden Sie Schließfächer gleich am Zugang zum Saunabereich.

Sie finden hier nun fünf Schwitzräume im Innenbereich vor, die alle in einem modernen Stil gehalten sind.

DIE SAUNEN

Eine finnische Elementsauna lädt bei 90 °C zum Schwitzen auf drei Sitzstufen ein. Die 13 Plätze sind besonders für Allergiker geeignet, da hier keine Düfte zum Einsatz kommen und keine Aufgüsse erfolgen.

DIE TROCKEN-SAUNA
90 °C

Ein Doppelofen bringt die große finnische Sauna mit über 40 Sitzplätzen auf 80 °C. Hier werden jeweils zur vollen Stunde die Aufgüsse durchgeführt. Die drei breiten Bankstufen wurden in abgerundeter, asymmetrischer Trapezform angeordnet.

DIE AUFGUSS-SAUNA
80 °C

Komplett dem Alltag entfliehen können Sie in der 60 °C Biosauna. Hier finden bis zu zehn Gäste auf zwei Sitzhöhen Platz. Die Bio-Sauna, auch Saunarium genannt, entspricht im Prinzip einem feuchten Warmluftbad. Im Gegensatz zur finnischen Sauna sind die Temperaturen in einer BIO-Sauna viel geringer. Aufgrund dieser niedrigeren Temperaturen muss während eines Saunagangs nicht mit Aufgüssen gearbeitet werden. Für Einsteiger und Kinder eignet sich der Besuch der BIO-Sauna damit auf jeden Fall. Farbwechsel- LED hüllen den intimen Raum in stets neue Colorationen.

DIE BIO-SAUNA
60 °C

Klein aber fein präsentiert sich auch die Salzsauna. Eine Wand wurde aus unregelmäßig behauenen Himalaya-Salzsteinquadern errichtet. Die Beleuchtung der

DIE SALZ-SAUNA
60 – 65 °C

Moseltherme »ENTSPANNUNG PUR«

♥ Wildsteiner Weg 5, 56841 Traben-Trarbach

☎ 06541 8303- 0 | 🖶 06541 8303-19 | 🌐 www.moseltherme.de

Salzsteinquader sorgt für ein orangefarbenes Kolorit im Raum. Außerdem werden die bis zu zehn Besucher mittels versteckter Infrarot-Strahler sanft erwärmt. Die Raumtemperatur beträgt dabei 60 – 65 °C. In regelmäßigen Zeitabständen wird automatisch eine Solelösung im Raum versprüht.

DAS DAMPFBAD
40 – 50 °C

Bei Temperaturen von 40 – 50 °C und eine hohe Luftfeuchtigkeit, kommen hier bis zu zehn Gäste voll auf Ihre Kosten. Die Poren der Haut werden geöffnet, die Atemwege befreit, die Muskulatur entspannt und das Herz-Kreislauf-System trainiert. Dampfbaden mit romantischem Sternenhimmel sorgt für eine stressfreie Zeit in der Moseltherme Traben-Trarbach.

DAS ABKÜHLEN

Für die schnelle Erfrischung nach dem Schwitzgang begibt man sich zunächst in die Duschecke, wo kalte Teller, Schwall- und Stachelduschen sowie ein Gießkübel auf die gesundheitsbewussten Gäste warten. Auch zwei Kneippschläuche sind vorhanden. Danach stürzt man sich ins tiefgelegte Tauchbecken mit Schnecken-Zugang. Wer es lieber sanft angehen lässt, kann auch die Warmduschen nutzen.

DIE WARMBECKEN

In der Saunalandschaft sorgen sechs im Rondell angeordnete Fußbecken für warme Füße. Wer sich gerne komplett in Thermalwasser wohlfühlen möchte, der sollte auch die Badelandschaft buchen. Hier gibt es einen 36 °C warmen Whirlpool sowie ein mit 32 °C temperiertes Innen- und Außenbecken mit Sprudelliegen, Massagedüsen, Bodenbrodler und Nackenduschen.

DIE AUSSENANLAGE

Auf der sichtgeschützten Saunaterrasse können Sie gerne platznehmen und die Sonne genießen. Auf der oberen Liegewiese steht Ihnen ein Saunagarten zur Verfügung. Dieser ist über den Saunabereich erreichbar. Hier kann man bei geeigneten Temperaturen hüllenlos sonnen oder die Ruhe genießen. Es stehen ca. 20 Liegen zur Verfügung.

Moseltherme »ENTSPANNUNG PUR«

⚲ Wildsteiner Weg 5, 56841 Traben-Trarbach

☎ 06541 8303- 0 | 🖨 06541 8303-19 | 🌐 www.moseltherme.de

Der helle Wintergarten-Ruheraum ist komplett aus Glas und Holz gefertigt und bietet 20 Liegeplätze. Weitere Liegestühle finden Sie in den beiden anderen Ruhezonen.

RUHEMÖGLICHKEITEN

Im Erdgeschoss ist die Massagepraxis von Frank Steffes untergebracht. Hier können Sie physiotherapeutische Anwendungen wie Massagen, Krankengymnastik oder Fango erhalten. Das Angebot umfasst aber auch Heubad, Aroma-Therapie, Wannenbäder, Thalasso-Therapie und sogar Hot-Stone-Massage. Fragen Sie am besten auch nach den Arrangements, wenn Sie unter Tel. 06541-4441 möglichst vorab Ihren Termin vereinbaren. Außerdem sorgt eine Sonnenbank für Ihren frischen Teint. Sie finden sie direkt neben dem Mehrzweckbecken.

WELLNESS | SOLARIEN

Bewegung im Wasser oder Saunieren macht hungrig und durstig. Die Cafeteria befindet sich im Thermalbad und verwöhnt Sie gerne mit Köstlichkeiten nach Art des Hauses. Frisch zubereitete Gerichte, kleine Snacks für zwischendurch sowie eine reichhaltige Auswahl an Durstlöschern für jeden Geschmack werden angeboten. Ob warm oder kalt, hier ist für jeden Hunger und Durst etwas dabei.

GASTRONOMIE

Alle in Anspruch genommenen Angebote werden in bar oder mit EC-Karte bezahlt.

ZAHLUNGSVERKEHR

Unterhalb des Bades befindet sich ein kostenloser Frauenparkplatz bei der Bushaltestelle. Auf der anderen Seite der Therme, etwa 200 m Fußweg entfernt, ist ein weiterer, größerer und von Bäumen beschatteter Parkplatz vorhanden. Dort dürfen auch größere Wohnmobile abgestellt werden und übernachten (ohne Ver- und Entsorgung).

PARKMÖGLICHKEITEN

Hallenbad & Saunalandschaft Differten
»INNEHALTEN UND DAS LEBEN GENIESSEN«

An Hallenbad 1, 66787 Wadgassen-Differten | 06834 957637 | www.wadgassen.de/sauna/

GEBOTEN WiRD:

DAS RESÜMEE

In der Saunalandschaft am Waldrand von Differten wurde der Schwerpunkt auf Harmonie, Entspannung und Ruhe gelegt. Das insgesamt angenehm zurückhaltend wirkende Gebäude lädt zu dem Erlebnis einer Badekultur der besonderen Art ein. Im Außenbereich schreitet man durch ein japanisch anmutendes hölzernes Tor und geht geradewegs auf die, ebenfalls japanisch gehaltene, Kombination von Sauna und Ruhebereich zu. In dem modernen Hallenbad, dass von den Saunabesuchern zugleich mitbenutzt werden kann, wird einiges geboten. Hier steht Ihnen ein Schwimmerbecken und ein Nichtschwimmerbecken mit Schwalldusche und Massagedüsen zur Verfügung. Für die Kleinen Gäste wird ein eigenes Planschbecken mit Elefantenrutsche angeboten. Des Weiteren befinden sich eine kleine Dampfsauna im Hallenbadbereich, sowie ein Whirlpool. Die Angebote des Bistros können auch hier genutzt werden und laden zu einer kleinen Schwimmpause ein. Alles in allem können Sie ihren Aufenthalt zu einem Erlebnis machen. Erleben Sie doch selbst einmal die pure Entspannung in Differten und besuchen Sie für ein paar Stunden diese Oase der Ruhe.

DER EMPFANG

Am Empfangstresen werden Sie vom freundlichen Team begrüßt und erhalten als Saunabesucher eine Pfandkarte für den Tageshöchstsatz. Bei einem Aufenthalt von weniger als fünf Stunden erhalten Sie bis maximal zum Drei-Stunden-Tarif wieder Geld zurück.

UMKLEIDEN | DUSCHEN

Es ist eine gemischte Sammelumkleide mit Gemeinschaftsduschen vorhanden, aber auch separate Bereiche für Damen und Herren getrennt mit Umkleiden, Duschen und WC. Als Pfand für Ihren Umkleideschrank nehmen Sie bitte 1- oder 2-Euro-Münzen mit.

Hallenbad & Saunalandschaft Differten

>INNEHALTEN UND DAS LEBEN GENIESSEN«

📍 An Hallenbad 1, 66787 Wadgassen-Differten | 📱 06834 957637 | 🌐 www.wadgassen.de/sauna/

DIE ÖFFNUNGSZEITEN

	September bis Mai	Juni bis August
Montag	14:00 – 22:00 Uhr (Herren)	
Dienstag	9:00 – 22:00 Uhr (Damen)	
Mittwoch	10:00 – 21:30 Uhr*	
Donnerstag	10:00 – 22:00 Uhr (Damen)	14:00 – 20:00 Uhr (Damen)
Freitag	10:00 – 22:00 Uhr	14:00 – 20:00 Uhr
Samstag	9:00 – 20:00 Uhr	14:00 – 20:00 Uhr
Sonntag	10:00 – 18:00 Uhr	

*ab 18:00 Uhr ohne Schwimmgelegenheit

DIE PREISE

	Erwachsene	Jugendliche (6 – 17)
3-Stunden-Karte	13,00 Euro	11,00 Euro
Jede weitere halbe Stunde	1,75 Euro	1,75 Euro
Tageshöchstsatz	20,00 Euro	18,00 Euro

An vielen Feiertagen geschlossen, einsehbar auf der Webseite.

Hallenbad & Saunalandschaft Differten

DIE SAUNEN

Im Außenbereich erwartet Sie in zwei Saunahütten zwei besondere Hitzeerlebnisse, während Ihnen im Innenbereich zwei etwas kleinere Saunen und im Hallenbad ein Dampfbad geboten wird.

**SOINTI – DIE SAUNA
DER SINNE®**

Durch eine Art hölzernes Tor betreten Sie symbolisch den Bereich, in dem die Hektik des Alltags ausgeblendet zu sein scheint. Töne spielen in der Sointi®-Sauna eine wichtige Rolle. Denn mit Hilfe von Klangschalen und Mantras finden Sie ein hohes Maß an innerer Ruhe. Elemente aus Meditation, Yoga und asiatischer Architektur bilden in der Sauna eine einzigartige Einheit, in der Ruhe und Entspannung den Ton angeben.

**SUURI-SAUNA-
EVENTSAUNA 90 °C**

Die "Suuri-Sauna" ist ein Saunablockhaus aus gehobelten Blockbohlen der finnischen Polarkiefer. In der Suuri Sauna entspannen Sie mit einer gemauerten Ofenstelle aus Ibbenbürener Sandstein. Hier werden Ihnen Aufgüsse mit verschiedenen Saunadüften von einem Fachpersonal zelebriert.

90 °C SAUNA

Durch die heiße und trockene Luft wird die Transpiration besonders angeregt und der Körper entschlackt. Über die anschließende Abkühlung stärken Sie besonders gut Ihr Immunsystem.

60 °C SAUNA

Die etwas milderen Temperaturen sind besonders für Saunaanfänger und alle, welche die extreme Hitze nicht so gut vertragen, aber auf die Vorzüge des Saunierens nicht verzichten wollen, geeignet.

**DAMPFBAD
(HALLENBAD)
80 – 100 %**

Bei noch etwas milderen Temperaturen, aber eine Luftfeuchtigkeit von 80 – 100 %, öffnen sich die Poren und Ihr Körper kann über die Haut besonders gut entschlacken. Ihre Haut wird angenehm weich, besser durchblutet und ist, durch die Aufnahme der Feuchtigkeit, weniger trocken.

DAS ABKÜHLEN

Im zentralen Innenraum des Saunabereichs befinden sich diverse Möglichkeiten, um Ihren Körper wieder etwas runter zu kühlen. Genießen Sie den Duschbereich mit Schwallbrause, Schwalleimer, Kneippschlauch und der normalen Brause. Des Weiteren können Sie sich auch ganz moderat langsam mithilfe der Fußbecken abkühlen. Im Garten erfreuen Sie sich an einem extra Badehaus mit Tauchbecken. Auch hier finden Sie Schwalleimer, Brausen und Kneippschlauch.

DAS KNEIPPEN

Für Sebastian Kneipp war Wasser das Element des Lebens und gilt auch heute noch als Element, welches die Lebensgeister weckt und stärkt. Schonende Kneippanwendungen können Sie ganz nach Ihren eigenen Bedürfnissen mithilfe der Fußbecken oder des Kneippschlauchs anwenden. Abkühlen beginnt immer möglichst kreislaufschonend an den vom Herzen am weitesten entfernten Regionen.

Hallenbad & Saunalandschaft Differten
»INNEHALTEN UND DAS LEBEN GENIESSEN«

⌖ An Hallenbad 1, 66787 Wadgassen-Differten | ☎ 06834 957637 | ✆ www.wadgassen.de/sauna/

Im Außenbereich finden Sie die Sointi®- und die Suuri-Sauna mit Ihren jeweiligen Ruheräumen und auch das Badehaus für diverse Wasseranwendungen. Der ansprechend und stilvoll angelegte Saunagarten überzeugt durch den Bachlauf und die Teichanlage mit einer Insel und Ruheplatz, die über Holzstege erreicht werden kann. Auf den Liegen genießen Sie den Blick in den Laubwald und können bei den fast meditativen Klängen der Natur entspannen. Wenn es dunkel wird illuminieren die unterschiedlichen Kugellampen auf fast märchenhafte Art und Weise.

DER AUSSENBEREICH

Das Nichtschwimmerbecken lädt zur Entspannung durch die Massagedüsen und die Schwalldusche ein. Im Schwimmerbecken genießen Sie, nach dem Sprung von den Startblöcken, Ihre Schwimmbahnen mit einem Blick durch die großen Fenster in die Natur. Das Plantschbecken für die Allerkleinsten gewöhnt mit der Elefantenrutsche Ihren Nachwuchs schnell an das Element Wasser. Die Großen können sich Ihre Muskeln im Whirlpool lockern lassen.

SCHWIMMBÄDER

Im Nebengebäude der Suuri-Sauna und damit gleich neben der Sointi®-Sauna kann auf Relax-Wasserbetten entspannt werden. Der Saunagarten bietet mit den Liegen auf der Ruheinsel und den gemütlichen Gartensofas ausreichend Gelegenheit die Seele baumeln zu lassen. Der Innenbereich neben der 90 °C und 60 °C Sauna lädt mit den behaglichen Korbstühlen zum Erholen ein.

RUHEMÖGLICHKEITEN

Den Gästen steht, für ein bisschen Bräune und um den Vitamin-D-Haushalt anzukurbeln, ein Solarium zur Verfügung für 2,40 Euro. Im Hallenbad werden diverse Kinderschwimmkurse von 3 Monaten bis 5 Jahre angeboten.

ZUSATZANGEBOTE

In dem gemütlichen Bistro im Saunabereich, welches auch vom Badbereich genutzt wird, können die Besucher bei kühlen Getränken drinnen oder draußen auf der Terrasse verweilen. Kleinere Snacks werden ebenfalls angeboten.

GASTRONOMIE

Es ist möglich ab einem Wert von 20 Euro mit Karte zu zahlen oder die Kosten bar zu begleichen.

ZAHLUNGSVERKEHR

Den Gästen stehen einige Plätze direkt in Eingangsbereich zur Verfügung. Des Weiteren können am ca. 100 Meter entfernten Parkplatz zahlreiche Besucher kostenlos parken.

PARKMÖGLICHKEITEN

»la vita« »SAUNA-WOHLFÜHL-OASE«

📍 »la vita« im Sportpark ViTAFIT, Im Grohenstück 5, 65396 Walluf

☎ 06123 99957-0 | 🌐 www.lavita-walluf.de | 🌐 www.vitafit-walluf.de

GEBOTEN WiRD:

DAS RESÜMEE

Walluf liegt im Rheingau, nur 10 km vom Stadtzentrum Wiesbaden entfernt. Seit mehr als 30 Jahren liegt die Kernkompetenz des »ViTAFIT« bei Fitness, Gesundheit und Wellness. Es gibt drei Kursräume, in denen über 300 Kurse von Aerobic bis Yoga angeboten werden. Hier legt man großen Wert auf die Kompetenz der Trainer (examinierte Sportwissenschaftler) und auf die Zusammenarbeit mit Ärzten und Krankenkassen.

DER SAUNABEREICH

Die weitverbreitete Meinung »Ich sauniere doch nicht als Tagesgast in einem Fitnessstudio « können Sie im »ViTAFIT« getrost über Bord werfen. Die im Oktober 2007 neu eröffnete Sauna-Landschaft »la vita« bietet Ihnen Saunafreuden auf höchstem Niveau. Der 1.500 qm große Neubau besticht durch klare Linien und einem gelungenen Farbkonzept, mit einem Spiel aus einem warmen Rot und Grau.

DER EMPFANG

Ein großzügiger Empfangsbereich erwartet Sie beim Eintreten, geprägt durch den schrägen Dachverlauf mit sichtbaren Balken und Holzschalungen bis in fünf Meter Höhe, Offenheit und Transparenz, warme Farben und eine moderne Empfangstheke. Bei Bedarf können Sie Sauna-Tücher und Bademäntel ausleihen.

DIE ÖFFNUNGSZEITEN

Montag, Dienstag & Donnerstag	10:00 – 23:00 Uhr
Mittwoch & Freitag	13:00 – 23:00 Uhr
Mittwoch Damensauna:	10:00 – 13:00 Uhr
Samstag & Sonntag	11:00 – 19:00 Uhr

Tageskarte 14,90 Euro | 11er Karte 149,00 Euro. Sauna-Abo, je nach zeitlicher Nutzung und Laufzeit – erkundigen Sie sich an der Rezeption. Ein besonderes Angebot: Die Preise sind inklusive Tafelwasser und Mineralgetränke an der Aqua-Mineralbar (all you can drink).

DIE PREISE

Für Damen und Herren stehen getrennte Bereiche zur Verfügung.

UMKLEIDEN | DUSCHEN

Die beiden Saunen im Innenbereich sind aus massiven Blockbohlen gefertigt, die beiden Aussen-Saunen aus »Kelo«-Holz. In allen Saunen erwartet Sie ein Raumklima, das eben nur von Massivholz-Saunen erzeugt werden kann – Sie werden es spüren! Neben den unten beschriebenen Saunen gibt es eine 75 °C warme Innen-Sauna, die ausschließlich den Frauen zur Verfügung steht.

DIE SAUNEN

Heiß kann jeder – doch es kommt darauf an, wie die Wärme im Raum verteilt wird. In dieser Sauna erwartet die 20 – 25 Gäste ein hoher Wärmestrahlungsanteil durch den mit massiven Steinen ummauerten Ofen. Die 95 °C sind so sehr angenehm. Stündlich findet ein automatischer Aufguss statt.

DIE FINNISCHE SAUNA
95 °C

Hier finden Sie Entspannung pur. Milde 60 °C bei etwa 50 % Luftfeuchtigkeit, Duftimpressionen aus verschiedenen ätherischen Substanzen, dezente Musikuntermalung und die Farblichttherapie lassen Sie die Zeit vergessen.

DIE »SAUNA DER SINNE«
60 °C | 50 %

Das Saunaklima und die Atmosphäre in einer »Kelo«-Sauna kann man nicht beschreiben, Sie sollten es erleben. Bei den regelmäßig stattfindenden Aufgüssen wurden schon bis zu 50 Saunafreunde gezählt, die der Zeremonie der ausgebildeten Saunameister beiwohnen durften. 90 °C Raumtemperatur, der Sauna-Ofen ist mit Steinen verkleidet – mehr gibt es nicht zu sagen …

DIE »KELO«-BLOCKHAUSSAUNA
90 °C

Bei einer Raumtemperatur von 80 °C sorgt ein loderndes Kaminfeuer für eine gemütliche und feurige Wohlfühlatmosphäre. In dieser Sauna ist die Kommunikation der Gäste untereinander ausdrücklich erlaubt, sofern die Unterhaltungen in einer angemessenen und dezenten Lautstärke erfolgen.

KAMIN- UND KOMMUNIKATIV-SAUNA
80 °C

»la vita« »SAUNA-WOHLFÜHL-OASE«

9 »la vita« im Sportpark ViTAFIT, Im Grohenstück 5, 65396 Walluf
☎ 06123 99957-0 | ⊕ www.lavita-walluf.de | ⊕ www.vitafit-walluf.de

DAS ABKÜHLEN   Die Kaltduschlandschaft im Innenbereich hinter einer halbrunden Wand bietet alles
für den »kalten Guss«: kräftige, in die Decke eingelassene Regenwasserduschen,
DAS KNEIPPEN   Schwallbrausen und natürlich den Kneippschlauch. Neben der »Kelo«-Sauna im
Aussenbereich steht ein Duschhäuschen mit kräftigen Düsen- und Schwallduschen
sowie einer Kübeldusche.

DIE AUSSENANLAGE   1.200 qm Sauna-Garten machen das Saunieren auch im Sommer zu einem Erlebnis.
An das Gebäude schließen sich großzügige Holzterrassen an, auf denen Liegen
bereitstehen. Außerdem können Sie dort auch die Angebote der Gastronomie genießen. Sie blicken auf den Naturteich, über den zwei Brücken führen und der von
einem Wasserfall gespeist wird. Im Sauna-Garten wurden unterschiedliche Ebenen
geschaffen, deren Abgrenzung mit Natursteinmauern erfolgt. Die Hänge sind mit
Efeu und Lavendel bepflanzt, Rasenflächen und Liegeflächen laden zur Erholung
ein. Wählen Sie Ihren Platz entweder neben der »Kelo«-Sauna oder auf einer der
separaten Holzterrassen.

»la vita« »SAUNA-WOHLFÜHL-OASE«

♀ »la vita« im Sportpark ViTAFIT, Im Grohenstück 5, 65396 Walluf
☎ 06123 99957-0 | ✆ www.lavita-walluf.de | ✆ www.vitafit-walluf.de

Über die Treppe kommen Sie in den über 90 qm großen Ruheraum mit asiatischen Gestaltungselementen und einem herrlichen Blick in den Sauna-Garten. Von hier aus gelangen Sie in den Schlafraum mit sieben Betten aus geölter Buche und mit hochwertigen Matratzen.

RUHEMÖGLICHKEITEN

Termine für die Ganz- oder Teilkörpermassagen vereinbaren Sie bitte am Bistro oder beim Sauna-Personal. Im Obergeschoss stehen für Sie zwei Solarien und zwei Hydrojet-Liegen (Überwassermassage) bereit.

MASSAGEN | SOLARIEN

Neben der Getränkevielfalt sind die Speiseangebote sehr variantenreich. Täglich wechselnde Tagesgerichte stehen ebenso auf dem Programm wie Flammkuchen, Kartoffel-Variationen, Nudelgerichte, Steaks und natürlich Salate. Zentral im sehr stimmungsvoll eingerichteten Sauna-Bistro ist die Kaminlounge mit dem offenen, rund gestalteten Kamin und den roten Ledersofas und -bänken.

GASTRONOMIE

Ihr Verzehr wird auf Ihre Schlüsselnummer gebucht. So können Sie Ihren Aufenthalt bargeldlos genießen. EC-Zahlung ist möglich!

ZAHLUNGSVERKEHR

Rund um das »ViTAFIT« gibt es genügend kostenfreie, firmeneigene Parkplätze.

PARKMÖGLICHKEITEN

Vitalis »FREIZEIT&GESUNDHEIT PUR!«

📍 Kurparkstraße 2, 66709 Weiskirchen
☎ 06876 919-561 | 🖶 06876 919-569 | 🌐 www.vitalis-weiskirchen.de

GEBOTEN WIRD:

DAS RESÜMEE	Vitalität – die Lebenskraft und Lebendigkeit – werden hier gefördert und unterstützt. Im lichtdurchfluteten Badebereich ist das 25-m-Sportbecken, in dem auch Aquafitness angeboten wird. Das Erholungs- und Massagebecken lädt mit einer Schwallwasserdusche, seitlichen Massagedüsen sowie Perl-Liegen und Sitzbänken zur Entspannung ein. Für die Kleinen gibt es zwei Flachwasserbecken mit 32 °C, eine Babyrutsche und weitere Attraktionen. Im Sommer nutzen Sie den großzügigen Außenbereich mit Rasenflächen, oder aber den Beachvolleyballplatz zu sportlicher Betätigung.

DIE GRÖSSE	Es erwartet Sie eine über 2.000 qm große Sauna- Landschaft.

DER EMPFANG	Hier haben Sie die Möglichkeit, Sauna-Tücher und Bademäntel auszuleihen sowie Pflege- und Reinigungsmittel zu kaufen.

DIE ÖFFNUNGSZEITEN

Montag – Freitag	07:00 – 22:00 Uhr	gemischte Sauna
Samstag, Sonntag & feiertags	07:00 – 21:00 Uhr	gemischte Sauna
Donnerstag (außer feiertags)	07:00 – 13:00 Uhr	Damensauna

DIE PREISE	Die Tageskarte für die Bade- und Sauna-Landschaft kostet 19,30 Euro.

UMKLEIDEN	DUSCHEN	Der exklusiv für Saunagäste errichtete Bereich ist für Frauen und Männer getrennt.

DIE SAUNEN	Sie haben die Wahl: zwei Innensaunen, die Infrarotkabine, ein Dampfbad oder die Blockhaus-Sauna und die Lehm Panorama Sauna im Außenbereich.

Vitalis »FREIZEIT&GESUNDHEIT PUR!«

📍 Kurparkstraße 2, 66709 Weiskirchen
📞 06876 919-561 | 📠 06876 919-569 | 🌐 www.vitalis-weiskirchen.de

Dieses Highlights finden Sie im Außenbereich: die Bauweise der Banja besteht aus massiven, runden Baumstämmen, einem begrünten Dach und einem Speckstein-ofen. Schon im Vorraum sehen Sie die Feuerstelle des Ofens, der mit seiner Größe und Gestaltung die Sauna von innen prägt. Die Kombination aus Sauna-Ofen und Holzfeuer erzeugt eine äußerst angenehme Wärme. Die typisch russischen Wenik – Aufgüsse werden vom Personal regelmäßig durchgeführt.

DIE BANJA
75 °C

Als zweites Highlights finden Sie im Außenbereich: Die Lehm – Sauna. Dieser Schwitzraum bietet einen weiten Blick ins wunderschöne Wiesental auf den Schwarzwälder Hochwald. Die besondere Bauweise mit Lehmwänden sorgt für ein angenehmes Raumklima. Aufgüsse werden vom Personal regelmäßig durch-geführt.

DIE LEHM – SAUNA
85 °C

Ein Aromaraum, in dem Sie bei 90 °C, herrlich schwitzen können.

FINNISCHE SAUNA, 90 °C

Ein Aromaraum, in dem Sie bei 75 °C, herrlich schwitzen können.

FINNISCHE SAUNA, 75 °C

60 °C, dezente Musik und ein Sternenhimmel laden die Saunafreunde zum Entspannen ein.

DIE MUSIK-RELAX-SAUNA, 60 °C

Dieser Raum ist zum Außenbereich orientiert und nach dorthin verglast. Hier genießen Sie die gesunde Wirkung der Infrarotwärme und blicken dabei in den Sauna-Garten.

DIE INFRAROT-KABINE

Bei 48 °C und 100 % Luftfeuchtigkeit werden hier dem Dampf wöchentlich wech-selnde Düfte zugesetzt. Zu festen Zeiten können Sie Salzanwendungen genießen.

DAS DAMPFBAD
48 °C | 100 %

Vitalis »FREIZEIT&GESUNDHEIT PUR!«

📍 Kurparkstraße 2, 66709 Weiskirchen
☎ 06876 919-561 | 🖨 06876 919-569 | 🌐 www.vitalis-weiskirchen.de

BARFUSSWEG

Der Barfußweg bietet zahlreiche Sinneserfahrungen die Körper und Seele beleben und die Gesundheit fördern.

DAS ABKÜHLEN

Der zentrale Kaltduschbereich ist im Inneren. Kräftige Düsen- und Schwallduschen gibt es ebenso wie Kneippschläuche und eine Kübeldusche. Auch im Sauna-Garten können Sie sich erfrischend kalt abduschen. Eine aus Natursteinquadern errichtete halbrunde Wand mit kräftigen Düsenduschen und dem Kneippschlauch ist nicht nur äußerst funktional, sondern auch sehr schön gestaltet. Direkt gegenüber, am Eingang zur Rundstamm-Sauna, erfrischen Sie sich mit Crushed Ice. Für den, der es archaisch mag, gibt es einen Brunnen; hier entnehmen Sie mit Eimern das kalte Wasser und gießen es über Ihren Körper.

CRUSHED ICE

TAUCHBECKEN | KNEIPPEN

Diese Punkte werden hier gemeinsam beschrieben, da sie gestalterisch eine Einheit bilden. Eingebunden in Felsenimitationen ist auf der einen Seite das Tauchbecken, in das Sie spiralförmig abtauchen, auf der anderen Seite finden Sie die Bottiche für Fußwechselbäder.

DIE AUSSENANLAGE

Hier gibt es viel zu entdecken: Holzterrassen mit Liegen und Bistro-Tischen, Rasen- und Liegeflächen sowie einen Kieselsteinpfad. Die Bepflanzung mit Sträuchern, Bäumen und Bambus rundet den Bereich ab.

RUHEMÖGLICHKEITEN

Der »absolute« Ruheraum ist im Inneren, fast 50 qm groß. Das Ruhehaus im Sauna-Garten bietet ebenfalls zahlreiche Liegemöglichkeiten.

MASSAGEN | SOLARIEN

»Reha-Vitalis« steht für Krankengymnastik, Massagen, Fango, Kraftraum, Fitnesskurse und vieles mehr. Informieren Sie sich an der Anmeldung oder unter 06876 919-551. Im Badbereich gibt es zwei hochmoderne Solarien.

Vitalis »FREIZEIT&GESUNDHEIT PUR!«

📍 Kurparkstraße 2, 66709 Weiskirchen
☎ 06876 919-561 | 🖶 06876 919-569 | 🌐 www.vitalis-weiskirchen.de

Schauen Sie im Internet oder fragen vor Ort nach »Vitalis aktuell«. Honigaufgüsse, Mitternachts- oder Halloween-Sauna sind nur ein kleiner Auszug aus dem wechselnden Programm.

EVENTS

Im Saunabereich werden im Holzhaus außen Getränke und Snacks angeboten. Das »Bistro Vitalis« sehen Sie im Eingangsbereich. Hier erwarten Sie leckere Kleinigkeiten, Salate, Tellergerichte und vieles mehr.

GASTRONOMIE

Die in Anspruch genommenen Leistungen werden auf Ihre Schlüsselnummer gebucht, Sie zahlen bequem beim Verlassen der Anlage.

ZAHLUNGSVERKEHR

Am Gesamtkomplex ist ein großer, kostenfreier Parkplatz.

PARKMÖGLICHKEITEN

Thermalbad Aukammtal ›ERHOLUNG PUR‹

● Leibnitzstraße 7, 65191 Wiesbaden

▯ 0611 31-7080 | ✉ thermalbad@wiesbaden.de | ● www.mattiaqua.de

FEUERSAUNA

© FOTOGRAF

TEAM BRENNWEITE

GEBOTEN WIRD:

DAS RESÜMEE
Das wertvolle Thermalwasser für das „Thermalbad Aukammtal" gelangt über unterirdische Leitungen aus der Speicheranlage der „Kaiser-Friedrich-Therme" in die Thermalbecken. Der Badebereich erstreckt sich auf etwa 4.400 qm und bietet Ihnen Erholung pur. Im 435 qm großen Innenbecken finden Sie Massagedüsen, einen Sprudelpool und Massageliegen. Im 80 qm großen Aktionsbecken mit 0,90 – 1,20 Metern Wassertiefe können Badegäste Gesundheitsangebote wie Aqua Fit & Fun und prä- und postnatale AquaGymnastik nutzen. Der Durchschwimmkanal verbindet das Innen- mit dem etwas größeren Außenbecken. Wie alle Becken ist auch dieses ganzjährig auf 32 °C temperiert. Eine Liegehalle und ein Solarium ergänzen das Angebot Innen, im Außenbereich gibt es für den Sommer ausreichend Liegewiese.

DER SAUNABEREICH
Etwa 1.500 qm Innen- und ein ebenso großer Außenbereich ergeben zusammen 3.000 qm Saunafreuden. Dominierend im Innenbereich ist das großzügig verglaste Dach, das auch die unten befindliche Saunaebene mit reichlich Tageslicht versorgt. Der Luftraum verbindet Oben mit Unten. Auf der oberen Ebene sind Ruheliegen und die Gastronomie, drei Saunen, ein Dampfbad sowie ein Whirlpool gibt es eine Ebene tiefer. Im Außenbereich können Sie drei weitere Saunen genießen. Die Sauna ist eine textilfreie Anlage.

DER EMPFANG
Bei Bedarf können Sie Bademäntel und Saunatücher ausleihen. Hier finden Sie auch das Restaurant „Strandbar" für jedermann im Trockenbereich.

DIE ÖFFNUNGSZEITEN
Sauna: Montag bis Donnerstag, Sonntag 9:00 – 22:00 Uhr, Freitag, Samstag 9:00 – 24:00 Uhr, Damentag ist montags, Familiensauna am ersten Samstag im Monat,

 Leibnitzstraße 7, 65191 Wiesbaden
 0611 31-7080 | thermalbad@wiesbaden.de | www.mattiaqua.de

Gemischtsauna an gesetzlichen Feiertagen. Saunaschluss ist eine halbe Stunde vor Schließung des Bades.

Erwachsene (ab 16 Jahren) Einzeleintrittspreis montags bis donnerstags 23,00 Euro, freitags bis sonntags und feiertags 25,00 Euro, für Gäste mit einer Behinderung ab 50 GdB gilt ein ermäßigter Preis montags bis donnerstags von 18,40 Euro und freitags bis sonntags sowie feiertags von 20,00 Euro. Die Nutzung des Badbereichs ist im Saunabereich inkludiert.

DIE PREISE

Der Umkleidebereich wird von Damen und Herren gemeinsam genutzt, die Sammelumkleidebereiche und die Sanitäranlagen sind getrennt.

UMKLEIDEN | DUSCHEN

Bei 80 – 90 °C wird hier, für die maximal 65 Personen, stündlich mit wechselnden Aromen auf die beiden Sauna-Öfen aufgegossen. Zusätzlich gibt es Dampfbad-Peelings, Fächer- und Überraschungsaufgüsse sowie Klangschalen-Zeremonien.

DIE SAUNEN
DIE FINNSAUNA
80 – 90 °C

Sanarium steht für eine milde Temperatur von etwa 60 °C. In dieser großen Sauna, die 50 – 55 Gästen Platz bietet, können Sie herrlich bei 60 % Luftfeuchtigkeit und dem wechselnden Kristall-Licht entspannen.

DAS KRISTALL-SANARIUM
60 °C | 60 %

Eine Temperatur von 70 – 75 °C erwartet Sie hier. Es ist eine Trockensauna mit 12 bis 15 % Luftfeuchtigkeit, in der etwa 20 Saunafreunde gleichzeitig Platz finden. Ihre Entspannung wird unterstützt durch beruhigende Klängen, einer Heusudwanne sowie Flammleuchten an den Wänden – ein Aroma-Mental-Akustik-Erlebnis!

DAS MENTAL-SANARIUM
70 – 75 °C | 15 %

Im mehr als 20 qm großen Dampfbad finden Sie breite Sitz- und Liegeflächen. 42 °C und 100 % Luftfeuchtigkeit sind die Eckdaten dieses Bades.

DAMPFBAD
42 °C | 100 %

FINNSAUNA
© FOTOGRAF HALISCH

Thermalbad Aukammtal »ERHOLUNG PUR«

📍 Leibnitzstraße 7, 65191 Wiesbaden
📞 0611 31-7080 | ✉ thermalbad@wiesbaden.de | 🌐 www.mattiaqua.de

DAS ABKÜHLEN

Das Angebot ist äußerst vielfältig, hier findet jeder seinen persönlichen Favoriten. Unmittelbar bei den Kaltduschen im Sauna-Innenbereich gibt es zwei sich gegenüber liegende Tauchbecken. Zusätzlich haben Sie die Möglichkeit, sich am Eisbrunnen mit gestoßenem Eis abzureiben. Für die Dusch-Genießer gibt es zwei Erlebnisduschen mit tropischem und polarem Regen. Tropischer Regen in einem gelb-orangen Licht oder polarer Eisregen bei kühlem blauem Licht. Das Abkühlen in den beiden Duschbereichen im Sauna-Außenbereich ist eine wahre Freude: zwei Erlebnisduschen, kräftige Regenbrausen, Kneippschläuche, Schwallduschen und das Tauchbecken – da bleibt niemand trocken.

WHIRLPOOL

Der Whirlpool ist im Innenbereich hinter einer Abtrennung, also dort durchlaufen, um das blubbernde warme Wasser zu gießen.

DAS KNEIPPEN

Zentral im Innenbereich ist ein mehr als 80 qm großes Tretbecken. Zur Erfrischung zwischen den Saunagängen, zudem beheizte Sitze mit integrierter Möglichkeit für Fußbäder (Kneipp).

DIE FEUERSAUNA
70 – 90 °C

Elegante Gemütlichkeit verbreitet das knisternde brennende Kaminfeuer. Der Ofen ist in eine gemauerte Wand aus Natursteinen integriert, die den Raum mit sehr angenehmer Wärmeabstrahlung versorgen. Die Temperatur beträgt 70 – 90 °C; hier lässt es sich aushalten.

DIE LOFTSAUNA
70 °C

Wenn sie diese Form der Sauna noch nicht gesehen haben lohnt sich der Ausflug ins Aukammtal schon deswegen. Der über 30qm große Raum weist eine Höhe von mehr als 4 Metern auf. Über zwei Stiegen gelangen Sie auf die an drei Seiten umlaufende Empore, wo Sie auf den Bänken Platz nehmen. Auf den mit Natursteinen ummauerten und mit üppig vielen Saunasteinen versehenen Ofen wird hier jeweils um zwanzig nach aufgegossen – das ist bei etwa 70 °C ein Erlebnis.

LOFTSAUNA
© FOTOGRAF SCHLOTE

Thermalbad Aukammtal *»ERHOLUNG PUR«*

📍 Leibnitzstraße 7, 65191 Wiesbaden
📠 0611 31-7080 | ✉ thermalbad@wiesbaden.de | 🌐 www.mattiaqua.de

Dieser kleinste, für 12 – 15 Personen konzipierte Sauna-Raum ist mit 100 °C auch der heißeste. Der Ausbau mit geflammten Holzbrettern erinnert an eine gemütliche Berghütte, die oberen Bänke sind wunderbar breit gebaut, so dass Sie hier gemütlich liegen können.

DIE HÜTTEN-SAUNA

Wer es einmal genutzt hat, der will immer wieder in das etwa 32 °C warme Außenbecken mit Thermalwasser – eine wunderbare Entspannung zwischen den Saunagängen. Großzügige Grasliegeflächen, Holzpodeste mit Liegen zum Sonnenbaden sowie Tische und Stühle sind einige Gestaltungsmerkmale der schönen Außenanlage. Zwei Gebäudekuppeln mit Glasfassade dienen als Ruheräume – verbunden durch einen Götterbaum mit rundherum angeordneten Bänken. Es ist herrlich, hier im Baumschatten zu sitzen – oder aber auf einer der Liegen zu entspannen und zu plaudern.

DER AUSSENBEREICH

Mehr als 60 Liegen stehen im Innenbereich rund um den Luftraum und an der Glasfassade mit Blick in den Saunagarten. Schon kurz erwähnt gibt es auch die Ruhehäuser. Im Grunde sind es Säulenhallen aus Glas: der größere, fast 90qm messende, mit sandfarbenen Säulen und Wänden, ansonsten Glasflächen und Ruheliegen, und der Wintergarten, etwa 50 qm groß mit roten Säulen, und ebenfalls Glasflächen und Liegen. Hier gilt: absolute Ruhe und Entspannung und ein Panoramablick über Wiesbaden.

RUHEMÖGLICHKEITEN

Die Sonne, die immer scheint. Im Innenbereich gibt es für die nahtlose Bräune ein Solarium. UVA und UVB- Bestrahlung in einem naturnahen Verhältnis für gesunde Bräune und Energie.

SOLARIEN

Lassen Sie sich verwöhnen – vom Kosmetik- und Massageinstitut "Casa del Silencio" werden vielfältige Kosmetikbehandlungen sowie Massagen angeboten.

MASSAGEN | KOSMETIK

BADEAUSSENBECKEN
© FOTOGRAF SCHLOTE

Thermalbad Aukammtal »ERHOLUNG PUR«

♥ Leibnitzstraße 7, 65191 Wiesbaden

▢ 0611 31-7080 | ✉ thermalbad@wiesbaden.de | ⊕ www.mattiaqua.de

GASTRONOMIE

Direkt ins Auge fällt das umfassende Angebot an Wellness- und Cocktailgetränken. Ganz unkomplizierte, leichte und leckere Küche können Sie im Thermalbad Aukammtal genießen. Das Angebot reicht von Frühstück, Mittagstisch, Kaffee und Kuchen sowie ein exzellentes und ausgewogenes Abendessen. Genießen Sie im Restaurant „Strandbar" im Eingangbereich, im Restaurant „Strandbar" für Badegäste im Badbereich oder im Bistro im Saunabereich.

ZAHLUNGSVERKEHR

Der Transponder, den Sie zu Beginn bekommen, ist Schrankschlüssel und Speichermedium für alle Leistungen, die Sie in Anspruch nehmen. Sie zahlen beim Einlass. Konsumationen werden beim Verlassen bezahlt.

PARKMÖGLICHKEITEN

Der Parkplatz und ein Parkhaus gehören zum „Thermalbad Aukammtal". Hier fallen für Gäste Parkgebühren von 3,00 Euro an.

LOFTSAUNA
© FOTOGRAF SCHLOTE

Thermalbad Aukammtal ›ERHOLUNG PUR‹

📍 Leibnitzstraße 7, 65191 Wiesbaden
📱 0611 31-7080 | ✉ thermalbad@wiesbaden.de | 🌐 www.mattiaqua.de

TRETBECKEN
© FOTOGRAF SCHLOTE

Vitalium »SAUNA IM NATURPARK RHEIN-WESTERWALD«

⚲ Am Sportpark 1, 53578 Windhagen

☎ 02645 972717 | 🖨 02645 99596 | 🌐 www.vitalium.de

GEBOTEN WIRD:

| DAS RESÜMEE | Die multifunktionale, familiär geführte Freizeitanlage des Vitaliums erstreckt sich über rund 25.000 qm. Hier wird Sportlern, Erholungssuchenden und Saunafans so ziemlich alles geboten, was das Herz höher schlagen lässt. Für Tennis stehen vier Hallenplätze sowie fünf Außenplätze zur Verfügung. Badminton kann ebenfalls auf drei Hallenplätzen gespielt werden. Im gesundheitsorientierten Fitnessstudio werden u. a. im Milonzirkel das Herz-Kreislauf-System, wie auch die Kraft und Ausdauer an über 100 Geräten gestärkt. Über 40 Kurse werden pro Woche in den Kursräumen angeboten. Dazu zählen z. B. Les-Mills-Kurse wie Bodybalance, Bodypump, Yoga und Pilates sowie zertifizierte Reha-Kurse. |

| DER EMPFANG | Am Empfang des Sportparks können Bademäntel, Handtücher sowie Badeschlappen ausgeliehen werden. |

| DIE ÖFFNUNGSZEITEN | Montag bis Samstag 11:00 – 23:00 Uhr | Sonn- und Feiertage 11:00 – 20:00 Uhr. Um Ihnen ein Erlebnis der vollkommenen Ruhe und Entspannung zu gewährleisten, wird Jugendlichen erst ab 16 Jahren der Eintritt gestattet. |

DIE PREISE

2 Stunden	17,50 Euro
3 Stunden	19,00 Euro
4 Stunden	20,50 Euro
Tageskarte	23,00 Euro

| UMKLEIDEN | DUSCHEN | Die Saunagäste können sich sowohl gemeinsam als auch nach Geschlechtern getrennt umkleiden. Die Vorreinigung erfolgt separat. |

Vitalium »SAUNA IM NATURPARK RHEIN-WESTERWALD«

📍 Am Sportpark 1, 53578 Windhagen
📞 02645 972717 | 🖨 02645 99596 | 🌐 www.vitalium.de

Die gepflegte Saunalandschaft ist für 120 Schwitzhungrige konzipiert. Sie erstreckt sich im Inneren über gut 1.500 qm. Daran schließt ein ca. 5.500 qm großer Saunagarten mit einmaligem Naturteich an. Das Vitalium ist mit der natürlichen Einbettung dieser einzigartigen Sauna- und Erholungswelt vor den Toren des Westerwaldes ein Beispiel für finnische Tradition und den bewahrenden Umgang mit der Natur.

DIE SAUNEN

Bis zu 25 Saunagäste verteilen sich um den zentralen, mit rosa Granitstein ummantelten Saunaofen. Dank der Ummantelung verteilt sich die 85 – 95 °C heiße Luft gleichmäßig in der aromatisierten Saunakabine. Zwei Fenster erlauben den Ausblick in den Innenbereich.

DIE KUIVA-SAUNA
85 – 90 °C

Der Sternenhimmel mit farbigen Kugellichtern umspielt an die 25 Personen bei milden 60 °C Temperatur. So lässt es sich angenehm auch länger verweilen. Der mittige Ofen mit Saunasteinen ist mit ätherischen Ölen angereichert und dessen Duft liegt wohltuend in der Luft.

DAS VALO-BAD
60 °C

Die echtfinnische Tapathuma®-Sauna aus Blockbohle ist eine großräumige Event-Sauna, die bis zu 50 Schwitzhungrige beherbergen kann. Von den über drei Ebenen angelegten, großzügigen Liege- und Sitzflächen haben Sie einen herrlichen Ausblick auf den Naturteich und den Saunagarten. Der mit Natursteinen gemauerte und mit 300 kg Peridotitsteinen belegte Saunaofen ermöglicht intensivste Aufgüsse. Der effektvoll beleuchtete Ofen erwärmt die große Kabine auf Temperaturen um die 80 °C.

DIE TAPAHTUMA®-SAUNA
80 °C

Massive und urwüchsige finnische Polarkiefern definieren die Blockhaus-Sauna mit mittigem Saunaofen, der die Kabine auf bis zu 100 °C erhitzt. Unter dem zentralen Saunaofen befindet sich ein holzbefeuerter Kamin, dessen Knistern und Lodern außerordentlich zum behaglichen Ambiente beiträgt. Panoramafenster ermöglichen gut 20 Gästen den Blick in die umliegende Landschaft.

DIE TULI®-SAUNA
100 °C

Tief in die Erde eingebettet thront die Erd-Sauna aus massiven Rundstämmen idyllisch seitlich neben dem Naturreich. Dank erdigem Klima sind die, vom kopfseitigen Ofen mit Saunasteinen und holzbefeuertem Kamin ausgehenden, 100 – 120 °C Temperatur erstaunlich gut zu vertragen. An der urigen Atmosphäre können sich bis zu 20 Personen erfreuen.

DIE MAA®-SAUNA
100 – 120 °C

Vitalium »SAUNA IM NATURPARK RHEIN-WESTERWALD«

📍 Am Sportpark 1, 53578 Windhagen

☎ 02645 972717 | 🖨 02645 99596 | 🌐 www.vitalium.de

DIE SUMU-BÄDER
45 °C

»Sumu« bedeutet soviel wie »Dampf«. Zwei Sumu- bzw. Dampfbäder liegen im Innenbereich direkt nebeneinander. Beide sind wohlriechend aromatisiert und werden mit 45 °C betrieben. Das Licht des Sternenhimmels verbindet sich auf schöne Art und Weise mit dem aufsteigenden Nebel. 10 Liebhaber des Dampfbades finden in dem größeren Bad Platz; im kleineren sind es 6 Gäste.

DAS ABKÜHLEN

Im Innenbereich kühlen sich die Gäste an Warm-Kalt-Brausen, vier Schwallduschen, zwei Kneipp-Schläuchen und zwei Kübelduschen ab. Freunde des Tauchbeckens finden ihren Abkühlort zentral im Innenbereich unter einem farbigen Sternenhimmel. Gesäumt wird das schneckenförmige Tauchbecken von zehn Fußwärmebecken mit beheizter Sitzbank. Sicherlich ein sehr kommunikativer Ort in der kälteren Jahreszeit. Auch im Saunagarten ist für ausreichende Abkühlung gesorgt. An der Maa-Sauna findet sich eine Duschschnecke aus schönem Naturstein mit Kneipp-Schläuchen, Schwallbrausen und einer Kübeldusche. Die Gäste der Tuli-Sauna können sich in einem »Stein-Iglu« an weiteren Abkühlungsmöglichkeiten erfrischen.

DER AUSSENBEREICH

Hochgewachsene Bäume säumen den weitläufigen, idyllischen Saunagarten mit zentralem Naturteich. Gepflasterte Wege schlängeln sich zu den Außensaunen mit anliegenden Sitz- und Liegemöglichkeiten. Die sehr großzügige Liegewiese mit schattenspendenden Bäumen sowie zahlreichen Liegen finden die Gäste im hinteren Teil des Saunagartens. Die Außenanlage ist eine einzigartige Kombination aus Holzelementen wie Bäumen und den Saunen, Wasserelementen sowie Steinelementen mit Kieselsteinbeeten und weiteren schönen Steinformationen. Der Duft von Kaminfeuer aus den beiden Saunakabinen verbreitet sich angenehm im Garten.

DER NATURTEICH

Ein Highlight der Saunaanlage ist sicherlich der 450 qm große Naturteich. Ein terrassenförmig angelegter Frischwasserzulauf aus Stein versorgt den Teich beständig mit kühlem Wasser. Das Plätschern ist äußerst angenehm und beruhigend im Umkreis vernehmbar. Über einen kleinen Holzsteg gelangen die Gäste ins Wasser, welches abends schön illuminiert wird. Ausgesuchte Steine, Schilf wie weitere Wasserpflanzen säumen den Rand des Teiches.

DER SWIMMINGPOOL

Der außenliegende Pool ist mit 23 °C temperiert und ca. 20 qm groß. Bodensprudler und ein Schwanenhals sorgen für Bewegung und Abwechslung im Wasservergnügen.

RUHEMÖGLICHKEITEN

Der ebenerdige Ruheraum zeigt sich in warmen Farben und vielen Holzelementen. Bequeme Liegen mit Auflagen und Decken sowie unterschiedlich stark beruhigte Wasserbetten laden zum erholsamen Verweilen ein. Von hier genießen Sie den tollen Ausblick in den Saunagarten. Im Anschluss an die Gastronomie befindet sich in der ersten Etage ein Leseraum mit weiteren Liegen mit Auflagen und Leselam-

♀ Am Sportpark 1, 53578 Windhagen
☎ 02645 972717 | 🖷 02645 99596 | 🌐 www.vitalium.de

pen. Ein großer, zentraler Steinbrunnen plätschert beständig im lichtdurchfluteten Entspannungsraum mit diversen Sitzmöglichkeiten.

In der Massageabteilung können Sie sich auf vielfältigste Weise verwöhnen lassen. Neben Rückenmassagen stehen ayurvedische Massagen auf dem Programm. Ebenso können Sie in den Genuss von Shaitsu-Anwendungen und Peelings kommen. Arrangements runden das Angebot ab. Zwei Collagen-Sonnenbänke zur Lichttherapie stehen ebenfalls zur Nutzung bereit. — MASSAGEN | SOLARIEN

Die beliebten Saunanächte werden monatlich angeboten. Jeweils am ersten Freitag im Monat werden zu einem bestimmten Motto bis 00:00 Uhr nachts stündlich Vital-Aufgüsse zelebriert. Weitere Events mit besonderen Angeboten werden von Zeit zu Zeit durchgeführt. — EVENTS

In der behaglichen Gastronomie stehen Salate, Nudeln und Flammkuchen, leckere Kleinigkeiten sowie Fleischgerichte auf der Speisekarte. Speisen können Sie auf gemütlichen Sitzmöglichkeiten entlang der halbrunden Theke oder, zur wärmeren Jahreszeit, auch auf der erhöhten Außenterrasse mit Blick auf den Saunagarten. Die gemütliche Kaminecke auf der Empore mit zentralem Kamin ist von bequemen Lederhockern geprägt. — GASTRONOMIE

Alle in Anspruch genommenen Leistungen können im Nachhinein in bar, per EC-Karte ode Kreditkarte beglichen werden. — ZAHLUNGSVERKEHR

Unmittelbar an der Anlage stehen ausreichend kostenlose Parkplätze zur Verfügung. — PARKMÖGLICHKEITEN

Sie werden diese Erfahrung sicher auch schon einmal gemacht haben: Bekannte erzählen Ihnen von einer Sauna, die Sie unbedingt auch mit einem Besuch beehren sollten. Sie hören aufgeregt zu, sehen sich vor dem inneren Auge bereits im schönen Dampfbad sitzen, am nächsten Tag schauen Sie in den Computer – und stellen enttäuscht fest: Die Sauna ist für einen Tagesausflug ungeeignet. Anfahrt, Besuch, Rückweg – das würde mehr als einen ganzen Tag beanspruchen. Traurig sinken Sie zurück in den Sessel. Schade um den schönen Saunabesuch …

Uns erging es neulich ähnlich. Aber muss das sein? Nach kurzer Beratschlagung kamen wir im Saunaführer-Team zur Antwort: Definitiv nicht! Unsere ausgesuchte Sauna war – zufälligerweise – Teil eines großen Hotelkomplexes. Und so war unsere im Saunaführer neu enthaltene Rubrik geboren. Ausgewählte Hotels – natürlich allesamt mit ausgereiftem Sauna-Angebot – bieten Ihnen nun auch die Möglichkeit, die verschiedenen Wellness-Spezialangebote, wie beispielsweise Massagen oder Kosmetikbehandlungen, in Anspruch zu nehmen. Obendrein ist eine Hotelübernachtung über einen gewissen Zeitraum natürlich mit inbegriffen. Anreise-Probleme gehören so der Vergangenheit an und der Saunaführer wird noch wertvoller für Sie.

Das Romantik Hotel Bösehof in Bad Bederkesa

 Hauptmann-Böse-Straße 19, 27624 Geestland

 04745 9480 | www.boesehof.de

GEBOTEN WiRD:

DAS RESÜMEE

Der Besten Einer – Zuckerfabrikant, Politiker, Wohltäter: Hauptmann Heinrich Böse war ein Unikum. In jungen Jahren bereiste Heinrich Böse als Bremer Kaufmann ganz Europa und lernte dort Gastlichkeit und Genüsse zu schätzen. Nach seiner Rückkehr in die Heimat war Böse gezwungen, tapferen Widerstand gegen die französischen Besatzer zu leisten. Dafür gründete er das Freiwillige Bremer Jäger-Korps, welche er als »Hauptmann Böse« anführte.

Hohes Ansehen genoss er als Volksredner – geliebt wurde er jedoch für seine selbstlose Menschenfreundlichkeit. So ließ er etwa in Notzeiten Nahrung an Hungernde verteilen. Erst 1826 erstand der alte Böse seinen Ruhesitz in Bederkesa – heute berühmt als Bösehof. Durch seine Herzlichkeit als Gastgeber und legendäre Freundlichkeit erwarb sich Heinrich Böse seinen größten Titel: »Der Besten Einer«.

DAS HOTEL

Urromantisch – Ob Einzelzimmer oder Suite: Hauptmann Böse bettet Sie himmlisch. Der Bösehof steht für die schönste Art, dem Körper und der Seele viel Raum für Genuss und Entspannung zu geben. Erleben Sie außergewöhnliche Wohlfühl-Atmosphäre in jedem der 47 Zimmer.

Das Hotel ist fest in den regionalen Traditionen des Nordens verwurzelt und fühlt sich Heinrich Böses berühmter Gastfreundschaft verpflichtet – auch nach fast 200 Jahren. Das Romantik Hotel Bösehof bietet Ihnen alle Annehmlichkeiten, die Sie sich wünschen. Mit einem kleinen, aber feinen Unterschied: dem gediegenen Ambiente im liebreizenden rot-goldenen Mantel historischer Romantik.

Das Romantik Hotel Bösehof in Bad Bederkesa

📍 Hauptmann-Böse-Straße 19, 27624 Geestland

📠 04745 9480 | 🌐 www.boesehof.de

Hier erreichen Sie das Hotelteam persönlich – alle Auskünfte zu Ihrer Buchung oder Reservierung.

Ihr Wunsch ist dem Personal Befehl. Ob Fragen zur Online-Buchung, zu einem Arrangement, allgemeinen Informationen über die Zimmer-Kategorien oder einer Reservierung im hauseigenen Restaurant – das Team ist für Sie da. Ein Anruf in der Rezeption genügt und Ihrer Auszeit im Romantik Hotel Bösehof steht nichts mehr im Wege. Für den Mittagstisch im Restaurant an Sonn- und Feiertagen sowie jeden Abend-Besuch bitte rechtzeitig vorab reservieren.

DER EMPFANG

Grandiose Gastmähler und exquisite Genüsse – reichliches vom allerhöchsten Niveau. Ob Mousse von Strauchtomaten an fangfrischen Nordseekrabben oder sanft gedünstetes Seeteufelkotelett, ob Duroc-Schweinerückensteak oder Muskat-Kürbissuppe – die Küchenchefs des Bösehof interpretieren regionale Köstlichkeiten in ihrer ganzen Vielfalt und eröffnen Ihrem Gaumen neue Horizonte.

DAS RESTAURANT

Wenn Niveau und Plaisir Hochzeit feiern – Im Bösehof werden Ihnen erlesene Delikatessen den Jahreszeiten entsprechend serviert. Diese natürliche Landhausküche verarbeitet Produkte aus regionalen Kräutergärten und von feinheimischen Landwirten und Fischern.

Das Hotel stellt sich für Sie auf Ihre individuellen Wünsche und Termine ein. Reservieren Sie einen Tisch für zwei oder einen großen Saal für die nächste Familienfeier – im Bösehof finden Sie immer den richtigen Platz mit einem perfekten Service, ganz auf Ihre persönlichen Ansprüche und individuellen Anforderungen abgestimmt. Für den Mittagstisch im Restaurant an Sonn- und Feiertagen sowie jeden Abend-Besuch bitte rechtzeitig vorab reservieren.

RESERVIERUNG
IM RESTAURANT

Das Romantik Hotel Bösehof in Bad Bederkesa

⚲ Hauptmann-Böse-Straße 19, 27624 Geestland

☎ 04745 9480 | ⊕ www.boesehof.de

BÖSES RESTAURANT
DIE ÖFFNUNGSZEITEN

Gerichte aus der saisonal wechselnden Speisekarte von Böse's Restaurant werden täglich von 12:00 – 14:00 Uhr und von 18:00 – 21:30 Uhr gekocht. Von 12:00 – 22:00 Uhr durchgehend erhalten Sie die Gerichte der „Bauernstube". Nachmittags außerdem Kuchen aus der eigenen Konditorei. Serviert wird im Sommer auch ganztägig auf der Terrasse unter alten Linden mit Seeblick.

DER SPA-BEREICH

Jungbrunnlich – Seele erfrischen und Körper erneuern in einem berühmten Quell der Lebenskraft. Könnte es wirklich etwas Schöneres geben, als ein wohltemperiertes Bad? Genießen Sie angenehme 29 °C Wassertemperatur und flüssige Erquickungen wie sanft knetende Massagedüsen, den brodelnden Bodengeysir sowie den belebenden Whirlpool. Besinnlich – sanfter Kerzenschein, reine Elemente und wohltuende Wärme. Einfach abschalten. Stehen Leib und Seele in Einheit, ist der Mensch rundum zufrieden. Lassen Sie sich zu Ihrem neuen Körpergefühl verführen und genießen Sie von Lomi Lomi Nui bis Biosauna alle Facetten verwöhnender Entspannung und anhaltender Erholung.

Das Romantik Hotel Bösehof in Bad Bederkesa

⚲ Hauptmann-Böse-Straße 19, 27624 Geestland
▯ 04745 9480 | ⊕ www.boesehof.de

Die Badelandschaft ist täglich von 7:00 – 21:30 Uhr geöffnet. Montags (außer an Feiertagen) von 9:00 – 12:00 Uhr wegen Grund-Reinigung geschlossen.

ZEITEN SPA-BEREICH

Die Saunalandschaft ist täglich geöffnet. Vom 1. April bis 30. September von 16:00 – 21:30 Uhr. Vom 1. Oktober bis 31. März von 15:00 – 21:30 Uhr.

Romantik Natur Spa von Montag bis Samstag von 10:00 – 18:00 Uhr geöffnet. Nach Terminvereinbarung unter 04745 948170.

Die Umkleidekabinen sind mit Wertfächern ausgestattet, um Ihnen den Aufenthalt so angenehm und sicher wie möglich zu gestalten.

DIE UMKLEIDERÄUME

Genießen Sie eine Finnische Sauna bei 90 °C, eine Biosauna mit 50 °C und 80 % Luftfeuchtigkeit. Dazu ein Dampfbad mit ätherischen Ölen sowie eine Infrarotkabine für heilende Tiefenwärme. Ein Eisbrunnen sorg für die nötige Abkühlung. Der Ruheraum verfügt über einen Ausgang in den Garten mit Sichtschutz und Liegen.

DIE SAUNEN

Zeit für Entspannung! Entspannen Sie zwischen Ihren Behandlungen oder Saunagängen bei Ihrem Lieblingsbuch oder ruhen sich bei leiser Musik einfach richtig aus.

RUHEMÖGLICHKEITEN

AKZENT Hotel Saltenhof »WO MAN ENTSPANNEN KANN«

⚲ Kreimershoek 71, 48477 Hörstel

☎ 05459 80500-0 | 🖶 05459 80500-29 | ✉ info@saltenhof.de | 🌐 www.saltenhof.de

GEBOTEN WiRD:

HOTEL & UMGEBUNG

Mitten in grüner Idylle, in einer großen Parkanlage mit altem Baumbestand, befindet sich der Saltenhof. Für ausgiebige Radtouren auf einem der vielen Radwanderwege in Bevergern und Umgebung stehen hier auch E-Bikes zur Verfügung. Nach leckerem Frühstück können Sie in der kleinen Wellnessoase entspannen. Das Restaurant bietet kulinarische Besonderheiten und saisonale Spezialitäten, sowie Kuchen aus der eigenen Backstube.

Die kleine, reizvolle, vormalige Ackerbürgerstadt ist seit dem Jahre 1125 beurkundet und hatte seit 1366 Stadtrechte, bevor die Stadt Bevergern 1975 in die Stadt Hörstel eingemeindet wurde. Von einer um 1100 erbauten und 1680 zerstörten Burg ist leider nichts mehr vorhanden. Ein Modell dieser Burg, sowie zahlreiche Kleidungs- und Ausrüstungsgegenstände vergangener Epochen, kann der Besucher im liebevoll gepflegten Heimathaus Bevergern am Kirchplatz bestaunen.

AKZENT Hotel Saltenhof ›WO MAN ENTSPANNEN KANN‹

📍 Kreimershoek 71, 48477 Hörstel

☎ 05459 80500-0 | 🖨 05459 80500-29 | ✉ info@saltenhof.de | 🌐 www.saltenhof.de

Das Hotel Saltenhof möchte Sie verwöhnen – geben Sie ihnen die Chance hierfür! Das Hotel bietet Ihnen Köstlichkeiten der Region, Deutschlands, sowie der leichten italienischen Küche. Außerdem finden Sie auf der Sonderkarte eine große Anzahl an saisonalen Spezialitäten.

RESTAURANT

Genießen Sie unvergessliche Stunden mit Freunden in gemütlicher Atmosphäre. Erleben Sie westfälische Gastlichkeit romantisch zu zweit oder gestalten Sie in den Räumlichkeiten für bis zu 120 Personen Ihre Hochzeits-, Familienfeiern oder Betriebsfeste.

Die individuellen und liebevollen, mit ausgewählten Möbeln, hellen Farben und viel Licht ausgestatteten Wohlfühlzimmer, bieten Ihnen Erholung und den Komfort für einen guten Start in den neuen Tag. Alle Zimmer sind mit einer gebührenfreiem W-LAN, Flatscreen-Fernseher, einen bequemen Arbeitsplatz und Regendusche ausgestattet.

DIE ZIMMER

Entspannen und Wohlfühlen ist Balsam für Leib und Seele. Genießen Sie die Gast-lichkeit des Hauses, gönnen Sie sich etwas Ruhe und Erholung und entspannen Sie nach einem ausgiebigen Frühstück gemütlich in dem hauseigenen, kleinen, privaten Wellness-Landschaft mit Pool, Sauna, Infrarot, Dampfbad und Möglichkeit zur Massage durch externe Anbieter. Empfehelenswerte Kontaktvorschläge sendet Ihnen das Hotel gerne per Mail zu.

DIE ENTSPANNUNG

AKZENT Hotel Saltenhof ›WO MAN ENTSPANNEN KANN‹

📍 Kreimershoek 71, 48477 Hörstel

☎ 05459 80500-0 | 📠 05459 80500-29 | ✉ info@saltenhof.de | 🌐 www.saltenhof.de

FESTE FEIERN

Ein ansprechender Festsaal, mitten in grüner Idylle, mit Biergarten und Terrassenrestaurant, bietet Ihnen eine Location für stilvolles Feiern im gehobenen Ambiente. Hier finden bis zu 120 Personen Platz. Für die Dekoration, Menü und Getränke macht der Gastgeber Ihnen gerne Vorschläge.

1. ANGEBOT

MERCI CHERIE

2 Tage und eine Nacht. Freuen Sie sich auf einen prickelnden Aufenthalt. Sie werden mit einem Glas Prosecco Royal und einem Obstkorb auf Ihrem Zimmer begrüßt. Nach einer Ruhezeit von der Anreise, Parkplatz kostenfrei, wird für Sie die Sauna, Infrarot und das Schwimmbad auf Ihre Entspannung vorbereitet. In Ihrer Saunatasche finden Sie Kuschelbademantel, Saunatücher und Getränk. Bis zu 2 Stunden Körper und Seelenverwöhnung in der kleinen Wellnessoase.

Genießen sie die private Atmosphäre der Wohlfühloase und nutzen dabei den Blick in die Natur. Das Team bietet Ihnen Service aus Leidenschaft und dieses Angebot für 2 Personen im Doppelzimmer inkl. Frühstück zu 180,00 Euro. Bei Buchung von Samstag auf Sonntag Aufschlag 20,00 Euro.

Am Abend begrüßt das Hotel Sie gerne im Restaurant. Vom Saisonsalat bis zum 4-Gang Pärchenmenü können Sie aus einem regionalen und mediterranem Angebot wählen (exklusive). Alles frisch auf den Tisch. Das Frühstück am nächsten Morgen erhalten Sie auf Wunsch auf Ihrem Zimmer.

📍 Kreimershoek 71, 48477 Hörstel
📱 05459 80500-0 | 🖨 05459 80500-29 | ✉ info@saltenhof.de | 🌐 www.saltenhof.de

3 Tage und 2 Nächte. Freuen Sie sich auf einen köstlich natürlichen Aufenthalt. Bei der Anreise gegen 15 Uhr wird Ihnen Joghurteis auf frischem Obstsalat mit Basilikum serviert. Auf Ihrem Zimmer finden Sie allen Komfort und die Telefonnummer zu Ihrem Service aus Leidenschaft. Das Hotel kümmert sich gerne um all Ihre Wünsche. Die kuscheligen Bademäntel mit Slippern, sowie Rad-Wanderkarten mit örtlichen Tourentipps und der Obstkorb, wird Ihnen schon bereit gestellt.

2. ANGEBOT
WELLNESSDAY -
NATUR PUR

Nach der ersten Nacht stärken Sie sich bei dem Gutsherrenfrühstück und entspannen für 2-Stunden in der Wohlfühloase mit Sauna, Dampfbad und Pool. Gerne können Sie bei Ihrer Reservierung eine Wunschmassage im Vorfeld buchen. Zu 14:00 Uhr haben Sie die Frische auf dem Teller. Genießen Sie den Saisonsalat mit gebratenen Apfelscheiben und hausgemachtem Baguette. Anschließend erkunden Sie die Gegend mit dem Leihrad (bitte mit vorheriger Reservierung) oder zu Fuß. Der Gastgeber zeigt Ihnen besondere Ziele in der Umgebung. Am zweiten Abend wird Ihnen ein 4-Gang regionales Menü und zum Aperitif ein prickelnder Prosecco Royal serviert. Nach der zweiten Nacht wird Ihnen gerne Ihr Wunschfrühstück auch auf dem Zimmer serviert. Bestellen Sie am Vorabend und das Hotel erfüllt Ihnen jeden Wunsch. Am 3. Tag, nach dem Frühstück lädt das Hotel Sie zu einem Besuch in das Heimathaus mit Führung ein (immer Sonntags oder nach Möglichkeit).

Ihr Auto parken Sie kostenfrei und auch das W-lan ist mit drin. Der Wert für dieses Angebot ist 498,00 Euro für 2 Personen im Doppelzimmer.

Weitere Infos finden Sie auch noch auf der Internetseite www.saltenhof.de unter dem Punkt Erlebnisse.

IMMER FÜR SIE DA

Landhaus Beckmann »ENSTPANNUNG FÜR ALLE SINNE«

📍 Römerstraße 1, 47546 Kalkar
✉ info@landhaus-beckmann.de | 🌐 www.landhaus-beckmann.de

GEBOTEN WIRD:

DAS RESÜMEE

Das Landhaus Beckmann trägt seine Wurzeln im Namen: die Landwirtschaft. Mit ihr hat an der Kalkarer Römerstraße alles begonnen. Familie Joosten, deren Bauernhof erstmals 1850 urkundlich erwähnt wurde, legte den Grundstein des Familienunternehmens. Damals wurde nach dem Gottesdienstbesuch Schnaps auf dem Bauernhof verkauft. Als Schank- und Landwirte sowie Müller arbeitete Familie Joosten im 19. Jahrhundert auf dem Grundstück des heutigen Landhaus Beckmann. Hermann Beckmann übernahm in der zweiten Generation, bis 1969 mit der Landwirtschaft als Haupterwerb, den Hof. Das Gastronom- und Hotelier-Ehepaar Hermann und Else Große Holtforth, geb. Beckmann führte im Folgenden das Landhaus weiter. Mit ihnen kam Ende der 60er Jahre die Wende: Sie bauten das Bauernhaus um, erweiterten zum Restaurantbetrieb und erbauten im Jahre 1980 das Hotelgebäude. Seit 2005 steht Michael Große Holtforth an der Spitze des Familienhotels. Er steht gemeinsam mit seinem Team für Tradition und Qualität.

DAS HOTEL

Wenn Sie in einem der schönsten Zimmer von Landhaus Beckmann Ihre Augen aufschlagen und die Weite des Niederrheins genießen können als wäre kein Fenster zwischen Innenraum und Freiheit, dann sind auch Sie im Hotel angekommen: Zuhause am Niederrhein.

DER EMPFANG

Eines haben Beckmann's Zimmer gemeinsam: Stil und Komfort auf Vier-Sterne-Niveau. Nur ein Hauch von Luxus unterscheidet die 41 Zimmer im Landhaus Beckmann voneinander. So können Sie – individuell auf Ihre Bedürfnisse abgestimmt – im Urlaub oder während der Geschäftsreise wählen, welches Ambiente Ihnen am besten gefällt. Das Hotel setzt ganz auf die eigene Region. Aus Überzeugung und

Landhaus Beckmann »ENTSPANNUNG FÜR ALLE SINNE«

📍 Römerstraße 1, 47546 Kalkar
✉ info@landhaus-beckmann.de | 🌐 www.landhaus-beckmann.de

Leidenschaft. Denn der Niederrhein bietet eine große Vielfalt regionaler Produkte, welche die Küche in kulinarische Köstlichkeiten verzaubert. Gutbürgerliches Essen sowie neue deutsche Gerichte zieren die Speisekarte. Das Restaurant hat sich gerne den Grundsätzen der Vereinigung „Genussregion Niederrhein" verpflichtet, um saisonale Produkte, frisch vom Erzeuger aus der Nachbarschaft, zu verarbeiten. Die Küche lebt die Philosophie: „Liebe zum Kochen und Respekt vor den Lebensmitteln." Dies bedeutet auch der Respekt vor den Tieren. Daher wird auch eine große Auswahl veganer Gerichte angeboten.

DAS RESTAURANT

Das Restaurant ist täglich von 12:00 – 22:00 Uhr durchgehend für Sie geöffnet. Sollten Sie nach 22:00 Uhr noch eine Kleinigkeit zu Abend essen wollen, serviert Ihnen das Hotel auf Vorbestellung gerne eine kalte Hausplatte zum Verzehr an der Bar oder auf Ihrem Zimmer.

DIE ÖFFNUNGSZEITEN RESTAURANT

Gehören auch Sie zu den Menschen, die ab und zu gerne die Zeit anhalten möchten? Die sich in manchen Momenten etwas weniger Tempo, dafür mehr Gelassenheit in Ihrem Leben wünschen? Freuen Sie sich auf das Libertine Spa – ein Ort, der Ihnen nichts anderes bietet als Ruhe und Entspannung. Das Saunaangebot reicht von einer 60 °C und 90 °C Sauna über das sanfte Dampfbad bis hin zur Solevernebelung. Eine abschließende Tiefenentspannung mit Infrarotwärme lässt keinen Wunsch mehr offen. Ein separater Ruheraum, eine Lounge und eine Außenterrasse unterstützen die Regeneration. In einem Spa, bei dem sich alles um Ihr Wohlbefinden dreht, darf eines natürlich nicht fehlen: der Genuss. So werden Ihnen in der Lounge Köstlichkeiten aus dem Restaurant serviert. Nach vorheriger Anmeldung haben Sie die Möglichkeit das Libertine Spa exklusiv für sich alleine, zu zweit oder mit Freunden in der Zeit von 8:00 – 14:00 Uhr zu nutzen.

DER SPA-BEREICH

Ein Team von professionellen Masseurinnen und Masseuren bietet Ihnen Massagen und weitere kosmetische Anwendungen mit hochwertigen Pflegeprodukten. Wählen Sie aus dem Angebot und reservieren im Voraus einen Termin.

DIE MASSAGEN

Landhaus Beckmann »ENSTPANNUNG FÜR ALLE SiNNE«

Römerstraße 1, 47546 Kalkar

info@landhaus-beckmann.de | www.landhaus-beckmann.de

DIE UMKLEIDERÄUME
Die Umkleidekabinen sind mit Wertfächern ausgestattet um Ihnen den Aufenthalt angenehm und sicher zu gestalten.

DIE SAUNEN
Genießen Sie Saunagänge bei 60 und 90 °C. Erleben Sie Luxus zum Wohlfühlen und befreien Sie Ihren Körper vom Alltäglichen.

DAS DAMPFBAD
Verwöhnen Sie Ihren Körper und Ihre Haut bei 60 °C und 100 % Luftfeuchtigkeit.

DIE TIEFENWÄRME
Der Infrarot A – Tiefenwärmestrahler dringt wie durch ein Fenster direkt in die Haut ein. Dadurch wird eine unmittelbare Erwärmung der Unterhaut erreicht – ein angenehmes Schwitzen, ausgelöst vom INNEREN des Körpers tritt ein. Diese Tiefenwärme erhöht den Stoffwechsel und die gesamte Muskulatur kann sich tief entspannen. Man spürt dies SOFORT nach Inbetriebnahme der Bestrahlung.

DIE SOLEVERNEBLER
Eine Wohltat für den Körper- gesundes Meeresklima atmen. Mikrofeinste Aerosole wirken sich positiv auf Ihre Atemwege aus.

DER NASSBEREICH
Lassen Sie sich bei farbenfroher LED-Ambientbleuchtung in der Regendusche erfrischen. Nach dem Saunagang bieten Ihnen Kaltduschen erfrischende Abkühlung.

DER RUHERAUM
Time to Relax... entspannen Sie zwischen Ihren Behandlungen oder Saunagängen bei Ihrem Lieblingsbuch oder ruhen Sie sich bei leiser Musik einfach einmal richtig aus.

DIE LOUNGE
Setzen Sie Ihr Genussprogramm auf sinnliche Weise fort und erleben Sie die kulinarischen Köstlichkeiten der Küche. Der Saunabereich ist aus Hygienegründen nicht zum Essen und Trinken vorgesehen.

ZEITEN SPA-BEREICH
Täglich von 14:00 – 23:00 Uhr. | Private Spa von 8:00 – 14:00 Uhr möglich.

Landhaus Beckmann »ENSTPANNUNG FÜR ALLE SINNE«

📍 Römerstraße 1, 47546 Kalkar

✉ info@landhaus-beckmann.de | 🌐 www.landhaus-beckmann.de

Sie möchten etwas tun um Ihren körperliches Wohlbefinden zu stärken? Im Fitnessraum trainieren Sie, um im Alltag leistungsfähig zu bleiben und physischen Belastungen standzuhalten.

FITNESSRAUM

Das Libertine Spa im Landhaus Beckmann bietet Ihnen etwas ganz Besonderes. Buchen Sie den gesamten Bereich des LIBERTINE SPA für Ihre exklusive Nutzung. Unvergessliche Stunden für Paare, Familien und Freunde! Gerne wird Ihnen die exklusive und alleinige Nutzung des Spa-Bereiches angeboten: Nach vorheriger Anmeldung haben Sie die Möglichkeit in der Zeit von 8:00 – 14:00 Uhr, den Libertine Spa alleine, zu zweit oder mit Freunden zu nutzen.

RENT A SPA

Das Team vom Landhaus Beckmadann bietet Ihnen zwei Übernachung mit Frühstück im Doppelzimmer (Comfort-Kategorie) und dazu 2 Stunden „Private Spa". Im »Private Spa« haben Sie den Spa-Bereich des Landhauses Beckmann für sich ganz alleine. Die Nutzung des Spa-Bereichs ist in der Zeit von 8:00 – 14:00 Uhr möglich. Alternativ dazu ist auch ein Tausch des »Private Spa-Angebots« gegen 2 Tageskarte für den gesamten Aufenthalt möglich. Der reguläre Preis für dieses Angebot beträgt ab 334,00 Euro.

DAS ANGEBOT

AKZENT Aktiv & Vital Hotel Thüringen

📍 AKZENT Aktiv & Vital Hotel Thüringen, Inh. Marcel Gerber · Notstrasse 33, 98574 Schmalkalden

☎ 03683 466 570 | 🌐 www.aktivhotel-thueringen.de

GEBOTEN WIRD:

HOTEL & UMGEBUNG

Das Haus befindet sich in exponierter Lage – über den Dächern der bekannten Fachwerk- & Nougat-Stadt Schmalkalden mit Blick auf die Rhön und den Rennsteig. Unweit von Eisenach mit seiner Wartburg, direkt am Naturpark Thüringer Wald. Das Wellness- und Urlaubshotel bietet Ihnen 48 komfortable Zimmer verschiedener Kategorien.

Ob Urlaub oder Geschäftsreise – hier fühlen Sie sich jederzeit zu Hause! Als privat geführtes Hotel innerhalb der AKZENT-Gruppe wird großen Wert darauf gelegt, den Aufenthalt für jeden einzelnen Gast zu etwas ganz Besonderem werden zu lassen.

Erleben Sie aktiv den über 750 qm großen Wellnessbereich, zwei Outdoor Tennisplätze, vier hauseigene Bowlingbahnen (indoor), Wander- und Nordic Walkingrouten direkt vor der Tür oder genießen Sie einfach die herrliche Ruhe im Hotel – im Thüringer Wald.

RESTAURANT

Erleben Sie Kochkunst in der Gaststube Henneberger Haus mit urigem Biergarten. In idyllischer Lage wird Ihnen regionale und internationale Küche serviert. Egal ob bei der Pause vom Wandern, bei einem Familienausflug oder beim regelmäßigen Business Lunch, hier finden Sie angenehme Atmosphäre und herzliche Gastfreundschaft. Sie wollen mal wieder einen richtig gemütlichen Nachmittag verbringen? Die hausgebackenen Blechkuchen sind ein besonderer Genuß zu jeder Jahreszeit! Der Saison entsprechend serviert das Hotel z.B. köstliche Thüringer Aprikosen-, Apfel-, Erdbeer- oder Pflaumenkuchen – alle frisch für Sie zubereitet!

AKZENT Aktiv & Vital Hotel Thüringen

📍 AKZENT Aktiv & Vital Hotel Thüringen, Inh. Marcel Gerber · Notstrasse 33, 98574 Schmalkalden
📞 03683 466 570 | 🌐 www.aktivhotel-thueringen.de

Nehmen Sie Platz im Restaurant Gräfin Anastasia. Ob Frühstück, Abendessen oder im Rahmen Ihrer privaten Feierlichkeit, in gediegenem Ambiente lassen Sie sich kulinarisch verwöhnen! Bei schönem Wetter ist die angeschlossene Terrasse für Sie geöffnet. Gibt es etwas schöneres, als an einem warmen Sommermorgen draußen zu frühstücken? Gern wird auf Ihre Ernährungsgewohnheiten Rücksicht genommen, sprechen Sie das Personal einfach an!

Ob gemütlicher Landhaus- oder moderner englischer Stil, die 48 geschmackvoll eingerichtenen Zimmer & Suiten überzeugen durch Ambiente & Komfort! **DIE ZIMMER**

Ausgestattet sind die Zimmer mit Landhaus- oder Boxspringbetten, Flachbild TV, Minibar, Schreibtisch, WLAN, Bad mit Dusche bzw. Badewanne (Suiten) /WC, Fön, Kosmetikspiegel, Pflegeprodukten, Sitzgelegenheit mit Tisch und Stühlen sowie teils Cocktailsitzecken. Ihre Zimmer stehen Ihnen am Anreisetag ab 14:00 Uhr und am Abreisetag bis 11:00 Uhr zur Verfügung und sind ausnahmslos Nichtraucher-Zimmer.

AKZENT Aktiv & Vital Hotel Thüringen

♥ AKZENT Aktiv & Vital Hotel Thüringen, Inh. Marcel Gerber · Notstrasse 33, 98574 Schmalkalden
▯ 03683 466 570 | ✆ www.aktivhotel-thueringen.de

DIE SAUNEN Duftendes Holz und stimmungsvolles Licht – ob in der finnischen Sauna im Innen- &
Außenbereich, in der Infrarot-, Dampf- oder Biosauna, hier genießen Sie aktiv &
vital Ihren Wellnessaufenthalt. Der Wellnessbereich ist täglich für Sie von 7:30 –
21:30 Uhr geöffnet.

IE FINNISCHEN SAUNEN Es stehen Ihnen insgesamt zwei Kabinen der typisch Finnischen Sauna sowie eine
65 °C | 80 – 90 % 65 °C Biosauna zur Verfügung. Ein Schwitzgang findet in den beiden holzverklei-
deten finnischen Saunen bei 80 – 90 °C und einer Luftfeuchtigkeit von 10 % statt.

DAS AROMA-DAMPFBAD Bei einem Raumklima von 45 °C und einer Luftfeuchte von 100 % kommen Sie hier
45 °C | 100 % auf komplett gegensätzliche Art zur Finnischen Sauna ins Schwitzen. Das gänzlich
mit azurblauen Wänden verkleidete Bad lädt mit wohlriechenden Aromen zu einem vielversprechenden Aufenthalt ein.

📍 AKZENT Aktiv & Vital Hotel Thüringen, Inh. Marcel Gerber · Notstrasse 33, 98574 Schmalkalden

☎ 03683 466 570 | 🌐 www.aktivhotel-thueringen.de

Ziehen Sie entspannt Ihre Bahnen im 12 x 5 Meter großen, beheizten Indoor-Pool mit Massagesitzbank und Gegenstromanlage.

DER POOL

Im Ruhebereich gönnen Sie Ihren Füßen eine Kneippkur im Fußbecken mit beheizter Sitzbank. Wunderbar ruhen lässt es sich im Ruheraum mit hauseigenem Gradierwerk zur Salzinhalation, Relax-Liegen und Kuscheldecken. Gönnen Sie sich Entspannung pur auf den Physiotherm-Wärmeliegen oder lassen Sie einfach den Blick ins Grüne schweifen. Zudem besteht die Möglichkeit, es sich auf der großen Liegewiese mit Sonnenschirmen und Sonnenliegen gemütlich zu machen. Hier können Sie – neben einer Pause an der frischen Luft – die wärmenden Sonnenstrahlen direkt auf der Haut spüren.

RUHEMÖGLICHKEITEN & GRADIERWERK

Das Wellness- und Day Spa-Angebot hält eine große Vielfalt wohltuender Anwendungen für Sie bereit. Von der erfrischenden Minzöl- über duftende Aromaölmas

MASSAGE- & BEAUTYCENTER

AKZENT Aktiv & Vital Hotel Thüringen

📍 AKZENT Aktiv & Vital Hotel Thüringen, Inh. Marcel Gerber · Notstrasse 33, 98574 Schmalkalden

📠 03683 466 570 | 🌐 www.aktivhotel-thueringen.de

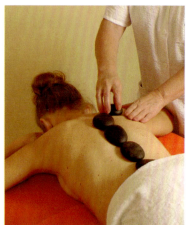

sagen bietet das Hotel zudem auch besondere Beautyanwendungen an. Tiefenentspannung ist mit der Fußreflexzonen- oder Hot-Stonemassage garantiert. Oder wie wäre es mit einer Kräuterstempelbehandlung mit Wildkräutern aus dem Garten? Probieren Sie es aus! Sie starten Ihren Tag gern aktiv? Dann heißt Sie das Wellness-Team zum Aquafitness herzlich willkommen!

Ihre Hotelrechnung können Sie in bar, mit Ihrer Euroscheckkarte, Visa- oder MasterCard begleichen. Eine Kurtaxe fällt nicht an (Änderungen vorbehalten).

PARKMÖGLICHKEITEN   Parkplätze stehen Ihnen direkt vor dem Hotel zur Verfügung.

DAS ANGEBOT   Das AKZENT Aktiv & Vital Hotel bietet Ihnen einen traumhaften Aufenthalt für zwei Personen zum Preis von 149,00 Euro, statt 298,00 Euro. Das Angebot beinhaltet zwei Übernachtungen im Vital Doppelzimmer inkl. Vital-Frühstücksbuffet

AKZENT Aktiv & Vital Hotel Thüringen

📍 AKZENT Aktiv & Vital Hotel Thüringen, Inh. Marcel Gerber · Notstrasse 33, 98574 Schmalkalden
📞 03683 466 570 | 🌐 www.aktivhotel-thueringen.de

sagen bietet das Hotel zudem auch besondere Beautyanwendungen an. Tiefenentspannung ist mit der Fußreflexzonen- oder Hot-Stonemassage garantiert. Oder wie wäre es mit einer Kräuterstempelbehandlung mit Wildkräutern aus dem Garten? Probieren Sie es aus! Sie starten Ihren Tag gern aktiv? Dann heißt Sie das Wellness-Team zum Aquafitness herzlich willkommen!

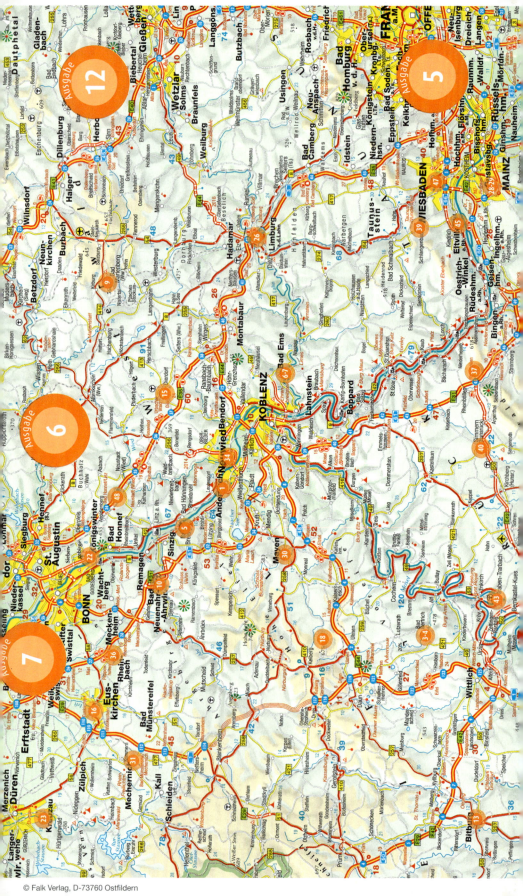

PARTNER-GUTSCHEIN

monte mare, Andernach

Beim Kauf einer Tageskarte ist die gleiche Karte für die 2. Person gratis.
- Ist nur zu zweit einlösbar
- Gültig nur Mo. – Fr., nicht in den Winterferien und an Brücken- oder Feiertagen
- Samstag, Sonntag und an Feiertagen ist der Besuch mit dem Gutschein auch nicht durch Zahlung des Aufpreises möglich

---

PARTNER-GUTSCHEIN

Südpfalz Therme, Bad Bergzabern

Beim Kauf einer 2-Stunden-Karte ist die gleiche Karte für die 2. Person gratis.

- Ist nur zu zweit einlösbar
- Eine Aufzahlung auf einen höheren Tarif ist pro Person möglich
- Gilt nicht bei Sonderveranstaltungen/langen Saunanächten

VARIO-GUTSCHEIN

Vulkaneifel Therme, Bad Bertrich

Sie sparen 50% beim Kauf einer 2-Stunden-Karte »Therme&Sauna«. Oder Sie erscheinen in Begleitung und erhalten beim Kauf einer 2-Stunden-Karte »Therme&Sauna«, die gleiche Karte gratis für die 2. Person.

- Gilt für 1 oder 2 Personen

VARIO-GUTSCHEIN

Thermalbad & Saunalandschaft Hotel Fürstenhof, Bad Bertrich

Sie sparen 50% beim Kauf einer Tageskarte. Oder Sie erscheinen in Begleitung und erhalten beim Kauf einer Tageskarte, die gleiche Karte gratis für die 2. Person.

- Gilt für 1 oder 2 Personen

PARTNER-GUTSCHEIN

Römer-Thermen, Bad Breisig

Beim Kauf einer Tageskarte ist die gleiche Karte für die 2. Person gratis.
- Ist nur zu zweit einlösbar

PARTNER-GUTSCHEIN

Emser Therme, Bad Ems

Beim Kauf einer 2-Stunden-Karte ist die gleiche Karte für die 2. Person gratis.
- Ist nur zu zweit einlösbar

2020116009

Notizen:

_____
_____
_____

Die Barauszahlung ist ausgeschlossen.
Region 4.8

Region 4.8

Notizen:

_____
_____
_____

Die Barauszahlung
ist ausgeschlossen.

Region 4.8

Notizen:

_____
_____
_____

Die Barauszahlung
ist ausgeschlossen.

Region 4.8

Notizen:

_____
_____
_____

Die Barauszahlung
ist ausgeschlossen.

Region 4.8

Notizen:

_____
_____
_____

Die Barauszahlung
ist ausgeschlossen.

Region 4.8

Notizen:

_____
_____
_____

Die Barauszahlung
ist ausgeschlossen.

Der Gutschein darf nur vom Personal herausgetrennt werden.

VARIO-GUTSCHEIN

„Kaisergarten" in Häcker's Grandhotel Bad Ems, Bad Ems

Sie sparen 50% beim Kauf einer Tageskarte. Oder Sie erscheinen in Begleitung und erhalten beim Kauf einer Tageskarte, die gleiche Karte gratis für die 2. Person.

- Gilt für 1 oder 2 Personen

GUTSCHEIN

»Kaisergarten« in
Häcker's Grandhotel
Römerstraße 1-3
D-56130
Bad Ems
02603 7990

Gültig bis 1.1.2024

VARIO-GUTSCHEIN

Wellness-Paradies, Bad Kreuznach

Sie sparen 50% beim Kauf einer Tageskarte. Oder Sie erscheinen in Begleitung und erhalten beim Kauf einer Tageskarte, die gleiche Karte gratis für die 2. Person.

- Gilt für 1 oder 2 Personen

GUTSCHEIN

Wellness-Paradies
Friedrichsstraße 4
D-55543
Bad Kreuznach
0671 845763

Gültig bis 1.1.2024

PARTNER-GUTSCHEIN

MarienBad, Bad Marienberg

Beim Kauf einer Tageskarte ist die gleiche Karte für die 2. Person gratis.

- Ist nur zu zweit einlösbar

GUTSCHEIN

MarienBad
Bismarckstraße 65
D-56470
Bad Marienberg
02661 1300

Gültig bis 1.1.2024

VARIO-GUTSCHEIN

Ahr-Thermen, Bad Neuenahr-Ahrweiler

Sie erhalten für maximal 2 Personen je 5 Euro Ermäßigung auf die Tageskarte für Therme und Saunalandschaft.

- Gilt für 1 oder 2 Personen

GUTSCHEIN

Ahr-Thermen
Felix-Rütten-Straße 3
D-53474
Bad Neuenahr
02641 91 176 -0

Gültig bis 1.1.2024

PARTNER-GUTSCHEIN

Saunarium, Bad Sobernheim

Beim Kauf einer Tageskarte ist die gleiche Karte für die 2. Person gratis.

- Ist nur zu zweit einlösbar

GUTSCHEIN

Saunarium
Staudernheimer Str. 102
D-55566
Bad Sobernheim
06751 857700

Gültig bis 1.1.2024

VARIO-GUTSCHEIN

bollAnts.SPA, Bad Sobernheim

Sie sparen 50% beim Kauf einer Tageskarte. Oder Sie erscheinen in Begleitung und erhalten beim Kauf einer Tageskarte, die gleiche Karte gratis für die 2. Person.

- Gilt für 1 oder 2 Personen
- nicht am Wochenende oder an Feiertagen
- nur nach vorheriger Reservierung

GUTSCHEIN

bollAnts.SPA
Felkestraße 100
D-55566
Bad Sobernheim
+49 (0) 6751 9339-166

Gültig bis 1.1.2024

Region 4.8

Die Barauszahlung
ist ausgeschlossen.

Notizen:

_____

_____

_____

_____

Region 4.8

Die Barauszahlung
ist ausgeschlossen.

Notizen:

_____

_____

_____

_____

Region 4.8

Die Barauszahlung
ist ausgeschlossen.

Notizen:

_____

_____

_____

_____

Region 4.8

Die Barauszahlung
ist ausgeschlossen.

Bitte beachten:

- Gutschein gilt nicht an Samstagen, Sonntagen, Feier- und Ferientagen in NRW und bei Sonderveranstaltungen wie "Lange Saunanacht", "Paradiesische Nacht" oder "Classic Soiriée".
- Der Gutschein ist nicht mit anderen Rabattaktionen kombinierbar.

Region 4.8

Die Barauszahlung
ist ausgeschlossen.

Notizen:

_____

_____

_____

_____

Region 4.8

Die Barauszahlung
ist ausgeschlossen.

Notizen:

_____

_____

_____

_____

PARTNER-GUTSCHEIN

KOI BAD & SAUNA, Homburg

Beim Kauf einer Tageskarte ist die gleiche Karte für die 2. Person gratis.

• Ist nur zu zweit einlösbar

GUTSCHEIN

KOI BAD & SAUNA
Kaiserslauterer Str. 19a
D-66424
Homburg
06841 18877 0

Gültig bis 1.1.2024

PARTNER-GUTSCHEIN

monte mare, Kaiserslautern

Beim Kauf einer Tageskarte ist die gleiche Karte für die 2. Person gratis.
• Ist nur zu zweit einlösbar
• Gültig nur Mo. – Fr., nicht in den Winterferien und an Brücken- oder Feiertagen
• Samstag, Sonntag und an Feiertagen ist der Besuch mit dem Gutschein auch nicht durch Zahlung des Aufpreises möglich

GUTSCHEIN

monte mare
Mailänder Straße 6
D-67657
Kaiserslautern
0631 3038-0

Gültig bis 1.1.2024

1-PERSONEN-GUTSCHEIN

Saarland Therme, Kleinblittersdorf

Sie erhalten zum Preis einer 2-Stunden-Karte eine Tageskarte.

• Gilt für 1 Person

GUTSCHEIN

Saarland Therme
Zum Bergwald 1
D-66271
Kleinblittersdorf
06805 60000-0

Gültig bis 1.1.2024

VARIO-GUTSCHEIN

Saunapark Siebengebirge, Königswinter-Oberpleis

Sie sparen 50% beim Kauf einer 4-Stundenkarte. Oder Sie erscheinen in Begleitung und erhalten beim Kauf einer 4-Stundenkarte, die gleiche Karte gratis für die 2. Person.

• Gilt für 1 oder 2 Personen

GUTSCHEIN

Saunapark Siebengebirge
Dollendorfer Str. 106-110
D-53639
Königswinter-Oberpleis

Gültig bis 1.1.2024

PARTNER-GUTSCHEIN

monte mare, Kreuzau

Beim Kauf einer Tageskarte ist die gleiche Karte für die 2. Person gratis.
• Ist nur zu zweit einlösbar
• Gültig nur Mo. – Fr., nicht in den Winterferien und an Brücken- oder Feiertagen
• Samstag, Sonntag und an Feiertagen ist der Besuch mit dem Gutschein auch nicht durch Zahlung des Aufpreises möglich

GUTSCHEIN

monte mare
Windener Weg 7
D-52372
Kreuzau
02422 9426-0

Gültig bis 1.1.2024

VARIO-GUTSCHEIN

CUBO – Sauna- und Wellnessanlage, Landstuhl

Sie sparen 50% beim Kauf einer Tageskarte. Oder Sie erscheinen in Begleitung und erhalten beim Kauf einer Tageskarte, die gleiche Karte gratis für die 2. Person.

• Gilt für 1 oder 2 Personen
Weitere Einschränkungen auf der Rückseite!

GUTSCHEIN

CUBO – Sauna- und Wellnessanlage
Kaiserstraße 126
D-66849
Landstuhl
06371 130571

Gültig bis 1.1.2024

Region 4.8

Die Barauszahlung
ist ausgeschlossen.

Notizen:

Notizen:

Die Barauszahlung ist ausgeschlossen.
Region 4.8

202010 3011

Region 4.8

Die Barauszahlung
ist ausgeschlossen.

Notizen:

Region 4.8

Die Barauszahlung
ist ausgeschlossen.

Notizen:

Notizen:

Die Barauszahlung ist ausgeschlossen.
Region 4.8

202011 5010

Region 4.8

Die Barauszahlung
ist ausgeschlossen.

Bitte beachten:

• Gilt nicht an Feiertagen
• Nicht mit anderen Rabatten (Spättarif, Behindertenrabatt) kombinierbar.

VARIO-GUTSCHEIN

Das Marienhöh – Kleine Klostertherme und Heiliggeist-Spa

Sie sparen 50% beim Kauf einer Tageskarte. Oder Sie erscheinen in Begleitung und erhalten beim Kauf einer Tageskarte, die gleiche Karte gratis für die 2. Person.

- Gilt für 1 oder 2 Personen

PARTNER-GUTSCHEIN

FITNESS-pur, Limburg

Beim Kauf einer Tageskarte ist die gleiche Karte für die 2. Person gratis.

- Ist nur zu zweit einlösbar

VARIO-GUTSCHEIN

AKTIVERLEBEN, Losheim

Sie sparen 50% beim Kauf einer Tageskarte. Oder Sie erscheinen in Begleitung und erhalten beim Kauf einer Tageskarte, die gleiche Karte gratis für die 2. Person.

- Gilt für 1 oder 2 Personen

PARTNER-GUTSCHEIN

Sauna am Lenneberg, Mainz

Beim Kauf einer Tageskarte ist die gleiche Karte für die 2. Person gratis.

- Ist nur zu zweit einlösbar
- Die Vorlage von zwei Gutscheinen ist nicht gestattet. Nur eine Person ist frei.

VARIO-GUTSCHEIN

Sauna & SPA Gonsenheim, Mainz

Sie sparen 50% beim Kauf einer Tageskarte. Oder Sie erscheinen in Begleitung und erhalten beim Kauf einer Tageskarte, die gleiche Karte gratis für die 2. Person.

- Gilt für 1 oder 2 Personen

1-PERSONEN-GUTSCHEIN

Nettebad Mayen, Mayen

Sie sparen 50% beim Kauf einer Tageskarte.

- Gilt für 1 Person

Region 4.8

Notizen:

_____

_____

_____

_____

Die Barauszahlung
ist ausgeschlossen.

Region 4.8

Notizen:

_____

_____

_____

_____

Die Barauszahlung
ist ausgeschlossen.

Region 4.8

Notizen:

_____

_____

_____

_____

Die Barauszahlung
ist ausgeschlossen.

Region 4.8

Notizen:

_____

_____

_____

_____

Die Barauszahlung
ist ausgeschlossen.

Region 4.8

Notizen:

_____

_____

_____

_____

Die Barauszahlung
ist ausgeschlossen.

Region 4.8

Notizen:

_____

_____

_____

_____

Die Barauszahlung
ist ausgeschlossen.

Der Gutschein darf nur vom Personal herausgetrennt werden.

PARTNER-GUTSCHEIN

Eifel-Therme-Zikkurat, Mechernich

Beim Kauf einer Tageskarte »Sauna« ist die gleiche Karte für die 2. Person gratis.

- Ist nur zu zweit einlösbar

PARTNER-GUTSCHEIN

DAS BAD, Merzig

Beim Kauf einer 4-Stunden-Karte ist die gleiche Karte für die 2. Person gratis.

- Ist nur zu zweit einlösbar
- Dieser Gutschein ist sowohl zu Events also auch Feiertags und am Wochenende einlösbar

VARIO-GUTSCHEIN

Fitnessstudio Pfitzenmeier - Premium Resort Neustadt

Sie sparen 50% beim Kauf einer Tageskarte. Oder Sie erscheinen in Begleitung und erhalten beim Kauf einer Tageskarte, die gleiche Karte gratis für die 2. Person

- Gilt für 1 oder 2 Personen

PARTNER-GUTSCHEIN

Deichwelle, Neuwied

Beim Kauf einer Tageskarte ist die gleiche Karte für die 2. Person gratis.

- Ist nur zu zweit einlösbar

VARIO-GUTSCHEIN

SPA2be, Püttlingen

Sie sparen 50% beim Kauf einer Tageskarte. Oder Sie erscheinen in Begleitung und erhalten beim Kauf einer Tageskarte, die gleiche Karte gratis für die 2. Person.

- Gilt für 1 oder 2 Personen
- Bitte beachten Sie das dieser Gutschein bei Saunaevents nicht gültig ist

PARTNER-GUTSCHEIN

monte mare, Rheinbach

Beim Kauf einer Tageskarte ist die gleiche Karte für die 2. Person gratis.

- Ist nur zu zweit einlösbar
- Gültig nur Mo. – Fr., nicht in den Winterferien und an Brücken- oder Feiertagen
- Samstag, Sonntag und an Feiertagen ist der Besuch mit dem Gutschein auch nicht durch Zahlung des Aufpreises möglich

Region 4.8

Notizen:

_____

_____

_____

_____

Die Barauszahlung
ist ausgeschlossen.

Region 4.8

Notizen:

_____

_____

_____

_____

Die Barauszahlung
ist ausgeschlossen.

Region 4.8

Notizen:

_____

_____

_____

_____

Die Barauszahlung
ist ausgeschlossen.

Region 4.8

Notizen:

_____

_____

_____

_____

Die Barauszahlung
ist ausgeschlossen.

Region 4.8

Notizen:

_____

_____

_____

_____

Die Barauszahlung
ist ausgeschlossen.

202010 2011

Notizen:

_____

_____

_____

Die Barauszahlung ist ausgeschlossen.
Region 4.8

1-PERSONEN-GUTSCHEIN

Freizeitbad Rheinböllen, Rheinböllen

Sie sparen 50% beim Kauf einer Tageskarte.

- Gilt für 1 Person

GUTSCHEIN

Freizeitbad Rheinböllen
Auf der Bell 25
D-55494
Rheinböllen
06764/96 11 80

Gültig bis 1.1.2024

VARIO-GUTSCHEIN

Aqualouis, Saarlouis

Sie sparen 50% beim Kauf einer Tageskarte. Oder Sie erscheinen in Begleitung und erhalten beim Kauf einer Tageskarte, die gleiche Karte gratis für die 2. Person.

- Gilt für 1 oder 2 Personen

GUTSCHEIN

Aqualouis
Holtzendorffer Straße 9
D-66740
Saarlouis
06831 95953-626

Gültig bis 1.1.2024

PARTNER-GUTSCHEIN

Thermalfreibad & Kelosauna, Schlangenbad

Beim Kauf einer Tageskarte ist die gleiche Karte für die 2. Person gratis.

- Ist nur zu zweit einlösbar

GUTSCHEIN

Thermalfreibad & Kelosauna
Nassauer Allee 1
D-65388
Schlangenbad
06129 2064

Gültig bis 1.1.2024

1-PERSONEN-GUTSCHEIN

Freizeitbad Simmern/Hunsrück, Simmern/Hunsrück

Sie sparen 50% beim Kauf einer Tageskarte.

- Gilt für 1 Person

GUTSCHEIN

Freizeitbad Simmern
Schulstraße 16
D-55469
Simmern/Hunsrück
06761 970678

Gültig bis 1.1.2024

PARTNER-GUTSCHEIN

Erholungs- & Gesundheitszentrum, Thalfang

Beim Kauf einer Tageskarte ist die gleiche Karte für die 2. Person gratis.

- Ist nur zu zweit einlösbar

GUTSCHEIN

Erholungs- & Gesundheitszentrum
Talstraße
D-54424
Thalfang
06504 9140310

Gültig bis 1.1.2024

PARTNER-GUTSCHEIN

SAUNA VICUS im Erlebnisbad Schaumberg, Tholey

Sie erhalten die Tageskarte zum Preis einer 4,5 Std. Karte.

- Ist nur zu zweit einlösbar
- Donnerstags ist Frauensauna

GUTSCHEIN

SAUNA VICUS
Zum Erlebnispark 1
D-66636
Tholey
06853 9111-0

Gültig bis 1.1.2024

Region 4.8

Notizen:

_____

_____

_____

_____

Die Barauszahlung
ist ausgeschlossen.

Region 4.8

Notizen:

_____

_____

_____

_____

Die Barauszahlung
ist ausgeschlossen.

Region 4.8

Notizen:

_____

_____

_____

_____

Die Barauszahlung
ist ausgeschlossen.

Region 4.8

Notizen:

_____

_____

_____

_____

Die Barauszahlung
ist ausgeschlossen.

Region 4.8

Notizen:

_____

_____

_____

_____

Die Barauszahlung
ist ausgeschlossen.

Region 4.8

Notizen:

_____

_____

_____

_____

Die Barauszahlung
ist ausgeschlossen.

PARTNER-GUTSCHEIN

Moseltherme, Traben-Trarbach

Beim Kauf einer Tageskarte ist die gleiche Karte für die 2. Person gratis.

- Ist nur zu zweit einlösbar

PARTNER-GUTSCHEIN

Hallenbad & Saunalandschaft Differten, Wadgassen

Beim Kauf einer Tageskarte ist die gleiche Karte für die 2. Person gratis.

- Ist nur zu zweit einlösbar

VARIO-GUTSCHEIN

»la vita«, Walluf

Sie sparen 50% beim Kauf einer Tageskarte. Oder Sie erscheinen in Begleitung und erhalten beim Kauf einer Tageskarte, die gleiche Karte gratis für die 2. Person.

- Gilt für 1 oder 2 Personen

PARTNER-GUTSCHEIN

Vitalis, Weiskirchen

Beim Kauf einer Tageskarte ist die gleiche Karte für die 2. Person gratis.

- Ist nur zu zweit einlösbar

VARIO-GUTSCHEIN

Thermalbad Aukammtal, Wiesbaden

Sie sparen 50% beim Kauf einer Tageskarte. Oder Sie erscheinen in Begleitung und erhalten beim Kauf einer Tageskarte, die gleiche Karte gratis für die 2. Person.
- Gilt für 1 oder 2 Personen
- Gültig nur Montag bis Freitag, nicht an Brücken- oder Feiertagen
Weitere Einschränkungen auf der Rückseite!

VARIO-GUTSCHEIN

Vitalium, Windhagen

Sie sparen 50% beim Kauf einer Tageskarte. Oder Sie erscheinen in Begleitung und erhalten beim Kauf einer Tageskarte, die gleiche Karte gratis für die 2. Person.

- Gilt für 1 oder 2 Personen

Region 4.8

Notizen:

_____

_____

_____

_____

Die Barauszahlung
ist ausgeschlossen.

Region 4.8

Notizen:

_____

_____

_____

_____

Die Barauszahlung
ist ausgeschlossen.

Region 4.8

Notizen:

_____

_____

_____

_____

Die Barauszahlung
ist ausgeschlossen.

Region 4.8

Notizen:

_____

_____

_____

_____

Die Barauszahlung
ist ausgeschlossen.

Region 4.8

Bitte beachten:

• Samstag, Sonntag und an Feiertagen ist der Besuch mit dem Gutschein
auch nicht durch Zahlung des Aufpreises möglich
• Die Vorlage von zwei Gutscheinen ist nicht gestattet, der Eine kann nicht
die Begleitperson des Anderen sein!

Die Barauszahlung
ist ausgeschlossen.

Region 4.8

Notizen:

_____

_____

_____

_____

Die Barauszahlung
ist ausgeschlossen.

Der Gutschein darf nur vom Personal herausgetrennt werden.

PARTNER-GUTSCHEIN

Römer-Thermen, Bad Breisig

Beim Kauf einer Tageskarte ist die gleiche Karte für die 2. Person gratis.

• Ist nur zu zweit einlösbar

Römer-Thermen
Albert-Mertés-Str. 11
D-53498
Bad Breisig
02633 48071-0

Gültig bis 1.1.2024

PARTNER-GUTSCHEIN

Sauna im Center Parcs Park Eifel, Gunderath

Beim Erwerb zweier Tageskarten »Schwimmbad«, ist die günstigere oder wertgleiche gratis.

• Ist nur zu zweit einlösbar

**Sauna im Center
Parcs Park Eifel**
Am Kurberg
D-56767
Gunderath
02657 8090

Gültig bis 1.1.2024

PARTNER-GUTSCHEIN

Eifel-Therme-Zikkurat, Mechernich

Beim Kauf einer Tageskarte »Bad« ist die gleiche Karte für die 2. Person gratis.

• Ist nur zu zweit einlösbar

Eifel-Therme-Zikkurat
An der Zikkurat 2
D-53894
Mechernich
02256 9579-0

Gültig bis 1.1.2024

PARTNER-GUTSCHEIN

DAS BAD, Merzig

Beim Kauf einer 1,5-Stunden-Karte ist die gleiche Karte für die 2. Person gratis.

• Ist nur zu zweit einlösbar

DAS BAD
Saarwiesenring 3
D-66663
Merzig
06861 77073-0

Gültig bis 1.1.2024

PARTNER-GUTSCHEIN

Thermalbad Aukammtal, Wiesbaden

Beim Kauf einer Tageskarte ist die gleiche Karte für die 2. Person gratis.

• Ist nur zu zweit einlösbar

**Thermalbad
Aukammtal**
Leibnitzstraße 7
D-65191
Wiesbaden
0611 31-7080

Gültig bis 1.1.2024

VARIO-GUTSCHEIN

Das Romantik Hotel Bösehof in Bad Bederkesa, Geestland

Sie erhalten 2 Nächte im Doppelzimmer für 100,00 Euro die Nacht oder ein Doppelzimmer zur Einzelnutzung für 85,00 Euro die Nacht mit Frühstück.

• Angebot buchbar in der Zeit von Sonntag bis Freitag bei Verfügbarkeit.
• Weitere Hinweise auf der Rückseite

**Das Romantik
Hotel Bösehof**
Hauptmann-Böse-
Straße 19
D-27624
Geestland

Gültig bis 1.1.2024

Region 4.8

Notizen:

Die Barauszahlung
ist ausgeschlossen.

Region 4.8

Notizen:

Die Barauszahlung
ist ausgeschlossen.

Region 4.8

Notizen:

Die Barauszahlung
ist ausgeschlossen.

Region 4.8

Notizen:

Die Barauszahlung
ist ausgeschlossen.

Region 4.8

Notizen:

Die Barauszahlung
ist ausgeschlossen.

Region 4.8

Bitte beachten:

- Inklusive ist die Nutzung von Schwimmbad und Saunen
- 2 Nächte Mindestaufenthalt
- Massage und Kosmetik buchen Sie bitte vor Anreise

Die Barauszahlung
ist ausgeschlossen.

 **PARTNER-GUTSCHEIN**

Angebot 1

2 Personen erhalten **eine** Übernachtung inkl. der auf der Rückseite aufgeführten Leistungen zum Preis von 50%. Ist nur zu zweit einlösbar.

 **PARTNER-GUTSCHEIN**

Angebot 2

2 Personen erhalten **zwei** Übernachtung inkl. der auf der Rückseite aufgeführten Leistungen im Wert von 498 Euro zum Preis von 50%. Ist nur zu zweit einlösbar.

 # PARTNER-GUTSCHEIN

Landhaus Beckmann, Kalkar

Sie erhalten für 2 Personen zwei Übernachtungen im Doppelzimmer der Comfort-Kategorie mit Frühstück und mit 2 Stunden »Private Spa« zum Preis von 50%.
- Ist nur zu zweit einlösbar
- Regulärer Preis: ab 334 Euro (Stand: 2/20)
- Reservierungsanfrage unter: info@landhaus-beckmann.de

PARTNER-GUTSCHEIN

AKZENT Aktiv & Vital Hotel Thüringen, Schmalkalden

Sie erhalten 2 Übernachungen inkl. Frühstück für zwei Personen mit den auf der Rückseite angegebenen Leistungen zum Preis von 149 Euro statt 298 Euro.
- Ist nur zu zweit einlösbar
- Buchbar auf Anfrage und nach Verfügbarkeit, nicht an Wochenenden & Feiertagen.

ANGEBOT 1

- inkl. Frühstück
- inkl. 2 Stunden Wellness
- inkl. einem Glas Prosecco Royal und
  einem Obstkorb auf dem Zimmer

- **Eine Kombination beider Angebots-
  Gutscheine ist gerne möglich.**

ANGEBOT 2

- inkl. Frühstück
- inkl. einem 4-Gang Menü am Abend
- inkl. 2 Stunden Wellness
- inkl. einem Glas Prosecco Royal und
  einem Obstkorb auf dem Zimmer

- **Eine Kombination beider Angebots-
  Gutscheine ist gerne möglich.**

Notizen:

_____

_____

_____

_____

Leistungen:

- 2x Übernachtungen im Vital Doppelzimmer
- 2x Vital-Frühstücksbuffet
- Nutzung der Bade- und Saunalandschaft
- WLAN
- Parkplatz am Hotel

NUTZE AUCH UNSEREN ONLINESHOP

DEINE VORTEILE

» versandkostenfreie & schnelle Lieferung

» aktuelle Informationen auf einem Blick

» individueller Kundenservice & Beratung

Alle **Gutscheine** sind online unter **www.der-saunafuehrer.de** einsehbar

ISBN 978-3-86696-823-3 | 24,90 €